바울, 성령, 그리고 하나님의 백성

고든 D. 피

길성남 옮김

바울, 성령,
그리고
하나님의 백성

PAUL,
the SPIRIT,
and the
PEOPLE
of GOD

하나님께서 지난 40년간
내 삶의 동반자이자 선물로 허락해주신
아내 모던에게
이 책을 바칩니다.

::: 차례

서문   9
들어가는 말: 바울을 새롭게 이해하기   17

1   성령의 '신학'은 가능한가?   23
    바울 신학에 나타난 성령

2   하나님이 자기 백성을 찾아오시다   33
    성령, 하나님의 새로운 임재

3   성령은 어떤 분이신가?   55
    인격이신 성령

4   세 위격으로 계신 하나님   73
    성령과 삼위일체

5   종말의 시작   91
    '미래의 임재'에 대한 증거인 성령

6   하나님의 이름으로 일컫는 백성   111
    성령과 하나님의 백성

7   회심: 들어가기 I   127
    성령과 복음을 들음

8   회심: 들어가기 II   141
    성령과 회심의 순간

**9** 회심: 머물기 I     159
성령과 바울의 윤리

**10** 회심: 머물기 II     179
성령의 열매

**11** 계속되는 싸움     199
육체를 대적하는 성령

**12** 약함 속에 있는 능력     219
성령, 현재의 약함, 그리고 기도

**13** 그의 영광을 찬양하기 위하여     235
성령과 예배

**14** 논란이 되는 은사     251
성령님과 카리스마타

**15** 이곳에서 어디로?     273
오늘과 내일을 위한 성령

부록: 바울 서신에 나타난 성령 세례와 물세례     291

서문

이 책이 나오기까지는 많은 우여곡절이 있었다. 몇 년 전에도 헨드릭슨 출판사의 요청을 받아 이 책을 집필하려고 했었다. 그때 출판사는 내게 『오순절과 은사 운동 사전(Dictionary of Pentecostal and Charismatic Movements)』(Grand Rapids: Zondervan, 1988)에 실린 바울의 성령론에 관한 소논문을 '조금 증보해서' 써달라고 했다. 전에 그 소논문을 쓸 때 나는 이 주제를 다룬 책이 별로 많지 않다는 데 크게 놀랐다. 그래서 그 틈새를 메워볼 욕심으로도 책을 쓰고 싶었다.

그러나 한편으로는 그 소논문에서 제시한 결론을 다시 한번 확인하고 싶었다. 그래서 성령과 성령의 사역을 언급한 바울 서신서의 구절들 모두를 상세하게 주해하기로 마음먹었다. 그 결과로 나온 것이 자세하고 심도 있는 논증으로 이루어진 『성령: 하나님의 능력 주시는 임재—바울 서신의 성령론(God's Empowering Presence: The Holy Spirit in the Letters of Paul)』(Peabody, Mass.: Hendrickson, 1994. 새물결플러스 역간.

이하『성령』으로 표기)이라는 두꺼운 책이다.

그 책을 쓰면서 내가 첫 번째로 의도한 것은 우선 학자들과 목회자들이 읽게 만들자는 것이었고, 또 내 나름대로 균형을 유지하면서 바울의 신학을 진술하는 것이었다. 바울의 삶과 사상에 나타난 성령의 중대한 역할에 대해 여기저기서 말들이 많지만, 일반적으로 신약학자들, 특별히 바울 신학자들은 성령의 역할을 무시해온 것이 현실이다. 나는 다소나마 그러한 상황을 개선하고 싶어서 『성령』을 쓰게 된 것이다.

그 책에서 다룬 내용을 이렇게 다시 제기하는 이유는, 내가 인식한 성령에 대한 바울의 주장이 첫 번째 책의 무게나 그 책 마지막 네 장에서 제시한 신학 밑에 묻혀버리지 않았을까 하는 두려움 때문이다.

나는 『성령』에 수록되었던 자료들을 더 많은 독자들이 쉽게 접근할 수 있게 만들고자 이 책을 집필했다. 하지만 이것은 첫 번째 책에서 700쪽이 넘는 주석을 뺀 나머지 내용을 다시 인쇄만 해놓은 책이 아니다. 비록 이 책의 내용 대부분이 『성령』에서 나왔지만 그 내용과 구성을 모두 새로 손본 것들이다. 그래서 나의 주장이 앞의 책보다 더 분명하게 부각되었다. 이 책에 실린 많은 내용에 대한 주석적 근거는 이미 『성령』에서 다루었으므로 필요할 때는 독자들을 위해서 그것이 실린 쪽수를 밝혀두었다.

이 모든 작업을 하는 동안 세 사람에게 도움을 받았다. 우선, 헨드릭슨 출판사의 패트릭 알렉산더다. 그는 첫 번째 책을 편집했을 뿐 아니라 시간을 내어 이 책을 집필하도록 계속해서 격려해주었다. 그리고 크리스 암스트롱은 헨드릭슨 출판사의 요청을 받아 더 많은 독자들이 쉽게 읽을 수 있도록 『성령』의 제1장과 제12-16장을 고쳐 썼다. 그가 고쳐 써 제안한 내용은 많은 부분에서 이 책의 토대가 되었다. 〈크리스채니티 투데이〉의 웬디 조바는 내게 『성령』의 결론을 잡지에 실을 수 있는 양으로 간략하게 요약할 수 있는지를 물어왔다. 결국 이 일을 하면서 현재의 책을 출판해야겠다는 긴박한 필요와 우선순위에 부응할 수 있었다.

먼저 긴박한 필요를 느끼면서까지 독자들과 나누고 싶었던 기본적인 생각들을, 웬디에게 제시했던 처음의 형식을 조금 바꿔서 설명해보겠다.

1. 가장 중요한 것은 아마도 『성령』의 마지막 부분에서 언급한 내용으로, 서구 문화 속에 자리잡은 교회들이 외치는 복음 증거가 이제는 더 이상 효력이 없고 부적합하다는 점이다. 내가 보기에 바로 여기서 바울과 우리의 진정한 차이가 드러난다. 또 우리와 비슷한 문화적 환경 속에 살았던 초기의 신자들이 이 점에서 우리보다 더 능력 있게 살았던 것 같다. 이것은 상당 부분 초대 교회 성도들이 성령의 임재를 실제로 경험했기 때문에 가능한 일이라고 확신한다.

2. 현대 기독교는 성령에 대해(특히 '은사'와 '열매'에 대해) '이것 아니면 저것'이라는 식의 접근 방식을 취해왔는데 대부분 이런 태도가 나를 몹시 불편하게 만들었다. 이런 내용도 내가 이 책에서 다룬 부분이다. 성령은 초대 교회에 능력을 부여하는 하나님의 임재였고, 그 능력은 열매, 증거 및 은사들과 모두 관계가 있었다.

3. 성령 체험과 관련해 결정적인 것은, 초대 교회가 성령을 하나님께

서 유대 백성들 가운데 다시 함께하시겠다는, 하나님의 임재에 대한 유대인의 소망의 성취로 이해했다는 점이다(그래서 바울에게는 성전 이미지가 매우 중요하다). 즉 초대 교회 신자들에게 있어서 성령은 (개인 및 공동체로서) 그들 안에, 또 그들 가운데 계시는 하나님의 인격적 임재를 의미한다. 그뿐 아니라 그들은 하나님을 삼위일체로 이해하고 있었다. 삼위일체라는 용어를 직접 사용하지는 않았지만 (그리스도 안에 있는) 실존에 대한 바울의 새로운 이해는 전적으로 삼위일체다.

4. 성령 체험에 있어서 결정적인 또 한 가지는 '이미 그러나 아직'이라는 의미에서 초대 교회가 철저하게 종말론적인 시각에서 자신을 이해했다는 점이다. 초대 교회의 신자들은 미래가 시작되었다는 확신을 가졌다. 그리고 그 확신은 미래의 완성을 보증하는 성령의 오심으로 입증되었다.

5. 이러한 새로운 이해의 핵심에는 자신들이 새롭게 구성된 하나님의 백성이라는 인식이 있다. 바울 신학의 핵심으로 이야기하는, '그리스도의 구원의 목표'는 하나님께서 '당신의 이름을 위한 백성'을 창조하는 것이다. 그리고 종말론적인 성령의 오심은 그러한 구원의 중심에 있다. 성령은 미래가 왔음을 증거하고 그 완성을 보증하는 역할을 한다. 그들이 얻은 새로운 이해의 중심은 현재 그들이 개인적으로 그리스도를 믿는 믿음을 통해, 그리고 특히 성령의 실체를 경험함으로써 하나님의 백성이 되었다는 점이다.

6. 비록 사람들은 개별적으로 하나님의 백성이 되었을지라도 그 목표

는 단순히 개개인을 하나님의 뜻에 합당한 이들로 세우는 것이 아니라 성령의 능력을 통해 현 세대에서 미래의 생명(하나님의 생명)을 소유하고 살아가는 공동체로서의 백성을 창조하는 것이다. 그러므로 '성령의 열매'는 신자들 개개인의 삶에서 나타나지만 대체로 바울의 윤리에서도 그렇듯이 우선적으로 공동체의 삶과 관련이 있다.

7. 새롭게 구성된 하나님의 백성이 드리는 예배에서 핵심적인 역할을 담당하는 '송영의 성령'은 그 백성에게 은사를 줌으로써, 그 은사 자체로 그리고 은사의 다양성을 통해 신자들의 몸된 교회를 온전히 세운다. 신자들은 하나님의 최종적인 오심을 기다리면서 종말의 백성으로서 새로운 삶을 살게 될 것이다.

종말론적인 성령을 인격적으로 강력하게 체험한 결과, 초대 교회 성도들은 개인적으로 변화되었을 뿐 아니라 이교적인 그리스-로마 문화 속에서 능력 있는 복음의 백성이 되었다. 이런 이유로 나는 그들이 우리보다 더욱 풍성한 성령 체험을 했다고 생각한다. 그리고 우리는 그 실체를 되찾기 위해 노력해야 한다.

나의 관심사들을 이렇게 앞부분에서 제시하는 이유는 앞으로 나올 내용에 대한 큰 그림을 미리 가질 수 있도록 하기 위해서다.

내 원고를 읽고 많은 제안을 통해 책의 내용을 다듬어준 다음 네 사람에게 감사한다. 딘 핀터는 학과 조교로 일하면서 성경 본문 색인을 만들어주었다. 리젠트신학교 학생인 나의 딸 세리스 노들링에게도 감사한다. 목사인 아들 마크는 성도들을 생각하는 목회자의 안목으로 원고를 끝까지 읽어주었다. 그리고 아내 모딘은 참을성 있게 원고 전체를 읽으면서 불필요한 부분과 지나치게 전문적인 부분을 다듬어주었다. 이 책 사이사이에 나는 모딘 그 특유의 문체들을 빌려 썼다. 결혼 40주년이 되는 올해에 훌륭한 친구이자 동지인 모딘에게 기쁜 마음으로 이 책을 바친다.

독자들의 이해를 돕기 위해 나의 책, 『성령』에서 끌어온 예외적인 용례에 대해 몇 가지를 더 언급해야겠다.

첫째, 여러 모로 반대가 예상되지만, 그럴지라도 내가 진술하는 바울 신학의 근거를, 바울의 것으로 간주되는 13개의 정경적 서신서에 둔다. 이에 반대하는 사람들은 자신들과 같은 생각을 가질 수 있도록 나를 설득해야 할 것이다.

둘째, 대부분의 성경 본문 목록은 내가 인식하는 대로 다음과 같은 서신서의 연대 순서를 따른다. 데살로니가전후서, 고린도전후서, 갈라디아서, 로마서, 빌레몬서, 골로새서, 에베소서, 빌립보서, 디모데전서, 디도서, 디모데후서.

셋째, 때로 기존의 번역(NIV, NRSV 등)을 약간 변형하는 경우도 있지만, 특별히 역본 출처를 기록하지 않은 성경 본문은 내가 번역한 경우다.

넷째, 『성령』두 번째 장에서 나는 바울 서신서 전체에 나타난 프뉴마(*pneuma*, '성령/영')와 프뉴마티코스(*pneumatikos*, '영적인')의 모든 용례를 전문적으로 검토했다. 여기서 독자들을 위해 번역과 그 용례에 영향을 준 두 가지 결론을 언급하고자 한다.

1. 여러 대목에서 바울 자신의 '영'과 '성령'의 역할을 구분하기가 극히 어렵다. 예를 들어 바울이 고린도전서 14장 15절에서 '내가 영

(pneuma)으로 기도하고'라고 말할 때, 문맥을 살펴보면 이것은 분명히 '성령이 나 자신의 영을 통해 기도하고'라는 뜻이다. 이 경우에 용어의 모호성을 그대로 유지하기 위해, 그리고 그런 본문에서 드러난 성령의 역할을 지적하기 위해 세련되지 않은 방식이지만 일부러 '성령/영'으로 번역했다.

2. 바울이 프뉴마티코스라는 단어를 인간의 영 또는—영어에서 '종교적인' '정신적인' '유령의' '비세속적인' 또는 '경건한' 등의 의미를 갖는 형용사인—'영적인'과 같은 다소 모호한 개념으로 사용하지 않았다는 결정적인 증거가 있다. 바울 서신서에서, 심지어 고린도전서 9장 11절에서 '물질의 복'과 대조를 이룰 때조차, 그 단어는 언제나 우선적으로 성령을 가리킨다. 따라서 내가 이 형용사를 바울의 방식으로 사용할 때는 대문자로 쓸 것이다(Spiritual, 참조. Spirituality). 반면에 현대적 의미로 사용할 때는 소문자로 표기할 것이다(spiritual).

다섯째, 이 책의 부족한 점 가운데 하나는 바울과 신약성경의 다른 기자들을 비교하지 않았다는 것이다. 그러나 내 목적은 바울의 목소리를 듣는 데 있다. 다행스럽게도 유사한 종류의 책들이 이미 출판되어 있어서 이 책과 함께 읽고 비교할 수 있을 것이다. 게리 버지가 쓴 책 중에 '요한복음의 성령'을 다룬 내용이 있고, 제임스 셀턴의 책 중에도 '누가복음-사도행전의 성령'을, 그리고 제럴드 호손의 책 중에 '예수의 성령'에 대해 다룬 내용이 있다.

『성령』을 집필하면서 나는 삶이 변화되는 경험을 했다. 상당수의 사람들이 그 책의 주석 부분을 읽고 풍성함을 경험했노라는 편지, 전화, 또는 개인적인 담화를 접하고 나서 무척 감사했으며 동시에 겸손해졌다. 똑같은 자료를 새롭게 정리한 이 책이 많은 독자들에게 그와 같은 영향을 줄 수 있기를 바라면서 기도하는 마음으로 이 책을 세상에 내놓는다.

1996년 주현절에 고든 피

들어가는 말
# 바울을 새롭게 이해하기

:::
바울에게 성령의 체험은 생생하게 경험된 실체로서 그리스도인으로 살아가는 데 없어서는 안 될 핵심이었다. 이것을 인식하지 못한다면 바울을 제대로 이해할 수 없을 것이다.

현대의 그리스도인들에게 걱정거리가 있다. 그것은 점점 더 세속화되고 개인주의가 극단으로 치달으며 상대주의가 신으로 추앙받는— 1960년대는 '포스트크리스천(post-christian)' 시대로 명명되었고 현재는 '포스트모던(postmodern)' 사회로 불리는— 세상에서 오늘날의 교회는 잘 해야 부적합한 것으로, 최악의 경우 구시대의 유물 정도로 간주되고 있다는 점이다. 솔직히 말해서 그렇게까지 된 많은 잘못은 교회에 있다. 특히 정통 신앙을 가졌노라고 자부해온 교회 안에 있는 우리의 잘못이다. 우리의 정통 신앙은 기존의 정치적 사안과 부정하게 타협한 결과로 희석되었거나, 하나님의 성품과는 무관한 율법적이고 상대론적인 윤리들에 눌려 위축되고 말았다. 혹은 점점 더 이성을 잃어가는 세계 속에서 그른 길로 접어든 합리주의에 밀려 무기력해지고 말았다.

그러나 오늘날의 포스트모더니즘은 2천 년 전 복음이 처음 나타났던 그리스-로마 세계와 매우 흡사하기 때문에 희망을 가질 이유도 있다. 초대 교회 신자들이 자신들의 문화 속에서 성공을 거둔 비밀은 무엇보다도 예수님의 삶과 죽음 그리고 부활에 중심을 둔 '복음'에 있었다. 하나님이 임마누엘로 오셔서 자신을 직접 계시하셨으며("내가 이렇게 오래 너희와 함께 있으되 네가 나를 알지 못하느냐 나를 본 자는 아버지를 보았거늘 어찌하여 아버지를 보이라 하느냐"[요 14:9]), 동시에 인간을 비극적인 타락 상태에서 구원하셨다("아들을 낳으리니 이름을 예수라 하라 이는 그가 자기 백성을 그들의 죄에서 구원할 자이심이라 하니라"[마 1:21]). 그러나 또한 초대 교회 성도들이 거둔 성공은 그들이 체험한 성령 때문이기도 했다. 성령 체험은 그들의 삶 속에서 그리스도의 사역을 능력 있는 실체로 만들었고, 그로 인해 당시 문화 속에서 그들은 급진적인 대안이 되었다.

이것은 종종 우리와는 사정이 다른 것처럼 보인다. 우리는 예수 그리스도께 (올바르게) 중심을 맞추어왔으나 성령에 대해서는 자신하지 못한다. 우리의 신조와 찬송에 성령에 대한 확실한 고백이 포함되어 있고 대화를 나누는 중에도 성령이 언급되기는 하지만, 학자들과 믿음 공동체인 교회에서는 사실상 성령이 무시되어왔다.

그러나 성령은 지금도 우리 가운데 현존해 계신다. 그렇지 않으면 우리는 결코 그리스도의 사람들이 될 수 없다. 그러나 성령의 활동과 관련해서 사람들의 지지를 받아온 견해는 고요함 가운데 계신 성령이었다. 이것은 주로 시내산에서 엘리야가 하나님을 만난 경험에서 끌어온 이미지에 근거한다. 주님은 바람 가운데도, 지진 가운데도, 불 가운데도 계시지 않았다. 도리어 '세미한 소리' 가운데서 엘리야를 찾아오셨다(왕상 19:11-13). 사람들은 이러한 견해를 지지하는 증거를 신약성경에서도 찾아낸다. 이를테면 바울이 '성령의 열매'를 강조하는 대목이다(갈 5:22-23). 그에 비해 고린도전서 12-14장에서 언급하는 '성령의 은사들'은 오로지 사도 시대에만 국한된 것이라고 주장한다. 그러나 고요한 상태는 때때로 교회 공동체 안에서 뿐 아니라 개인 차원에서도 영적인 빈혈을 초래했다. 이것은 신자들이 각자의 삶에서 수많은 방식으로 하나님의 임재를 강하게 느끼고자 시도해온 사실에 의해서도 부분적으로 입증된다.

경험할 수 있으며 능력을 부여하는 실체로서의 성령이 '결핍되어 있다는' 이 공통의 문제는 종종 다양한 성령 운동을 통해 '교정'되기도 했다. 이러한 성령 운동은 금세기 들어 가장 최근에 오순절 운동과 은사 운동이라는 형태로 일어났다. 성령 운동에서는 '바람, 지진, 불'을 강조했고 사도행전과 고린도전서 12-14장이 중요한 본문이었다. 또한 이러한 성령 운동은 개인의 영성을 강조하는 경향이 있었다. 그래서 성령의 실체는 때때로 단순히 개인의 경험을 통해 체험되는 것으로 인식했다. 그런 식의 경건은 종종 건전한 성경 해석의 토대를 잃어버리거나 그릇된 사고로 기울었다.

그 결과 성령을 반쪽만 이해하는 결과를 초래했다. 동시에 바울이 이해한 성령의 역할에 대해서도 오해가 따를 수밖에 없었다. 바울에게 성령 안에서 사는 삶이란 열매와 은사 모두를 동시에 힘차게 포용하는 것을 의미한다. 이것이 바로 양극단으로 치우치지 않고 철저하게 중심에 서는 삶이다. 신자가 경험할 수 있으며 능력을 부여하는 실체인 성령은 바울과 그의 교회에게는 신자의 모든 삶에서 시종일관 핵심 요소였다. 성령은 신자의 삶을 전체적으로 다룬다. 성령은 신자의 삶과 성장, 열매, 은사, 기도, 증거, 그리고 그밖에 모든 것이 나오는 능력이다.

그러나 성령의 능력을 체험하는 삶을 어느 한 측면에서만 바라본다면, 바울이 말하는 믿음의 핵심에 놓여 있는 두 가지 사실을 놓치고 만다. 첫 번째는 인격인 성령, 한때 당신의 백성들을 떠났으나 이제는 돌아와 그들과 함께하시는 하나님께서 인격적으로 임재하시는 실체인 성령이고, 두 번째는 종말의 성취인 성령, 하나님의 새 백성을 불러모으고 우리에게 두 시대, 곧 그리스도의 초림과 재림 사이에서 미래의 삶을 살도록 능력을 부여하는 성령이다(제5장을 보라).

포스트모던 시대에 교회가 세상으로부터 외면당하지 않으며 초대교회와 같이 능력 있는 모습을 되찾기 원한다면, 단순히 입술로만 성령님께 기도하는 것을 멈추고 바울이 가졌던 성령에 대한 제대로 된 관점을 되찾아야 한다. 성령은 우리 안에, 또 우리 가운데 거하려고 돌아오신 하나님 자신의 '인격적인 현존'으로서 우리가 '경험할 수 있고' 우리에게 '능력을 부여하는' 실체다. 성령은 미래의 완성을 기다리는 우리에게 능력을 공급하여 현재의 세상에서 하나님의 백성으로서 철저하게 '종말의' 시대를 살아가도록 만든다. 성령의 열매(곧 윤리적인 삶)와 은사들(예배 때에 나타나는 방언과 같은)을 포함한 다른 모든 것은 오로지 이 목적을 위해 존재한다.

그러므로 나는 독자들에게 바울을 새롭게 읽고 그의 삶과 사상에서 또 교회 안에서 성령이 어떻게 살아 숨쉬고 있는지 발견하라고 '초대'한다. 바울이 품고 있는 성령에 대한 그림이 무엇인지 알기 위해서 바울 서신서를 철저하게 주해하면서(그러므로 『성령』에 제시된 주석을 자주 언급할 것이다), 신학적으로 읽어보라. 바울을 이렇게 새롭게 읽으면, 전에 바울에게 생생하게 경험된 실체인 성령의 임재가 그리스도인의 삶에서 매우 중대한 요소임을 분명하게 알 수 있을 것이다. 이것은 신학적인 주장이므로 제1장에서 몇 가지 신학적 논쟁점을 예비적으로 다루게 될 것이다. 부탁하건대, 제1장에서 수렁에 빠져 중도에 포기하지 말라. 제1장은 이 책 나머지 부분의 기준점을 세우기 위해서 꼭 필요한 내용이다.

# 1
# 성령의 '신학'은 가능한가?
바울 신학에 나타난 성령

:::
성령을 체험한 우리의 삶이 좀더 능력을 얻으려면, 성령에 대한 우리의 신학과 체험이 서로 조화를 이루어야 한다.

대학원 신학 수업 시간에 한 교수가 이렇게 말한 적이 있다. "모든 사람은 신학, 이를테면 하나님과 그 자신이 살고 있는 세상에 대한 기본적인 견해를 가지고 있다. 그러므로 문제는 '자신에게 신학이 있느냐'가 아니라 '건전한 신학이 있느냐' 하는 것이다."

따라서 이 책은 우선적으로 바울의 신학에 대한 책, 곧 바울이 하나님과 그분의 도를 어떻게 이해했으며 또한 성령의 역할을 어떻게 이해했는가를 다룬 책이다. 물론 어떤 이들에게 성령에 대한 '신학' 서적은 별로 달갑지 않을 것이다. 그리고 여러 가지 면에서 나도 그렇게 생각하는 사람이다. 그러나 현대 교회는 영적으로 건강해지기 위해 성령의 '신학'과 성령의 '체험'이 과거 그 어느 때보다 서로 조화를 이루어야 한다는 숙제를 안고 있다.

일반적으로 신학이란 신적인 것을 깊이 연구하고 숙고한 결과를 말한다. 또 신학은 하나님과 하나님의 방식에 대해 우리가 믿는 다양한 것들을 하나로 통합하는 방법을 다룬다. 그러나 우리는 바울이 성만찬의 의미나 삼위 하나님의 관계에 대해 숙고하는 모습을 찾아볼 수 없다. 바울 서신서에서 삼위 하나님의 내적 관계는 이미 전제되어 있고, 상세한 설명 없이 이곳저곳에서 감질나게 나타날 뿐이다. 더더욱 우리는 성령에 대해 깊이 숙고하는 바울의 모습을 찾아볼 수 없다. 설령 그런 기본적인 문제가 겉으로 드러난다 하더라도 우리는 그것들을 좀처럼 주의를 기울여 보지 않는다. 그것들은 그저 의식하지 못한 채 지나가는 일상의 일부일 뿐이다. 또 우리가 그것들에 대해 말한다 하더라도 대개는 무심코 별 뜻 없이 내뱉은 것에 지나지 않는다.

그러나 신학은 바울이 항상 현장에서 '행한' 것이기도 하다. 그의 신학은 학문이나 교실의 사변적인 신학이기보다는 '과업의 신학', 곧 하나님에 대한 믿음과 체험이 1세기 중반 그리스-로마 세계의 사상 체계, 종교, 사람들의 일상사와 정면으로 충돌하는 저잣거리에서 이루어진 신학이다. 바울의 과업의 신학은 인종적으로나 사회적으로 다양한 환경에서 이루어졌기 때문에 아주 복합적이다. 그러므로 바울이 던진 질문은 '유대인'의 하나님(한 분이신 유일한 하나님)이 그리스도와 성령을 통해 역사 속에서 행하신 일이, '이방인'에게 복음을 전해야 하는 상황에서 어떻게 의미를 가지는가 하는 것이다.

이런 상황에서 바울은 옛 진리와 새 진리를 설교하고 경험하며 재고하고 재 진술하면서, 유대인과 이방인이 한 하나님의 동일한 백성이 되는 것의 의미를 알려고 애썼다. 이 과정에서 그는 지속적으로 신학을 '하면서' 복음이 역사 속에서 최초로 나타났던 편협한 유대 세계와는 철저하게 다른 새로운 상황에서 그 복음이 역사하는—효력을 나타내는— 방식을 이해하려고 했다.

우리가 이 책에서 관심을 두는 것은 바울이 성령에 대해 말하는 내용이다. 바울의 말은 성령에 대한 그의 이해를 들여다볼 수 있는 중요한 창문이기 때문이다. 그러나 단순히 여러 본문을 모아서 그것들을 몇 가지 교리상의 가정들과 비교하지는 않겠다. 우리는 초대 교회 신자들이 체험한 실체로서의 성령을 다룰 것이기 때문이다. 결국 유일하게 가치 있는 신학은 삶으로 전이된 신학인 것이다. 성령에 대한 바울의 이해도 궁극적으로 믿음대로 살아가는 문제와 연결되어 있다. 초대 교회 신자들은 그리스도가 가져온 구원을 성령의 체험을 통해서 받아들였으며 또 그 성령의 체험을 통해서 자신들이 종말이 이미 시작된 시대에 살고 있는 것으로 이해하게 되었다. 그들에게 성령은 자기 백성을 위해 예비하신 하나님의 위대한 미래가 이미 현 세대 안에 들어왔음을 증거하며, 동시에 이미 그리스도 안에서 시작된 것을 하나님께서 완성하실 것을 보증한다(= 바울의 종말론적 체계). 따라서 성령은 그리스도 안에 있는 신자들이 현재의 삶을 체험하고 이해하는 데 있어서 근본적인 요소다.

나의 관심은 체험된 실체들과 그것들에 대한 바울의 이해 모두를 공정하고 깊이 있게 다루면서 충분히 이해하는 데 있다.

## 과거와의 연속성과 불연속성

바울 신학에서 중요한 쟁점 가운데 하나는 옛 언약과 새 언약 사이, 곧 선지자와 시인을 통해 이스라엘에게 주신 하나님의 말씀과, 그리스도 예수를 통해 주어지고 사도들과 교사들에 의해 백성들에게 전달된 하나님의 새 말씀 사이의 연속성과 불연속성 문제다. 우리는 바울 서신서를 신약성경, 곧 하나님의 백성과 체결되었으며 그리스도와 성령을 통해 효력이 나타난 하나님의 새 언약의 일부로 읽는다. 그러나 실제로 바울은 자신이 그러한 '새 언약 책'을 형성하는 데 공헌하고 있다는 것을 알지 못했다. 그에게 '새 언약'은 기록된 것이 아니라 주의 만찬 자리에서 경험되고 성령의 임재를 통해 일상 생활에서 실현되는 역사적 실체였다. 이때 다음과 같은 의문이 생긴다. 새 것이 옛 것과 어떤 관계를 가지는가? 새 것은 참으로 새 언약으로 옛 것을 대신하는가? 아니면 옛 것을 성취하면서 이전 것보다 더 많은 것을 가져오는가? 바울을 제대로 이해하려면, 우리는 그가 자신의 종교적 전통, 특히 구약성경의 뿌리에 대한 자신의 견해를 어떻게 유지하고 수정해가는지를 파악해야 한다.

첫째, 바울은 구약의 배경을 가진 자신의 신앙 유산이 신약 시대와 연속성을 갖는다고 보았다. 그는 자신과 교회가 구약의 하나님 백성과 직접적으로 관련이 있는 것으로 본다. 그리고 그리스도와 성령의 오심이 지닌 급진적인 성격에 대해 깊은 확신을 가졌음에도 불구하고 그는 자주 그 연속성을 재확인했다. 그는 다음과 같이 말하면서 주로 이방인으로 구성된 고린도 교회를 출애굽 사건에 포함시켰다. "우리 조상들이 다 구름 아래 있고 바다 가운데로 지나며 모세에게 속하여다 구름과 바다에서 세례를 받고…"(고전 10:1-2). 할례를 받아야 할지도 모르는 위험에 처한 갈라디아 교회의 이방인 성도들에게 바울은 아브라함과 옛 언약의 약속에 호소할 뿐 아니라 그들에게 직설적으로 말한다. "내게 말하라 율법 아래 있고자 하는 자들아 율법을 듣지 못하였느냐." 그러고 나서 사라와 하갈, 이삭과 이스마엘의 '참된 의미'를 그리스도와 성령에 비추어 설명한다(갈 4:21-31). 바울은 결코 '새 이스라엘'이나 '하나님의 새 백성'에 대해 말하지 않는다. 그가 사용하는 언어는 '하나님의 이스라엘'(갈 6:16), 곧 과거와 연속성을 지녔으나 동시에 유대인과 이방인이 하나님의 백성으로 하나가 된 이스라엘이다. 그러나 여기에는 명백히 중요한 불연속성이 존재한다. 하나님의 백성은 새롭게 형성되었다. 그리스도는 '율법의 마침'이고(롬 10:4) 성령은 '약속된 성령'이다(갈 3:14, 엡 1:13). 그리스도의 죽음과 부활로 인해, 구약의 율법에 근거해서 율법을 준수하며 사는 시대는 끝이 났다(롬 7:4-6, 8:2-3). 성령의 인도를 받는 것이 율법을 성취하시는 하나님의 방식이며, 그것이 율법 준수를 대신한다(갈 5:18). 이제 율법의 의로운 요구는 성령 안에서 성령으로 인도받는 자들 안에서 성취된다(롬 8:4).

성령은 이스라엘에게 약속된 미래의 핵심적인 내용이었다. 바울에게 '약속의 성령'(엡 1:13)이 오셨다는 것은 미래가 이미 시작되었음을 보여주는 확실한 증거다. 바울을 새롭게 이해하려 할 때, 우리는 어떻게 성령을 통해 약속이 성취되었는지, 그리고 그 성령이 초대 교회의 자기 이해에 어떤 영향을 끼쳤는지를 살펴보아야 한다.

약속된 새 언약을 성취하는 데 성령이 핵심적인 역할을 하므로, 바울 서신보다 앞선 것, 곧 구약성경과 중간 시대의 유대교에서 말하는 성령의 역할에 대한 장을 이 책에 포함시키는 것이 적절할 것으로 보인다.¹ 그러나 나는 그보다는 이 책 전반에 걸쳐서 구약성경과 중간 시대의 유대교에서 가졌던 그 기대가 어떤 것이며, 바울은 성령이 그 기대들을 어떻게 성취한 것으로 이해했는지 보여주고자 한다.

## 포착하기 어려운 바울 신학의 핵심 찾기

마지막으로 바울 신학의 '핵심'에 대해 학자들이 오랫동안 벌여온 논쟁을 다루도록 하겠다.² 종교 개혁자들이 제시했고 그후로 여러 세대에 걸쳐 개신교 학자들이 지지해온 전통적인 견해는, '이신칭의'가 바울 신학의 핵심이라는 것이다. 이 견해는 우리를 위해 그리스도가 역사적으로 구원 행위를 이루었으며 믿음을 통해 우리가 그것을 소유할 수 있다고 강조한다. 그러나 이 견해는 구원의 다른 면들을 배제한 채 한 가지 메타포인 칭의만을 강조하기 때문에 부적합하다.³ 칭의에 초점을 맞추다 보면 바울의 모든 신학적 관심사를 파악할 만큼 그물을 넓게 던질 수 없다.

이에 대해 다른 학자들은 바울이 '그리스도 안에서 체험한 신비'

---

1. 바로 이것을 *God's Empowering Presence*, 904-915의 부록에서 다루었다.
2. 최근에 이 논쟁을 개관하여 소개한 유익한 글인 J. Plevnik, "The Center of Pauline Theology," *Catholic Biblical Quarterly* 61(1989), 461-478을 보라.
3. '칭의'는 법정에서 빌어온 용어다. 이것은 유대인의 율법이 등장할 때 자연스럽게 사용할 수 있는 메타포다. 이 메타포는 전적으로 이 상황에서만 사용되었다. 다른 곳에서 바울은 다양한 사회 상황에서 끌어온 다양한 메타포를 사용한다. 예를 들어 구속(노예 제도에서 취함), 입양(가족 메타포, 제6장을 보라), 속죄(희생 제사 제도에서 취함), 씻음(유대인의 종교 행위에서 취함), 화해(사람들 사이의 적대적인 관계에서 취함) 등이다.

를 바울 신학의 핵심으로 간주한다.[4] 이 견해는 그리스도의 역사적 구원 사역과 신자에 의한 그 적용으로부터 신자의(특히 바울의) 계속적인 그리스도 체험으로 초점을 옮겨간다. 이 견해가 앞서의 전통적인 견해를 어느 정도 교정하는 역할을 한다. 그러나 오늘날의 바울 신학자들 대부분은 이 두 가지 견해에 다소 한계가 있음을 인정한다. 그 결과 바울 서신서의 다양성과 '우연성'[5]을 자주 강조하게 되었다. 최근의 포스트모더니즘 영향을 받은 많은 학자들은 바울 신학의 진정한 핵심이나 심지어는 그의 신학에서 일관성을 찾는 것조차 포기한다.

나는 바울 신학과 관련된 이런 문제에 대해 두 가지 확신을 가지고 있다. 첫째, 그리스도와 성령에 대한 바울의 이해에 변하지 않는 핵심이 있다는 것이다. 그 중 많은 부분은 옛 것과의 연속성상에서 미리 전제로 깔려 있다. 또 그 모든 내용은 그가 단순히 '복음'이라고 부르는 것 안에서 발견할 수 있다. 바울이 볼 때 복음에는 근본적인 핵심 내용이 있다. 그 내용은 초대 교회의 다른 모든 신자들이 공통적으로 소유한 것이기도 했다(예. 고전 15:1-3, 11). 다만 바울 신학에서 외견상으로 드러나는 다양한 변이들은, 내가 이해한 바로는, 그의 생애 마지막 20년간 헌신했던 이방인 선교에 대한 공통된 내용이 지닌 함축적 의미를 실천한 그의 사역과 관련되어 있다고 생각한다.

---

4. *God's Empowering Presence*, 12 각주 13번을 보라.
5. 많은 학자들에게 논란이 되는 것은 바울 신학을 재구성하는 데서 나타나는 일관성과 우연성의 관계다. 다시 말해서 바울 서신서에서 일종의 '체계적인' 바울 신학이라고 부를 만한 일관성 있는 신학적 핵심을 끌어낼 수 있는가? 혹은 신학은 항상 역사적인 특별한 상황에서 우연적으로 표현되는 것을 뜻하는, 서신서의 특수한 성격이 그러한 일관성을 미리 배제하는가?

둘째, 학계의 최근 경향에 보조를 맞추면, 바울 신학의 핵심을 파악하기가 매우 어렵다고 본다. 그들이 말하는 바울 신학의 핵심이 너무 많은 것을 포괄하고 있어서 하나의 표현으로 단순화할 수 없기 때문이다. 오히려 바울에게 있어서, 문제들의 중심에 자리잡고 있으며 다른 모든 관심사들을 포괄하는, 신학의 본질적인 요소들을 따로 분류해내는 것이 훨씬 수월해 보인다. 내가 보기에 적어도 네 가지 요소가 핵심적이다.

- 하나님의 새 언약 백성을 구성하는 종말의 공동체(곧 '마지막 때가 시작되는 시기'에 존재하는 공동체)인 '교회'
- 이러한 새 백성의 존재가 의미하는 '종말론적인 체계'
- '그리스도의 죽음과 부활'로 성취된 종말의 '구원'에 의해 하나님의 새 백성이 형성됨
- 새 백성이 메시아, 주, 하나님의 아들이신 '예수님'에게 초점을 맞춤

이것을 달리 표현하면 다음과 같다.

- 토대: 우리 모두를 향한 사랑으로 충만하신, 은혜롭고 자비로우신 하나님
- 체계: 이미 시작되었으나 아직 완성되지 않은 하나님의 약속들의 성취
- 초점: 고난 당하는 하나님의 종이자 메시아로서 자신의 죽음과 부활을 통해 인류의 종말적 구원을 성취하고 지금은 영광스

럽게 되신 주님이며 앞으로 다시 오실 왕이신 하나님의 아들, 예수님
- 열매: 그리스도의 죽음과 성령의 오심으로 백성이 되고, 하나님의 형상을 회복하여, 하나님의 새 백성이 된 종말의 공동체인 교회

이것이 바울의 견해(그리고 나머지 신약성경의 관점)에 대한 옳은 결론이라면 이 내용을 좀더 정제해볼 수 있겠다. 한편 제5장에서 지적하겠지만 종말론을 바울이 가진 신학적 사고의 기본 체계로 인정하지 않고서는 그를 이해할 수 없을 것으로 보인다. 그리고 그 체계를 그대로 인정할 경우 그리스도 안에서의 구원은 가장 기본적인 관심사다. 신자들이 아직 고대하는 마지막 구원이 이미 그리스도와 성령을 통해 현재의 실체가 되었다는 의미에서 구원은 '종말적'이다. 하나님 안에서 시작되었으며 그리스도의 죽음과 부활에 의해 역사적으로 실현되었다는 점에서 구원은 '그리스도 안에' 있다. 그리고 하나님의 백성들은 성령의 사역을 통해 그 구원을 받아 체험한다. 여기서 그리스도의 파루시아(*parousia*, '오심')에 의해 최종 완성이 이루어지기까지, 성령은 '두 시대 사이에' 살고 있는 신자들의 삶에서 핵심 요소다.

메시아, 주 그리고 구원자인 예수 그리스도에게 초점을 맞추는 것과는 별개로, 성령이 바울 신학의 여러 측면들에서 핵심 요소임은 깊이 생각하지 않아도 쉽게 알 수 있다. 따라서 나는 바울이 이해한 복음의 핵심 가운데 일부로서 성령이 언제나 바울 신학의 중심부 가까이에 존재한다고 확신한다. 성령의 체험은 바울의 '이미 그러나 아직'이라는 종말적 체계를 이해하는 열쇠다. 성령은 하나님께서 그리스도

안에서 이루신 구원을 신자가 체험하고 그것을 살아내는 데 핵심적인 역할을 한다. 성령은 교회를 하나님의 새로운 (종말적) 백성이 되게 하며, 그들이 자신들의 삶에서 맺는 성령의 열매를 통해 그리스도의 형상을 닮아가게 한다. 그리고 성령은 그들이 예배드릴 때 은사를 주어 그들이 세상에서 서로를 세워주고 격려하며 살아가도록 만든다. 그러므로 "성령의 날개로 지탱되지 않으면 바울의 신학은 추락하여 산산조각 나고 만다"는 말은 타당하다.[6]

마지막으로 나는 이 모든 수고의 목적이 단지 지식을 전달하는 데 있지 않다는 것을 밝히고자 한다. 오히려 독자들을 설득하는 것이 내 목적이다. 그러나 이 경우에 무엇이 옳고 그르다고 설득하려는 게 아니다. 나 자신이나 현대 교회를 위해 이 책을 쓰는 궁극적인 관심은 우리 모두가 성령의 문제에 대해 성경의 근본적인 가르침으로 돌아가는 것이다. 이렇게 해야만 교회는 이제 막 시작되려는 새 천년에 진실로 가치 있는 존재가 될 수 있다.

---

6. C. Pinnock, "The Concept of Spirit in the Epistles of Paul" (Ph. D. dissertation; Manchester, 1963), 2; cf. S. Neill and N. T. Wright, *The Interpretation of the New Testament 1861-1986* (Oxford: Oxford University Press, 1988) 203: "바울의 성령론은 그의 이신칭의론보다 훨씬 더 중심적이며 더 특징적인 것이다."

# 2
# 하나님이 자기 백성을 찾아오시다
## 성령, 하나님의 새로운 임재

:::
바울은 하나님께서 다시 한번 당신의 백성 안에, 그리고 그들과 함께 거하시겠다는 약속이 성령의 오심으로 성취되었다고 믿는다.

'임재, 즉 함께 있음'이란 아주 유쾌한 단어다. 이것은 우리가 가진 놀라운 소유물 하나를 가리키기 때문이다. 선물, 전화 연락, 사진 또는 기념품 등 누군가를 떠올리게 만드는 그 어떤 것도 '함께 있는 것'을 대신할 수 없다. 평생 함께 지내던 배우자를 잃은 사람에게 무엇이 가장 그리운지 질문해보라. '함께 있는 것.' 대답은 언제나 똑같다. 몸이 아플 때 위로의 말을 전하는 것보다는 사랑하는 사람들이 함께 있어 주는 것이 더 좋다. 함께하는 삶— 게임, 산책, 연주회, 소풍, 다른 많은 것들—을 정말 즐겁게 만드는 요인은 무엇인가? 그것은 함께 있는 것이다.

하나님께서는 이런 방식으로 당신의 형상대로 인간을 창조하셨다.

이는 그분 자신이 인격적이고 관계적인 존재이시기 때문이다. 타락으로 인한 가장 큰 문제는 인간이 하나님의 비전뿐 아니라 하나님과의 관계마저 상실했다는 점이다. 따라서 더 이상 그분의 항구적인 임재를 경험할 수 없게 된 것이다. 그런데 바울은 그리스도와 성령이 오심으로 이 모든 것이 영원히 달라졌다고 믿었다.

바울 사도가 말한 모든 내용의 핵심은 성령이 부어진 것을 '약속된 성령'(엡 1:13, 갈 3:14)이 오신 것으로 이해했다는 것이다. 이 약속은 특별히 '예언된 말씀'의 갱신을 포함한다.[1] 바울에게 그것은 또한 '마음의 할례'에 대한 약속 때문에 오랫동안 기대해왔던 새 언약이 마침내 이루어졌음을 뜻한다. 이 새 언약은 이미 신명기 30장 6절에서 언급되었고, "내가…새 언약을 맺으리라…곧 내가 나의 법을…그들의 마음에 기록하여"라는 예레미야서 31장 31-34절 말씀에서 분명하게 예언되었다. 예레미야 이후에 에스겔도 같은 예언을 하면서 새 언약을 하나님께서 '너희 속에 두시는' 성령과 연결시켰다(36:26-27, 37:14). 무엇보다 새 언약의 성취인 성령은 잃어버렸던 하나님의 임재가 다시 회복되었음을 뜻한다.[2]

여기서 성령이 옛 언약과 새 언약 사이의 연속성과 불연속성 모두를 대표한다는 좀더 중요한 의미가 존재한다. 연속성은 자기 백성과

---

1. 이는 선지자 요엘이 예언한 것이다(욜 2:28-30). 바울은 이것을 회집한 공동체 안에 성령님이 함께하는 근본적인 방식으로 보았다. 데살로니가전서 5장 19-22절, 고린도전서 11장 4-5절, 12장 1절-14장 40절, 로마서 12장 6절, 디모데전서 4장 14절을 보라. 또 이 책의 제14장을 보라.
2. 이 문제에 대해서는 특히 『하나님의 능력을 부여하시는 임재』에서 고린도후서 3장 4-6절과 로마서 2장 29절을 다룬 부분을 보라. 또 이 책의 제9장을 보라.

함께하시는 하나님의 임재에서 발견할 수 있다. 불연속성은 하나님께서 그들을, 이미 약속되었고 새로워진, 전적으로 차원이 다른 방식으로 다시 찾아오신다는 데서 찾을 수 있다. 즉 하나님께서 당신의 성령에 의해 집합적으로 뿐 아니라 개인적으로 자기 백성 가운데 내주하신다는 점이다.

### 구약에 나타난 하나님의 임재

'하나님의 임재'라는 주제는 구약성경과 신약성경 모두에서 아주 결정적이다. 사실상 이것은 그리스도인의 성경을 받쳐주는 역할을 한다.[3] 이 주제는 창세기 2-3장에서 시작된다. 여기서 하나님은 당신의 형상대로 창조한 자들과 함께 에덴 동산에 임재하는, 천지의 창조자로 나타나신다. 그리고 이 주제는 요한계시록 21장 1절부터 22장 5절에서 완전히 새롭게 된 하늘과 땅, 그리고 에덴 동산의 경이로운 장면들과 함께 끝을 맺는다. 이 본문에서 요한은 "성 안에서 내가 성전을 보지 못하였으니 이는 주 하나님 곧 전능하신 이와 및 어린 양이 그 성전이심이라"고 말한다(21:22). 무엇보다도 이스라엘 사람들은 그들 자신을 그 임재의 백성, 곧 영원한 하나님께서 지상에서 함께 거하려고 택하신 백성으로 이해했다.

---

3. 성경 신학의 중심 주제인 하나님의 임재에 대해서는 Samuel Terrien, *The Elusive Presence: Toward a New Biblical Theology* (San Francisco: Harper & Row, 1978)을 보라.

## 성막과 성전

구약성경에서 하나님의 임재를 가장 탁월하게 체험할 수 있는 것은 성막과 성전 안에서다. 이러한 '임재'의 주제는 성막 위에 강림하시는 하나님의 영광에서 절정에 이르는데, 이것이 출애굽기 구조의 가장 중요한 핵심이다. 살아 계신 하나님께서는 시내산의 불타는 가시덤불 사건에서 처음으로 자신을 모세에게 보여주셨다(출 3장). 그리고 모세에게 백성을 시내산으로 인도해 거기서 자신을 예배하라고 명하셨다. 이스라엘 백성이 그 거룩한 산에 도착했을 때, 그들이 이르른 곳은 하나님이 '거하시는' 장소였다(출 19장). 그곳은 백성들이 접촉하지 못하도록 금지되었고 접촉하면 죽임을 당하는 장소였다. 오직 모세만이 하나님의 임재 앞에 나갈 수 있었다.

그러나 하나님께서는 그 산을 떠나 성막을 통해서 자기 백성과 함께하시겠다는 계획을 세우셨다. 그래서 언약의 책을 주신 후에(출 20-24장), 모세에게 성막 건축에 대한 가르침을 주셨다(25-31장). 그러나 가르침을 주시는 장면과 성막 건축 사이에(35-39장) 광야에서 벌어진 끔찍한 사건이 기록된다(32장). 그 사건 후에 하나님께서는 모세에게 '나는 너희와 함께 올라가지 아니하리니 나 대신 나의 사자가 올라갈 것'이라고 선언하신다(33장). 모세는 이런 해결이 적절하지 않다는 것을 알고 하나님께 간구한다. "주께서 친히 가지 아니하시려거든 우리를 이곳에서 올려 보내지 마옵소서 나와 주의 백성이 주의 목전에 은총 입은 줄을 무엇으로 알리이까 주께서 우리와 함께 행하심으로 나와 주의 백성을 천하 만민 중에 구별하심이 아니니이까"(33:15-16).

이후에 하나님의 성품에 대한 더 많은 계시가 주어졌고(출 34:4-7, "자비롭고 은혜롭고 노하기를 더디하고 인자와 진실이 많은"), 성막이 건축되었다. 그리고 이 모든 것은 하나님의 영광이 강림하여 '성막에 충만한'(40:35) 사건으로 끝난다. 이렇게 해서 백성들은 '너희의 하나님 여호와께서 자기 이름을 두시려고 택하실 그곳으로'(신 12:11과 다른 본문들) 여행할 준비가 완료되었다. 이 여행은 구름 기둥과 불 기둥으로 상징된 하나님의 임재에 의해 인도를 받는다.

신명기의 약속은 마침내 솔로몬의 성전 건축으로 성취되었다. 그리고 출애굽기 40장에서 언급된 것과 동일한 영광이 강림하여 '여호와의 전에 가득했다'(왕상 8:11). 그래서 예루살렘과 성전은 '여호와께서 자기 이름을 두시려고 택한 장소'로 종종 묘사되었다. 그리고 성전은 약속의 땅에서 살아가는 모든 이스라엘 백성들의 중심이 되었다.

그러므로 율법이나 혹은 유대인임을 보여주는 다른 특징들인 할례, 음식법, 안식일 준수보다도, 하나님께서 이스라엘 백성과 함께하신다는 사실이 더 그들을 하나님의 백성으로 구별지었다. 그들은 천지를 창조하신 하나님께서 지상의 건물에 속하실 수 없다는 것을 잘 알고 있었다(사 66:1-2). 그러나 하나님께서 당신의 임재를 그곳에 집중하려고 택하셨기 때문에 성막과 성전은 자기 백성 가운데 거하시는 하나님의 임재를 보여주는 가장 중요한 상징이 되었다.

따라서 성전이 제사의 장소로도 기능했으나 구약의 하나님 백성들은 우선적으로 그곳을 기도하는 장소로, 그리고 하나님께서 그들과 함께하심을 깨닫는 장소로 보았다. 이 사실은 이스라엘의 찬송책인 시편에 자주 등장한다. 예를 들어 시편 68편에 실린 위대한 즉위식 찬송을 살펴보자. 여기서 시온에 함께하는 하나님의 임재는 이스라엘 백성의 희망이며 주변 나라들의 부러움의 대상으로 그려지고 있다.

바산의 산은 하나님의 산임이여

바산의 산은 높은 산이로다

너희 높은 산들아

어찌하여 하나님이 계시려 하는 산을 시기하여 보느냐

진실로 여호와께서 이 산에 영원히 계시리로다(시 68:15-16).

왕의 '즉위식'과 관련해서 시편 기자는 이렇게 노래한다.

하나님의 병거는 천천이요 만만이라

주께서 그중에 계심이 시내산 성소에 계심 같도다

주께서 높은 곳으로 오르시며

사로잡은 자들을 취하시고

선물들을 사람들에게서 받으시며

반역자들로부터도 받으시니

여호와 하나님이 그들과 함께 계시기 때문이로다(68:17-18).

이와 동일한 주제가 하나님의 임재 안에 있는 영광을 깊이 생각하는 이스라엘 각 사람들에 의해 시편 전체에 반복해서 나타난다.

만군의 여호와여 주의 장막이 어찌 그리 사랑스러운지요

내 영혼이 여호와의 궁정을 사모하여 쇠약함이여

내 마음과 육체가 살아 계시는 하나님께 부르짖나이다(시 84:1-2).

내가 주의 권능과 영광을 보기 위하여

이와 같이 성소에서 주를 바라보았나이다(시 63:2).

그러나 이스라엘은 하나님 앞에 범죄함으로 인해 하나님의 임재를 잃어버렸다. 하나님의 임재의 상실은 그것으로 끝나지 않았다. 하나님께서 거하고자 택하신 예루살렘 성전은 파괴되었고 백성들은 이방 나라의 포로가 되었다. 그뿐 아니라 포로로 잡힌 자들과 본토에 남은 자들은 더 이상 살아 계신 하나님의 임재로 구별된 백성이 아니었다. 이 모든 것에 대한 통절함은 에스겔서 10장에서 가장 극명하게 그리고 상징적으로 표현되어 있다. 사무엘상 4장에서도 언약궤와 관련해서 그러했듯이 '주의 영광'이 예루살렘 성전을 떠나고 만다.

### 새로운 임재의 약속

그러나 모든 것을 잃어버리지는 않았다. 선지자들에게는 아직 희망이 남아 있었다. 즉 하나님의 임재가 다시 그들 가운데 실현되리라는 약속이었다. 예를 들어 하나님께서는 에스겔을 통해서 "내 처소가 그들 가운데에 있을 것이며 나는 그들의 하나님이 되고 그들은 내 백성이 되리라"고 약속하신다(37:27). 그리고 말라기는 "주가 갑자기 그의 성전에 임하시리니"라고 예언했다(3:1). 이 희망은 중간 시대의 유대교 묵시 문학 저자들에게서 계속 나타난다. 예를 들어 단의 유언서(Testament of Dan) 5장 13절에서 저자는 이렇게 말한다. "그리고 예루살렘은 더 이상 황폐하지 않을 것이다.…주님께서 그 가운데 계실 것이기 때문이다."

이스라엘의 이전 역사에서와 마찬가지로 새로워진 하나님의 임재는 성전 회복에 대한 희망과 직접적으로 결합되어 있다. 이 주제는 에스겔의 웅대한 비전에서 강력한 은유로 표현되었다(40-48장). 그러나 가장 주목할 만한 내용은 이사야서 2장 2-3절의 말씀에 나온다(이 내용은 미가서 4장 1-2절에서 반복된다). 여기에는 또한 이방인이 유대인과 함께 구원에 포함되는 것이 중요한 주제다(슥 14:16-19).[4]

> 말일에
> 여호와의 전의 산이
> 모든 산 꼭대기에 굳게 설 것이요
> 모든 작은 산 위에 뛰어나리니
> 만방이 그리로 모여들 것이라
> 많은 백성이 가며 이르기를
> 오라 우리가 여호와의 산에 오르며
> 야곱의 하나님의 전에 이르자
> 그가 그의 길을 우리에게 가르치실 것이라
> 우리가 그 길로 행하리라 하리니.

그러나 두 번째 성전은 이 모든 기대에 미치지 못했다. 따라서 그것은 백성들 사이에 복합적인 감정을 불러일으켰다. 솔로몬 성전과 에스겔서에서 약속된 미래의 성전에 비추어서, 학개는 "너희 가운데에 남아 있는 자 중에서 이 성전의 이전 영광을 본 자가 누구냐 이제 이것이 너희에게 어떻게 보이느냐 이것이 너희 눈에 보잘것없지 아니하

---

4. 바울 서신서에서 이 주제가 지닌 중요성은 이 책의 제5장에 실린 '성령과 이방인 선교'에서 다룬다.

냐"(2:3)라고 불평한다. 그래서 하나님의 백성은 여전히 새로 건축될, 웅장한 성전을 소망한다.[5]

### 성령과 동일시된 임재

이 주제와 관련해 바울에게 가장 중요한 것은 출애굽 기사에 나타난 하나님의 임재가 이사야서 63장 9-14절에서 구체적으로 '주의 성령'과 동일시되었다는 사실이다. 이스라엘의 과거를 회상하면서 이사야 선지자는 이렇게 말한다.

> 여호와께서 그들의 구원자가 되어 그들의 모든 환난에 동참하셨다.
> 그들을 구원한 것은 그의 사자나 천사가 아니라
> '그분의 임재하심'이었다.
> 그의 사랑과 긍휼로 그들을 구속하시고
> 옛적 모든 날에 그들을 드시며 안으셨다.
> 그러나 그들이 반역하여 '주의 성령을 근심케' 했다.
> 그러므로 그가 돌이켜 그들의 대적이 되어
> 친히 그들을 치셨더니
> 백성이 옛적 모세의 날을 추억했다.
> 백성과 양 무리의 목자를 바다에서 올라오게 하신 자가
> 이제 어디 계시는가?

---

5. 예를 들어 묵시서 에녹1서를 보라. "이후에 택하심을 받은 의로운 자가 그의 회중의 소집을 보여주실 것이다"(53:6). "나는 양의 주님께서 첫 번째 집보다 더 크고 고상한 새 집을 세우실 때까지 계속 지켜보았다"(90:29).

그들 중에 성령을 두신 자가 이제 어디 계시는가?

그 영광의 팔을 모세의 오른손과 함께하시며

그 이름을 영영케 하려 하사

그들 앞에서 물로 갈라지게 하시고

그들을 깊음으로 인도하시되

말이 광야에 행함과 같이

넘어지지 않게 하신 자가 이제 어디 계시는가?

여호와의 신이 그들로 골짜기로 내려가는 가축같이
편히 쉬게 하셨다.

주께서 이같이 주의 백성을 인도하여 이름을 영화롭게 하셨다.[6]

바울은 출애굽 기사에 나타난 하나님의 임재를 매우 친숙하게 성령과 연결짓는다. 이것은 에베소서 4장 30절에 이사야서 63장 10절의 언어가 신중하게 반영되어 있는 것으로 확증된다. "하나님의 성령을 근심하게 하지 말라 그 안에서 너희가 구원의 날까지 인치심을 받았느니라."

### 바울 서신서에 나타난 새로 임한 하나님의 임재인 성령

구약성경에서 바울에게로 돌아오면 그가 성령의 오심을 서로 연결된

---

6. 이것은 나의 사역이다. 가능한 한 NIV나 NRSV의 번역을 신중하게 따랐다. 9절 번역은 특별히 NRSV를 따랐다. *God's Empowering Presence*, 713-714을 보라.

다음 세 가지의 기대를 성취한 것으로 이해하고 있음이 분명하게 나타난다. 즉 성령과 새 언약의 관계, '내주하심(indwelling)'이라는 말, 그리고 성령과 성전 이미지의 관계다. 성령은 새 언약과 새롭게 된 성전이라는 소망 모두를 성취함으로써 하나님 자신이 지금 지상에서 우리와 함께하시는 방식이다.[7]

성전 이미지는 특히 중요하다. 성전은 항상 하나님께서 거하시는 장소, 그의 영광의 장소로 이해되었기 때문이다. 바울에게 성령은 하나님께서 오늘날 그의 거룩한 성전에 거하시는 방식이다. 이런 사용례는 당연히 구약성경의 배경을 가지고 있다. 그러나 신약 시대에 이 '거주하심'은 함께 모인 공동체 안에서, 그리고 특히 신자 개개인의 마음에서 이루어진다.

**새 언약에서 성령의 역할**

초대 교회의 다른 신자들과 마찬가지로 바울은 그리스도의 죽음을 하나님께서 자기 백성과 새 언약을 체결하신 사건으로 인식했다(고린도전서 11장 25절을 보라). 그는 또한 성령을 그들 안에서, 또 그들 가운데 언

---

7. 마태복음과 요한복음에서는 그리스도께서 이 역할을 수행한다는 것을 주목해야 한다. 예를 들면 마태복음 1장에서 요셉은 예수의 이름이 '임마누엘', 즉 '하나님께서 우리와 함께하심'이 되리라는 말을 듣는다. 12장에서 예수님께서는 자신을 가리켜 "성전보다 더 큰 이가 여기 있느니라"고 말씀하셨다. 그리고 마태복음은 부활하신 주님이 제자들에게 "내가 세상 끝날까지 너희와 항상 함께 있으리라"고 말씀하시는 것으로 끝이 난다. 요한복음 1장 14절은 "말씀이…우리 가운데 거하시매(장막을 치시매) 우리가 그의 영광을 보니 아버지의 독생자의 영광이요"라고 했다. 그분 자신은 아버지의 속성인 '은혜와 진리(신실함)'로 충만했다. 새롭게 된 하나님의 임재를 성취하는 그리스도와 성령 두 분의 삼위일체의 의미는 제4장에서 다룰 것이다.

약이 실현되는 방법으로 본다. 그 자신과 다른 이들의 성령 체험 결과로 바울은 이러한 성령의 역할을 특별히 에스겔서 36장 26-27절과 37장 14절의 용어로 이해한다. 바울은 이 두 본문에서 끌어온 주제를 조합하여, 신자의 삶과 신앙 공동체에 성령이 임하게 하는 방법을 통해서 하나님이 다음 세 가지 측면에서 약속을 성취하셨다고 주장한다.

1. 하나님께서 자기 백성에게 '새 마음', 즉 돌처럼 굳은 마음을 대신하는 부드러운 '육의 마음'(렘 31:31-33)을 주실 것이다. 하나님이 또한 그들에게 '새로운 영'을 주실 것이기 때문이다(겔 36:26). 이 주제는 고린도후서 3장 1-6절에 나타나는데 여기서 고린도 교회 성도들은 새 언약의 수령자로 이해되며, 그 이유는 그들이 '살아 계신 하나님의 영'으로 그들의 '육의 마음판에' '쓰였다'는 점에서 그렇다(3절). 바울은 이 새 언약의 일꾼이다. 이 새 언약은 더 이상 '율법 조문'이 아니라 생명을 주시는 성령으로 된 것이다(5-6절). 이와 동일한 이해는 로마서 2장 29절에서 언급된 '성령에 의한 마음의 할례' — 이것은 신명기 30장 6절의 성취를 반영한다 — 와 함께 로마서 7장 5-6절의 표현에서도 드러난다.

2. 이 '새로운 영'은 바로 하나님의 영이며, 하나님의 백성으로 하여금 하나님의 규례를 따르게 만들 것이다(겔 36:27). 로마서 8장 3-4절과 갈라디아서 5장 16-25절에서 명백하게 언급한 것처럼[8], "토라(구약성경의 율법)의 준수를 폐지하면 의가 어떻게 될 것인가" 하는 질문에 바울은 성령을 통한 성취를 그 답으로 제시한다.

---

8. *God's Empowering Presence*에서 여러 본문을 주석한 부분을 보라.

3. "내가 또 내 영을 너희 속에 두어 너희가 살아나게 하고"(겔 37:14) 라는 말씀이 보여주는 대로, 하나님의 성령은 하나님 자신의 임재를 의미한다. 또다시 바울은 이 주제를 고린도후서 3장 5-6절에서 다룬다. 살아 계신 하나님의 영인 성령은 하나님의 백성에게 하나님에 대한 한 가지 본질적 실체를 제공한다. 즉 바울은 새 언약이라는 차원에서 '성령은 살리는 것'이라고 말한다.

이와 비슷하게 데살로니가전서 4장 8절에도 에스겔서 36-37장의 언어가 분명하게 반영되어 있다. 데살로니가 성도들이 거룩함을 저버리는 것은 '너희에게 그의 성령을 주신' 하나님을 저버리는 것이다.[9] 그들이 거룩하게 살라는 바울의 요청을 거절하는 것은 성령으로 함께하시는 거룩한 하나님의 임재를 거절하는 것이다. 그리스도는 하나님의 백성을 위한 죽음과 부활을 통해서 새 언약이 효력을 나타내도록 만드신다. 그러나 하나님 백성의 삶에서 성취된 실체인 성령은 바울의 시각으로는 새 언약의 핵심 부분이다. 이것이 우리가 내릴 수 있는 결론이다.

**내주하시는 성령**

바울 서신서에는 하나님의 임재와 새 언약을 언급하는 구약성경 본문과 밀접하게 관련된 본문들이 많은데, 여기서 바울은 성령님을 하나님의 백성 안에, 또 그들 가운데 거하시는 분으로 말한다. 이 주제

---

9. *God's Empowering Presence*에서 이 본문을 다룬 부분을 보라. 이 본문에서 '너희 안으로(into) 성령을 주신 분'이라고 번역된 특이한 헬라어 표현은 에스겔서 36장 27절과 37장 14절의 70인역 본문에서 온 것으로 보아야 한다.

는 무엇보다도 성령님을 신자 안에 임재하시는 분으로 언급하는 본문들에서 발견된다. 성령은 '너희/우리 안에' 계신 분으로 제시된다(살전 4:8, 고전 6:19, 14:24-25, 엡 5:18[여기서는 '충만'이라는 이미지 안에 포함됨]). '너희/우리 안에' 거하는 장소는 '마음'이다(고후 1:22, 3:3, 갈 4:6, 롬 2:29, 5:5). 그래서 이것은 '내주하는(dwelling in)'이라는 언어로 표현된다(고전 3:16, 고후 6:16, 롬 8:9-11, 엡 2:22).

이들 가운데 두 본문(고전 14:24-25, 고후 6:16)이 특히 중요하다. 여기서 바울은 자기 백성들 가운데 거하시는 하나님을 언급하는 구약성경 본문들을 인용하면서 하나님의 거주를 성령의 임재로 간주한다. 이방인들은 자신들의 숨은 마음이 예언의 영을 통해 드러나기 때문에 살아 계신 하나님께 돌아온다. 고린도전서 14장 24-25절에서 바울은 이것을 "하나님이 과연 네게 계시느니라"는 이사야서 45장 14절의 말씀을 가지고 말한다.

이와 흡사하게 바울은 고린도후서 6장 16절의 성전 이미지를 통해서 하나님을 자기 백성 가운데 계시는 분으로 이해한다. 이 본문의 성전 이미지는 고린도전서 3장 16절에서 공동체의 삶 가운데 성령이 임재한다는 사실을 전제한다. 이러한 논점을 제시하면서 바울은 에스겔서 37장 27절의 "내 처소가 그들 가운데 있을 것이며 나는 그들의 하나님이 되리라"는 새 언약을 주시는 대목을 끌어들인다. 이 나중 본문은 성전 이미지에 '처소'라는 직접적인 표현을 덧붙여 사용한다.

**하나님의 성전인 교회**

바울이 성령을 그의 백성 가운데 거하시는 하나님의 새로운 임재라고 부른다는 점에서 성령은 특별히 성전 이미지와 연결된다. 이 이미지는 바울 서신서에 네 번 나타난다. 그 중 세 번은 구약성경의 전례와 일치한다(고전 3:16-17, 고후 6:16, 엡 2:22). 하나님께서는 성막과 성전을 통해서 자기 백성 가운데 거하신다. 그리고 한 번은 약속된 새 언약과 연결시켜 사용하는데(고전 6:19-20), 여기서 '성전'은 신자의 몸이며, '너희가 하나님께로부터 받은 바 너희 가운데 계신' 성령의 전이다.

첫째, 바울은 구체적으로 하나님의 백성 가운데 계시는 성령의 임재를 말하는 문맥에서 성령을 성전 이미지와 연결시킨다. 여기에 살아 계신 하나님께서 자기 백성과 함께하시는 방법이 드러난다. 이것은 에베소서 2장 22절에서 가장 분명하게 나타난다. 교회는 주 안에서 거룩한 성전이 되도록 세워지고 있으며, '성령에 의해서 하나님께서 거하실 처소'로 함께 지어진다.

여기서 고린도전서 3장 16-17절은 매우 중요하다.[10] "너희가(고린도에 있는) 하나님의 성전…알지 못하느냐"라는 주장을 펴면서 바울은 '성전/하나님의 임재'를 성취하는 성령이 자신에게 얼마나 중요한 문제인지를 밝힌다. 문맥에서 그는 (단지 인간의) 지혜를 내세우며 고린도 교회를 파괴하려는 자들과 논쟁을 하고 있다. 이들의 주장에 대해 바울은 5-9절에서 그것이 단지 인간에 지나지 않는 일꾼들을 자신들의 '주(主)들'로 만드는 어리석은 일이라고 말한다. 그리고 10-15절에서는 현재 불행한 방향으로 교회를 이끄는 지도자들을 향해 경고한 후에 마지막으로 교회를 향해서 그들이 고린도에 있는 하나님의 백성, 곧 고린도에 있는 하나님의 성전이라고 말한다.

---

10. 여기서 제시된 결론들을 지지하는 본문 주석은 *God's Empowering Presence*, 112-118을 보라.

바울은 성전 이미지를 9절부터 사용한다("너희[고린도 교회]는 하나님의 집이니라"). 그들의 토대(십자가에 못박힌 그리스도)는 사도들이 놓았다. 그러나 바울이 편지를 보냈을 때 그 건물은 토대가 될 수 없는 재료로 세워지고 있었다(고린도 교회 성도들이 미혹된 지혜와 수사를 가리키는 나무와 지푸라기). 그들은 오래 지탱할 수 있는 재료로 건축해야 한다(금, 은, 값진 보석, 즉 십자가에 못박힌 그리스도의 복음). 이것은 솔로몬의 성전 건축(대상 29:2, 대하 3:6)에서 가져온 이미지다. 그리고 16절에서 바울은 수사적으로 질문한다. "너희가 어떤 종류의 건물인 줄 아느냐? 너희는 고린도에 있는 하나님의 성전이다!" 회집한 공동체로서 그들은 살아 계신 하나님의 성전, 고린도에 셀 수 없이 많은 이방인의 신전들에 대한 하나님의 대안으로 자리매김한다. 그리고 그들을 하나님의 대안으로 만드는 것은 그들 가운데 계신 성령의 임재였다.

그러나 고린도 교회 성도들은 하나님의 성전을 파괴하고 있었다. 서로 싸우고 인간의 지혜에 미혹되는 것은 그들 가운데 거하면서 하나님의 뜻을 알려주고 그들을 하나 되게 하는 성령을 추방하는 것과 같기 때문이다.[11] 그래서 바울은 매우 강력하게 경고한다. 고린도 교회를 파괴하는 데 책임 있는 자들을 하나님께서 멸하실 것이라고. 하나님께서는 성전, 즉 그분의 임재 장소가 거룩하기 때문에, 그리고 '너희 고린도 교회가 하나님의 성전'이기 때문에 이렇게 하실 것이다. 회집된 공동체는 성령에 의해 하나님 자신이 인격적으로 임재하시는 장소다.

---

11. 바울은 그들이 받은 성령이 또한 우리에게 '하나님의 어리석음', 곧 십자가 안에 있는 지혜를 알려주신 분이라고 말한다(고전 2:10. 참조. 1:18-25). 고린도전서 12장 13절에서는 성령이 그들을 다양성을 갖춘 한 몸이 되게 만드신다고 말한다.

이것이 '천하 만민 중에'(출 33:16) 하나님의 새로운 백성을 구별짓는 방법이다.

신약성경 전체에서 '성전'만큼 지역 교회의 성격을 잘 표현하는 더 중요한 단어는 없다! 지역 교회는 그것이 서 있는 지역에서 하나님의 성전으로 존재한다. 그리고 지역 교회는 오로지 성령의 임재에 의해서만 하나님의 성전이 될 수 있다. 성령을 통해 하나님께서는 지금 자기 백성을 다시 찾아오신다. 그러므로 바울이 음행한 자를 공동체의 교제권에서 추방하라고 명하는 것은 조금도 놀라운 일이 아니다(그들은 그와 함께 먹지도 말아야 한다). 그렇게 해서 결국 그가 구원에 이르도록 해야 한다(고전 5:1-13). 하나님의 임재 밖에 놓임으로 그는 회개하게 될 것이고, 그 결과 다시 한번 더 하나님께서 임재하시는 백성 가운데 있게 됨으로 구원을 받게 될 것이다.

고린도후서 6장 16절에서 7장 1절까지에도 교회를 하나님의 성전으로, 그래서 고린도의 이교도 신전들에 대한 하나님의 대안으로 보는 시각이 드러난다. 교회 안에 있는 자들은 고린도의 우상 숭배를 떠나(여기서 바울은 고린도전서 8-10장의 금지를 반복한다) 온갖 더러운 것으로부터 자신을 정결케 해야 한다. 그들은 고린도에 있는 하나님의 성전, 즉 영원한 하나님께서 거하시는 장소이기 때문이다.

바울은 에베소서 4장 30절에서 이 편지를 받게 될 수신자들에게 "하나님의 성령을 근심하게 하지 말라"고 촉구하면서 이사야서 63장 10절의 표현을 인용한다. 이것은 구약성경에서 성막과 성전을 통해 이스라엘과 함께하시는 하나님의 임재가 구체적으로 '여호와의 성령'과 동일시되는 확실한 본문이다. 이러한 동일시는 바울이 경고를 보내는 토대다. 하나님의 임재는 천사나 사자가 아니라 하나님 자신의 영이라는 형태로 자기 백성과 함께 광야를 여행했다. 이제 하나님께서는 성령을 통해 자기 백성에게 돌아와 집합적으로 또 개인적으로 그들과 함께 거주하신다. 그 결과 그들은 하나님의 방식으로 살 수 있게 된다. 그러므로 바울은 에베소 교회 성도들에게 이스라엘이 저질렀던 실패를 되풀이하지 말라고 촉구한다. 그들은 '성령이 하나 되게 하신 것'(4:3)을 파괴하는 여러 가지 불일치의 죄로, 성령을 통해 그들 가운데 함께하시는 하나님을 근심하게 해선 안 된다.

### 하나님의 성전인 신자 개개인

고린도전서 6장 19-20절에서 바울은 놀랍게도 성전 이미지를 교회에서 개인 신자에게로 옮겨 사용한다. 따라서 하나님께서는 성령을 통해서 자기 백성 가운데 거하실 뿐 아니라, 생명을 주시는 동일한 성령을 통해서 같은 방식으로 자기 백성의 삶에 개인적으로 거주하신다.

 이러한 이미지의 전이가 갖는 의미를 놓쳐서는 안 된다. 문맥은 성적 부도덕과 관련되어 있다. 바울은 신자의 '성화'에 관심을 갖는다. 육체적이고 물질적인 실체와 비물질적이고 비가시적인 영역 사이를 분명하게 구분하는 당시의 시각(헬라 사상의 이원론)을 반영하여, 일부 고린도 교인들은 인간의 영은 창녀와 성관계를 맺는 것을 포함한 모든 육체의 행위에 영향을 받지 않는다고 주장하고 있었다. 그러나 바울은 결코 그렇게 생각하지 않았다. 우리를 자기 형상대로 창조하신 하나님께서는 영과 함께 몸도 창조하셨다. 따라서 물질계도 선한 것이라고 선언하셨다.

 그들과 논쟁하는 마지막 순간에 바울은 그리스도의 구원 사역을 말하는 문맥에서 그들의 삶에 함께하는 성령의 임재에 호소한다. 그리스도는 하나님의 영광을 위해 살도록 그들을 '값으로 살' 때 그들의 몸도 함께 사셨다. 이것은 성령에 의해서 입증된다. 하나님이 인간의 손으로 만든 전이 아니라 당신 자신의 손으로 건축한 전에 거하신다는 점에서 그들은 성령의 전이다. 따라서 그들은 그들 자신의 것이 아니므로 자기 몸에 자기 좋아하는 대로 행해서는 안 된다. 그들은 그리스도의 희생 제사를 통해서 그들을 값으로 사신 하나님의 소유다.[12]

고린도후서 2장 14절에서 4장 6절까지와 마찬가지로 이 본문에도 바울이 자신의 삶을 경건하게 유지하고 또 자기 삶 속에 계신 성령을 이해한 비밀이 담겨 있다. 이 두 본문들은 외적인 삶의 모습을 다룬다. 다시 말해서 성령의 삶이 지향하는 목표는 단순히 관념이 아니라 성령을 통해 열매 맺는 윤리적 삶이다. 여기서 성령님이 거하시는 개인이라는 측면이 배제될 수 없다. 진실로 새 언약에서 하나님이 함께하시는 첫 번째 장소는 자기 백성 개개인의 마음이다. 하나님의 임재는 그들을 거룩하게 하고 그 거룩함을 영구적인 것으로 만든다.

그러나 바울이 사용하는 이미지에서 종종 나타나는 것과 같이 성전 이미지도 다른 문맥에서는 달리 사용되기도 한다. 고린도후서 2장 14절부터 4장 6절까지를 적절하게 이해하는 방법은 다시금 '성막/성전'의 이미지를 '임재' 이미지와 결합하는 것이다.[13] 이것은 2장 17절에서 자기 사역의 타당성을 주장하는 바울의 논증으로 시작한다. 다른 복음을 파는 자들과 대조해, 자신은 '하나님의 임재 앞에서 사는' 자

---

12. 이 본문이 지닌 다른 신학적 의미는 이 책 104-105을 보라.
13. 이 단원에 있는 성령 본문에 대한 자세한 주석은 *God's Empowering Presence*, 296-321을 보라.

라고 주장한다.

이 주제는 3장 7절에서 다시 다루며 바울의 사역과 모세의 사역을 대조하는 데까지 이어진다. 이러한 논술 방법은 궁극적으로 모세가 하나님이 임재하시는 장막에 들어갈 때는 수건을 벗었다가 하나님의 임재로부터 나올 때 수건을 쓴 일에 대한 일종의 미드라쉬(성경 본문에 대한 유대인들의 전통적인 설명)를 포함한다. 신자들은 주님께로 돌아가는 자들이다. 여기서 주님은 현시대에 하나님의 임재의 핵심이 되는 주의 성령과 동일시된다. 우리가 주의 영광을 보기 위해서 성소에 들어갈 때, 모세처럼 그러나 지금은 성령에 의해서 우리의 수건이 벗겨진다.

바울의 논증을 매우 설득력 있게 만드는 것은 수건과 성령에 대한 수사적인 언어 유희다. 하나님의 임재로서의 성령님은 지금 수건을 제거하신다. 이 수건은 또한 성전 안에서 사람들이 하나님의 임재에 접근하는 것을 막는 휘장을 암시한다고 보는 것이 가장 좋다. 결국 성령이 오심으로 우리의 얼굴에서, 또 하나님의 임재 앞으로 나가지 못하게 하는 수건이 제거된 것이다. 그래서 우리는 하나님의 아들, 우리 주 예수 그리스도의 얼굴에서 주님의 영광을 볼 수 있다.

여기서 바울은 성소에 들어간다. 성령의 임재에 의해서 우리는 지금 수건으로 가려져 있던 하나님의 그 임재 안에 들어가게 된다. 그리스도 안에서 하나님의 영광을 볼 뿐 아니라 하나님의 형상으로 변화하여 영광에서 다른 영광에 이른다. 여기서 하나님을 향한 아바(Abba)라는 외침은 찬송과 예배로 발전된다. 또한 하나님의 자녀는 이전의 '아버지'의 형상, 아직도 믿지 않는 자들의 마음을 어둡게 만드는 이 세상 신의 형상(4:4)에서 하나님 자신의 형상(3:18)으로 변화된다. 우리는 '이미 그러나 아직'이라는 지금의 모습 속에서 하나님의 형상을 담고 있다.[14] 이것은 바울이 현재 세상에서 성령님이 행하고 계신다고 믿은 유일한 내용은 아니다. 그러나 그것은 매우 의미 있다. 만일 이것에 주목하지 않는다면 우리는 바울을 제대로 이해할 수 없을 것이다.

◆

요약하면 바울에게 성령은 단지 비인격적인 힘이나 영향력, 또는 세력이 아니다. 성령은 바로 자기 백성과 다시 함께하실 것이라는 하나님의 약속을 성취하신 분이다. 이것이 지닌 함축성은 하나님과 성령에 대한 바울의 이해(다음에 나올 제3장과 제4장의 관심사)의 관점에서 뿐 아니라 우리가 개인적으로, 또 집합적으로 하나님의 백성이 되는 것이 뜻하는(제6-14장의 관심사) 관점에서도 매우 크다. 성령은 우리의 삶 안에, 그리고 우리 속에 계시는 하나님 자신의 인격적인 임재다. 그분은 자기 이름을 위하여 우리를 의의 길로 인도하시며, "모든 것을 모든 사람 가운데서 이루신다." 그분은 자기 백성이 그분의 성품을 반영하지 않고, 따라서 그분의 영광을 드러내지 않을 때 근심하신다. 그리고 우리가 하나님과 어린양에게 '찬송과 존귀와 영광과 능력'을 노래하는 예배 가운데 그분이 함께 계신다.

바울의 생각을 제대로 이해하려고 한다면, 우리 같은 후대의 하나님의 백성은 이런 성령의 실체들을 경험해야 한다. 아마도 우리에게

---

14. 이 표현의 의미는 이 책의 제5장을 보라.

있어서 출발점은 성령에 대한 비인격적인 이미지들(바람, 불 등)을 중시하지 않는 것이고, 또 바울의 관점에 따라 우리의 생각을 고쳐서 성령을 영원한 하나님의 인격적 임재로 이해하며 체험하는 것이다. 다음 두 장에서 이것을 다루겠다.

# 3
# 성령은 어떤 분이신가?

인격이신 성령

---

:::
바울은 자기 백성과 함께하시는 하나님의 새로운 임재의 성취인 성령을
인격적인 분으로 이해한다.

---

한 학생이 나의 동료 교수에게 이렇게 말한 적이 있다. "성부 하나님과 성자 하나님은 이해가 잘 됩니다. 하지만 성령님은 전혀 그렇지가 않아요. 그저 흐릿하고 희미하게만 다가올 뿐입니다." 하나님의 백성 대부분이 이 말에 공감한다! 대다수 그리스도인은 하나님이 영(요 4:24)이라는 것을 알지만, 그와 관련해서 나타나는 인격적인 이미지와 성육신이라는 실체 때문에 성부 하나님과 성자 예수님을 이해하는 데 별 어려움이 없다. 그러나 성령에 대해서는 그렇지 못하다. 많은 그리스도인들이 성령이 인격적인 존재라는 것조차 제대로 이해하지 못하고 있다.

이 사실은 몇 년 전 성령강림주일에 어린이들을 대상으로 한 설교 시간에 생생하게 확인되었다. 그날, 제법 능력 있는 설교자로 인정받

아온 한 친구가 종이 한 장을 불어 '날려'보내는 실험으로 '성령'의 실체를 묘사하려고 애를 쓰고 있었다. 그녀는 아이들에게 성령이 그와 같다고 말했다. 성령은 '바람'과 같다.[1] 바람 자체는 볼 수 없으나 바람이 만들어내는 결과는 아주 생생하게 볼 수 있다. 그때 여섯 살 사내아이가 소리쳤다. "그렇지만 바람이 눈에 보였으면 좋겠어요."

그 장면을 지켜보면서 나는 아내 모린에게 귓속말로 이렇게 말했다. "바로 저거야. 정말 의미심장한 말이잖아!" 우리 모두는 자주 영, 성령이신 하나님에 대해 이런 식으로 느낀다. "성령이 눈에 보이면 좋겠어!" 그리고 성령이 눈에 보이지 않기 때문에, 또 성령의 영향력은 목격하지만 성령에 대한 인격적인 이미지들을 가지고 있지 않기 때문에, 우리는 성령을 비인격적인 대상으로 이해하고 또 그렇게 표현한다. 성령을 가리키는 이미지들인 비둘기, 바람, 불, 물, 기름에 주목하라. 많은 사람들이 성령을 흐릿하고 희미한 존재로 간주하며, 그분을 이해하고 받아들이기가 매우 어렵다고 생각하는 것은 그리 놀라운 일이 아니다. 그래서 사도신경을 솔직하게 고백하자면 이렇게 되지 않을까? "전능하사 천지를 만드신 하나님 아버지를 내가 믿사오며, 그 외아들 우리 주 예수 그리스도를 믿사오니…성령을 믿을 수 없사오며."

하나님에 대한 우리의 이해는 그리스도 안에서 그분이 '육신이 되어' 인간 역사 속으로 오셨다는 사실에 의해서 확실히 규정된다. 하나님이 '영원에서 영원까지' 멀리 초월해 계신 것처럼 보이나 우리는 하

---

1. 헬라어 단어 프뉴마(*pneuma*)와 히브리어 단어 루아흐(*rûah*)는 둘 다 '영'이나 '바람'을 뜻한다. 이 의미는 문맥에 따라 결정된다(요한복음 3장 5절에 나타난 이 용어의 사용례를 참조하라).

나님과 그분의 성품을 모르지는 않는다. 바울의 표현대로 우리를 위해 하나님의 형상을 가진 참된 인간이 되신 그리스도 안에서 하나님의 영광이 형상화되었다. 그리고 그의 '얼굴'을 봄으로 우리는 영원한 하나님의 영광을 본다(고후 3:18, 4:4, 6).

이 장에서 나의 관심은 단지 신학적으로 뿐만 아니라 실제로 그리고 경험적으로 성령에 대한 우리의 이해가 하나님에 대한 이해와 같아야 한다는 사실을 인정하는 것이다. 우리는 그저 가볍게 성령을 예수 그리스도의 영이라고 부르지 않는다. 하나님과 마찬가지로 성령님도 그리스도를 통해서 인간의 얼굴을 가지신다. 바울은 그리스도가 오심으로 모든 것이 변했다고 본다. 이것은 성령의 오심에 대해서도 마찬가지다. 성령을 말할 때, 우리는 바로 하나님의 인격적인 임재 그 자체를 말하고 있는 것이다.

## 인격이신 성령

바울은 성령의 인격에 대해 직접적으로 말하지 않지만, 몇 가지 증거를 보면 그가 성부와 성자와 밀접하게 관련된, 그러면서도 그분들과 구별된, 인격적인 관점에서 성령을 이해했음을 확신할 수 있다.

첫째, 성령은 대리, 곧 성령은 하나님의 활동의 대리자라는 시각에서 가장 자주 언급되고 있다. 이러한 용어에는 인격적인 특성이 원천적으로 포함되어 있지는 않다. 그러나 바울이 성령을 언급하는 본문들을 가볍게 살펴보기만 해도 '대리'라는 개념이 매우 자주 인격적인 표현을 담고 있다는 것을 알 수 있다.[2] 예를 들어 데살로니가 교회 성도들은 거룩하게 하시는 성령의 사역에 의해서 회심했다(살후 2:13. 참조. 고전 6:11, 롬 15:16). 이에 동반되는 기쁨도 성령에 의해서 비롯되었다(살전 1:6. 참조. 롬 15:13). 계시도 성령을 통해서 주어진다(고전 2:10, 엡 3:5). 그리고 바울의 설교에는 성령의 능력이 뒤따른다(살전 1:5). 예언과 방언은 성령에 의해서 말한 직접적인 결과다(고전 12:3, 14:2, 16). 로마 성도들은 성령으로 죄악의 행실을 죽여야 한다(롬 8:13). 바울은 에베소 성도들이 하나님의 영에 의해서 강건해지기를 간구한다(엡 3:16). 신자는 성령에 의해 섬기고(빌 3:3) 성령에 의해서 사랑한다(골 1:8). 성령에 의해서 인침을 받는다(엡 1:13). 그리고 성령에 의해서 걸으며, 성령에 의해서 산다(갈 5:16, 25). 마지막으로 신자들은 '하나님께서 그들에게 부어주신 성령의 씻음을 통해서 구원을' 받는다(딛 3:5).

한편 위의 마지막 본문은 성령의 대리적 성격을 아주 비인격적인 용어로 제시하는 것 같다. '부어주다'라는 표현은 인격적 특성을 마음에 떠올리게 하지 못한다. 성령에 의해서 '씻는다'는 표현도 마찬가지다. 그렇지만 이 본문들 대부분을 주의 깊게 살펴보면 인격적 특성이 함축되거나 전제되어 있다는 것을 알 수 있다. 그리고 '부어주다'라는 것은 굳이 인격적 특성을 갖고 있을 필요가 없는 이미지다. 이것은 특별히 고린도전서 6장 11절과 같은 본문에서 분명하게 나타난다. 이 본문에서 하나님은 '주 예수 그리스도의 이름(권위)'과 '우리 하나님의 성령 안에서'라는 이중적인 대리를 통해 고린도 교회 성도들을 '씻어 의

---

2. 다양한 형태로 나타나는 이것들의 목록은 *God's Empowering Presence*, 제2장에 실려 있다.

롭게 하고 거룩하게' 하셨다.

여기서 논점은 바울이 '대리'의 관점으로 성령에 대해 말한 내용은 그가 수십 곳에서 그리스도에 대해 말한 내용과 병행을 이룬다는 사실이다. 그리스도의 대리는 오직 인격적이므로, 성령의 대리도 그리스도의 그것만큼 인격적임을 의미한다. 게다가 바울 서신서에는 비인격적인 이미지가 거의 없다. 누가복음과 대조적으로 바울은 '성령으로 충만해진다'는 식의 표현을 좀처럼 사용하지 않는다. 대신에 그는 '너희에게 자기의 영을 주시는'[3] 하나님이나 우리가 성령을 '받거나' '가지는'[4] 것에 대해 말한다. 이 이미지 중 어떤 것도 인격적 특성을 함축하지 않는다. 그러나 대부분 성령의 다른 이미지들(바람, 불 등)이 그러하듯이, 그것들이 비인격적임을 의미하지도 않는다.

둘째, 바울이 성령을 인격적으로 이해한다는 것은 성령이 인격적 대리자를 요구하는 많은 동사들의 주어로 나타난다는 사실에 의해서 확인된다. 성령은 모든 것을 통달하고(고전 2:10), 하나님의 생각을 알며(고전 2:11), 믿는 자들에게 복음의 내용을 가르치신다(고전 2:13). 신자들 안에 거하며(고전 3:16, 롬 8:11, 딤후 1:14) 모든 일을 성취하고(고전 12:11) 믿는 자들에게 생명을 주신다(고후 3:6). 우리의 마음 안에서 부르짖으며(갈 4:6), 우리를 하나님의 길로 인도하신다(갈 5:18, 롬 8:14). 우

---

3. 데살로니가전서 4장 8절에 대해서는 *God's Empowering Presence*를 보라. 고린도후서 1장 22절, 5장 5절. 에베소서 1장 17절, 디모데후서 1장 7절. 또한 갈라디아서 3장 5절과 빌립보서 1장 19절에 나타난 '성령의 공급'을 참조하라.

4. '받는다'는 것은 고린도전서 2장 12절, 고린도후서 11장 4절, 갈라디아서 3장 2절과 14절, 로마서 8장 15절을 다루고 있는 *God's Empowering Presence*를 보라. 또 '가진다'는 표현은 고린도전서 2장 16절, 7장 40절, 로마서 8장 9절에 나온다.

리의 영과 함께 증거하며(롬 8:16) 육체를 거스르는 소욕을 가지신다(갈 5:17). 연약함 가운데 있는 우리를 도우며(롬 8:26) 우리를 위해 간구하신다(롬 8:26-27). 모든 것이 합력해 선을 이루도록 하신다(롬 8:28).[5] 성도들을 강건하게 하시며(엡 3:16), 우리의 죄 때문에 근심하신다(엡 4:30). 게다가 성령님이 내주하심으로 맺는 열매는 하나님의 인격적인 속성들이다(갈 5:22-23).

이들 가운데 어떤 본문들은, 예를 들어 로마서 8장 16절처럼, 성령님이 인격적인 존재임을 확실하게 말해준다. 우리를 '아들로 입양'되게 하시는 성령님은 우리 안에서 '아바'라고 외치게 함으로 그것을 입증하시며, 이런 이유 때문에 우리가 하나님의 자녀가 되었음을 우리 자신의 영과 함께 증거하는 두 번째 (필요한) 증인이 되신다.[6] 마찬가지로 로마서 8장 26-27절에서 성령님은 우리를 위해 기도하신다. 따라서 여기에는 성령님께서 '우리를 아신다'는 진리가 담겨 있을 뿐 아니라 우리는 그분의 중보 기도의 효력을 확신할 수 있다. '하나님께서 성령의 생각을 아시며' 또한 성령님은 '하나님의 뜻을 따라서' 기도하기 때문이다. 무엇보다도 이것은 비인격적 영향력이나 세력이 아니라 인격적 특성을 지닌 언어다. 프뉴마라는 용어 안에는 '바람'이라는 이미지가 있을지 모르나, 바울은 결코 그런 식으로 사용하지 않는다.

마지막으로 성령은 때때로 다른 곳에서는 성부나 성자와 관련해

---

5. 로마서 8장 28절에 대한 이러한 이해를 위해서는 *God's Empowering Presence*, 587-590을 보라.
6. 여기서 바울은 모든 것이 두세 증인에 의해서 확증된다는 성경의 유전을 반영하고 있다 (참조. 신 19:15, 고후 13:1).

서 사용되는 동사나 특정 행위의 주어로 나타난다. 예를 들어 고린도전서 12장에서 바울은 하나님(성부)의 의미가 함축됨에 대해 말하면서 그분이 모든 것을 모든 사람 안에서 '역사하신다'고 했다(헬라어 판타 엔 파신[panta en pasin], 6절). 비슷한 본문인 11절에서는 성령이 비슷한 목적어를 가진 동일한 동사의 주어로 나타난다(헬라어 판타 타우타[panta tauta], '이 모든 일'은 8-10절에서 여러 번 열거된 성령의 나타남을 가리킨다). 마찬가지로 로마서 8장 11절에서는 성부께서 '생명을 주시는' 반면, 고린도후서 3장 6절에서는 성령님이 생명을 주신다. 그리고 로마서 8장 34절에서는 그리스도께서 우리를 위해 기도하신다. 바로 앞 본문에서는 성령님이 우리를 위해 간구하신다고 말한다(8:26). 갈라디아서 4장 4-6절에서는 성령님이 동사의 목적어로 나타나지만, 여기서도 바울은 로마서에서처럼 "하나님께서 그의 아들을 보내셨다"고 말하며, 이어서 "하나님께서 그 아들의 영을 보내셨다"고 말한다(참조. 고전 6:11). 이러한 병행과 함께 성자와 성령의 활동들이 인격적 활동(구속과 신자의 마음 속에서 부르짖음)이라는 사실은 성령님이 인격적 존재임을 전제한다.

이 증거는 바울이 성령을 '그것'이 아니라 '인격'을 소유한 존재로 간주하고 있음을 명백하게 알려준다. 그러나 이것은 하나님의 본성이라는 시각에서 볼 때 무엇을 의미하는가? 성령님과 하나님과 그리스도의 관계는 무엇인가? 삼위일체의 다른 두 위격과 '하나면서' 그것과 '구별된'이라고 말하는 후대 교회의 표현은 바울의 이해를 적절하게 제시하는 방식인가? 이 마지막 쟁점과 그것이 현대 교회를 향해 담고 있는 의미는 다음 장에서 다루기로 하겠다. 여기서는 성령님과 하나님과 그리스도 사이의 관계에 주목하는 것으로 이번 장을 끝맺고자 한다. 이 관계란 성령님이 인격적인 존재이심을 알려줄 뿐 아니라 또한 우리의 주의를 역사적 정통(즉 삼위일체 안의 위격들이 서로 구별되면서 본질적으로 하나라는 견해)으로 향하게 해주는 관계다.

## 성령과 신성

바울은 자신의 서신서에서 프뉴마(하나님의 영/인간의 영)를 140번 이상 사용하는 반면 완전한 명칭인 성령은 17번 사용하고 있다. 16번은 성령을 '하나님의 영/그의 영'이라고 부르고 있다. 그리고 '그리스도의 영'이나 그에 상응하는 표현을 세 번 사용하고 있다. 이런 사용례에 대해서 몇 가지 관찰한 내용을 차례대로 제시해보겠다.

### 성령

이 명칭은 구약성경에 딱 두 번 나온다(시 51:11, 사 63:10). 그런데도 그리스도인들은 그것을 가져다가 하나님의 영을 표현하는 가장 적당한 이름인 것처럼 사용한다. 실제로도 그 명칭은 성령을 지칭하는 가장 '기독교적인' 이름으로 받아들여지고 있다. 바울은 이 명칭을 그리스도를 가리키는 명칭인 '주 예수 그리스도'—이것은 이름과 직함이 하나로 통합되었다—를 사용하는 것과 같은 비율로 사용한다. 이런 명칭을 사용하는 것을 보면 그리고 특별히 고린도후서 13장 13절과 같은 본문을 보면, (성부와 성자와) '구별됨'과 '하나 됨'이라는 속성이 성령에 대한 바울의 전제임을 알려준다.

### 하나님의 영인 성령

성령에 대한 바울의 이해가 그리스도의 오심으로 영구적으로 확정되었다는 사실에도 불구하고 바울은 성령을 무엇보다 성령과 하나님(아버지)이라는 관계에서 생각한다.[7] 그는 '그리스도의 영'보다는 '하나님의 영'이라는 표현을 더 많이 사용한다. 그뿐 아니라 영을 받은 사람에 대해 말할 때 하나님이 동사의 주어로 나타난다. 예를 들어, 하나님께서 '자기 아들을 우리 마음 안에 보내셨으며'(갈 4:6) 또 하나님께서 우리에게 자신의 영을 '주신다'(살전 4:8, 고후 1:22, 5:5, 갈 3:5, 롬 5:5, 엡 1:17). 이러한 이해는 확실히 바울이 지닌 구약적 배경에 의해 결정된다. 구약성경에서 하나님께서는 자기 영을 '채우시거나'(출 31:3) '부으신다'(욜 2:28). 그리고 하나님의 영은 사람들에게 임하여 모든 종류의 특별한(은사적) 활동들을 가능하게 하신다(민 24:2, 삿 3:10).

특별히 다음 두 본문은 하나님 아버지와 영 사이의 이러한 우선적이고 근본적인 관계에 대한 통찰력을 준다. 고린도전서 2장 10-12절에서 바울은 오직 성령만이 하나님의 생각을 아신다는 주장을 펴기 위해 인간의 내적 의식(오직 사람의 속에 있는 영만이 자신의 생각을 안다)을 유추해 설명한다. 이런 유추를 사용하는 바울의 관심은 고린도 교회 성도들로 하여금 십자가를 하나님의 지혜로 보는 기독교적 이해를 갖게 해준 성령에게 있다. 그런데도 그 유추 자체는 하나님과 영의 가장 밀접한 관계를 보여준다. 오직 하나님의 영만이 "모든 것들, 심지어 하나님의 깊은 것까지도 통찰하신다." 그리고 하나님과의 이러한 독특한

---

7. 달리 구체적으로 언급하지 않는 한, 바울 서신서에서 '하나님'은 항상 성부 하나님을 가리킨다는 사실을 주목해야 한다.

관계 때문에 오직 성령님만이 하나님의 숨겨진 지혜를 알고, 그것을 계시하신다(고전 2:7).

로마서 8장 26-27절에서는 같은 개념이 반대 방향으로 표현된다. 하나님께서는 영의 생각을 아신다. 바울은 여기서 우리가 자신을 위해 간구할 수 없을 만큼 연약함과 무력함에 빠져 있을 때 성령님이 어떻게 우리를 위해 적절하게 중보 기도하실 수 있는지를 보여주려고 한다. 성령님이 행하시는 중보 기도의 효력은 정확하게 우리 마음을 감찰하시는 하나님께서, 그와 마찬가지로 우리를 위해서 중보 기도하시는 "성령의 생각을 아신다"는 사실에 있다.

여기에 신비가 있다. 결국 이것도 하나님의 신비에 속하기 때문이다. 바울이 성령님을 하나님과 구별된 분으로 이해하고 있다는 것에는 의문이 있을 수 없다. 그러나 동시에 성령은 보이지 않는 하나님이란 존재의 내적 표현이며 또한 이 세상에서 하나님의 활동이 가시적으로 나타난 것이기도 하다. 성령님은 참으로 활동하시는 하나님이다. 그러나 그분은 단순히 하나님의 존재가 겉으로 드러난 것이거나 하나님에 대해서 말할 수 있는 전부도 아니다.

'하나님의/그리스도의' 영

앞에 제시된 본문들을 보면서 놀라게 되는 것은, 바울이 성령을 또한 '그리스도의 영'으로 보고 있다는 것이다. 이렇게 함으로써 바울은 성령보다는 그리스도에 대한 자신의 견해에 대해서 좀더 의미 있는 사실을 말하고 있다. 여기에 바울의 고등 기독론(그리스도를 완전한 하나님으로 보는 그의 이해)에 대한 증거가 있다. 즉, 바울은 하나님의 영에 대한 구약성경의 이해에 푹 잠겨서, 또한 자신의 기독교적 체험에 근거해서 성령을 그리스도의 영이라고 아주 쉽게 말한다는 것이다.

바울이 성령을 '하나님의 영'으로, 또는 '그리스도의 영'이라고 부르는 모든 본문들을 주의 깊게 분석해보면, 그가 성령에 의해서 신자에게 전달되고 있는 하나님이나 그리스도의 활동을 강조하고자 할 때 습관적으로 '하나님의/그리스도의'라는 수식어를 선택했음을 알게 된다. 따라서 교회는 '하나님의' 영이 그 가운데 거하기 때문에 하나님의 성전이다(고전 3:16). 또는 하나님께서 거룩하게 되도록 부른 자들에게 자기의 성령을 주시기 때문이다(살전 4:8).

또한 성령을 그리스도의 영이라고 부르는 세 본문에서는 그리스도의 사역이 강조된다. 갈라디아서 4장 6절에서 바울은 믿는 자들의 '아들 됨'을 강조한다. 이것은 그들이 '하나님의 아들의 영'을 받고 그 영을 통해서 아들의 말을 사용하여 하나님을 부르는 것으로 입증된다. 로마서 8장 9절에서 바울은 신중하게 6장의 그리스도의 사역과 8장의 성령의 사역을 연결시키려고 하는 것처럼 보인다. 그래서 로마 교회의 성도들이 하나님의 참 백성이라는 증거는 그리스도의 영이 그들 안에 거하는 것이라고 말한다. 그리고 빌립보서 1장 19절에서 바울은 그리스도 예수의 영이 새롭게 허락되어 그 결과 그가 재판을 받을 때 살든지 죽든지 자신의 몸에서 그리스도가 존귀하게 되기를 소망한다.

이 모든 내용을 볼 때 바울이 관계나 신분을 말하기 위해 '하나님의/그리스도의'라는 수식어를 사용한다는 것을 알 수 있다. 즉 바울이 언급하고 있는 영은 하나님 또는 그리스도와의 관계라는 맥락에서 이해되어야 하는 영이다. 각 경우에 '하나님'과 '그리스도'는 바울이 언급하는 관계를 통해 성령에게 정체성을 부여한다.

마지막으로 로마서 8장 9-11절에서 바울은 명백하게 그리고 전적으로 '하나님의 영'을 '그리스도의 영'과 동일한 분으로 말한다. 바울은 다른 곳에서는 하나님의 영으로 언급되는, 한 분 성령님을 가리킨다. 이 본문에서 특별히 성부, 성자, 성령의 하나 됨이 확실하게 드러난다. 이제 간략하게 그리스도와 성령의 관계를 살펴보는 일만 남았다.

## 그리스도의 영인 성령

앞에서 주목한 대로 일반적으로 기독교 신학에서, 그리고 특별히 바울 신학에서 그리스도의 오심은 하나님에 대한 우리의 이해를 영구적으로 특징지었다. 이제부터는 초월해 계신 우주의 하나님이 우리를 구원하시기 위해 '자기 아들을' 세상에 '보내신'(갈 4:4-5) '우리 주 예수 그리스도의 하나님'으로 알려진다(고후 1:3, 엡 1:3, 벧전 1:3). 또한 그리스도의 오심은 성령에 대한 우리의 이해를 영구적으로 특징지었다. 하나님의 영이신 성령님은 부활하고 승천하셔서 하나님 우편에 오르신 그리스도의 사역을 수행하는 그리스도의 영이기도 하다(갈 4:6, 롬 8:9, 빌 1:19). 그래서 하나님의 영을 받는 것(고전 2:12)은 그리스도의 마음을 갖는 것과 같다(16절). 그러므로 바울의 이해에 따르면 그리스도는 성령의 성격을 더욱 분명하게 해주신다. 성령의 백성은 하나님의 자녀들이며, 하나님의 아들과 함께 된 후사들이다(롬 8:14-17). 동시에 그들은 그리스도의 부활의 능력과 그의 고난에 함께 참여하는 것이 무엇인지를 안다(빌 3:10). 또한 그리스도는 참된 성령의 활동이 무엇인가를 판단하는 절대적인 기준이다(예. 고전 12:3). 따라서 여러 학자들의 의견과 마찬가지로 바울의 성령론이 그리스도 중심적이라고 말하는 것은 타당하다. 이는 그리스도인의 삶에서 그리스도와 그의 사역이 성령과 성령의 사역을 규정한다는 의미에서 그러하다.

그러나 어떤 이들은 이 관계를 더 밀접하게 만드는데, 그렇게 하다가 바울의 관점을 놓치는 것 같다. 그들은 주로 세 본문에 근거해서(고전 6:17, 15:45, 고후 3:17-18)[8], 바울이 부활하신 그리스도를 성령과 동일시하는 식으로 말한다고 이해한다. 주된 본문은 고린도후서 3장 17-18절인데, 여기서 "주는 영이시라"는 바울의 말은 어느 정도 그리스도와 성령의 동일시를 의미하는 것처럼 들린다. 그러나 이 문맥에서 바울은 잘 알려진 유대인의 해석 방식, 즉 인용된 성경 본문에서 한 단어를 뽑아낸 후 새 문맥을 위해서 그 단어에 '참된 의미'를 부여하는 해석 방식을 사용하고 있다. 따라서 "주는 영이시라"는 표현은 16절에서 언급된 '주'를 해석하는데, 이것은 출애굽기 34장 34절을 암시한다. 여기서 바울은 우리가 돌아가야 하는 대상인 '주님'이 성령과 관련이 있다고 말한다. 다시 말해서 '주님'은 이제 우리 가운데 계신 성령의 관점, 즉 하나님의 백성에게 자유를 주며 그들을 '주의 영광'으로 변화되게 하는 새 언약의 성령이라는 관점에서 이해되어야 한다는 것이다. 이와 유사하게 고린도전서 6장 17절과 15장 45절의 두 경우에는 용어가 문맥에 의해서 결정되었다. 이 문맥에서는 논증에 의해서 세워진

---

8. 이 세 본문에 대한 상세한 주석은 *God's Empowering Presence*에서 이 본문들을 다룬 부분을 참조하라. 어떤 이들은 또한 로마서 1장 3-4절과 8장 9-10절을 근거로 제시한다(예를 들어 N. Q. Hamilton, *The Holy Spirit and Eschatology in Paul* [SJTOP 6, Edinburgh: Oliver & Boyd, 1957] 10-15을 보라). 그러나 이 본문들은 부활하신 그리스도와 성령을 동일시하는 것을 지지하지 않는다. 오히려 그 반대의 경우를 주장한다. *God's Empowering Presence*, 제7장을 보라.

대조 때문에 그러한 용어 사용이 필요해진다. 이 본문들 중 어떤 것도 성령을 부활하신 그리스도와 동일시하지 않는다.

바울의 사상에서 부활하신 그리스도와 성령이 서로 명백하게 구별된다는 것은 여러 종류의 증거를 통해서 입증된다. 다음 장에서 다루어질, 삼위일체를 함축하는 본문들과 더불어 다른 본문들은 바울이 부활하신 그리스도와 성령의 활동들이 서로 분리되어 있는 것으로 이해한다는 사실을 알려준다. 이것은 로마서 9장 1절과 15장 30절과 같은 다양한 본문들에서도 드러난다. 로마서 9장 1절에서 '그리스도 안에'와 '성령에 의해서'라는 구절이 한 문장 안에서 아주 다르게— 그러나 독특하게— 기능하고 있다.[9] 로마서 15장 30절("우리 주 예수 그리스도로 말미암고 성령의 사랑으로 말미암아", 개역한글)에서는 반복된 헬라어 전치사 '디아(dia, '말미암아')'가 바울이 이중적인 토대를 갖고 있다는 것을 알려준다. 첫째, '우리 주 예수 그리스도로 말미암아'는 이 서신서의 논증에서 제시된 것처럼 '그리스도께서 우리를 위해서 행하신 모든 것에 근거해서'를 의미한다. 둘째, '성령의 사랑으로 말미암아'는 '나 자신을 포함한 모든 성도들을 위해 성령님이 불러일으키신 사랑에 근거해서'를 의미한다.

그리스도와 성령이 가장 밀접하게 나타나는 본문들만을 꼽을 때, 아마도 이 문제와 관련해서 가장 의미 있는 본문은 로마서 8장 26-27절(성령님은 우리를 위해 간구하신다)과 8장 34절(그리스도가 우리를 위해 간구하신다)을 결합한 것이다. 겉보기에 이 본문에선 그리스도와 성령이

---

9. *God's Empowering Presence* 833 각주 19를 보라.

동일한 활동을 하고 있는 것으로 보인다. 그러나 이 본문들이 실제로 말하려는 내용은 가장 분명하게 표현된 그리스도와 성령의 구별이다. 성령의 역할은 지상에서 이루어진다. 성령님은 '이미 그러나 아직'이라는 현시대를 살아가는 신자들 속에 거하시면서, 그들의 약함을 돕고 그들을 위해서 간구하신다. 부활하신 그리스도는 하늘에서 '하나님 우편에 계시면서' '우리를 위해 간구하신다.'[10] 특별히 로마서 8장 34절은 바울이 무엇인가를 논쟁하지 않고 전제된 사실에 근거하여 주장하고 있는 본문으로, 그가 본질에서나 기능이라는 측면에서 성령을 부활하신 그리스도와 동일시한다는 생각을 완전히 부인하게 만든다.

그러나 비록 바울이 성령과 그리스도를 동일시하지는 않을지라도, 성령과 하나님 사이에 존재하는 것과 동일하게, 성령과 그리스도 사이의 밀접한 관계를 전제한다. 따라서 때때로, 특별히 내주와 관련된 용어의 경우, 바울은 한 분을 언급한 뒤 곧바로 다른 분을 언급할 때 사용하곤 한다(예. 롬 8:9-10, "그리스도의 영을 가진다"는 것에서 "그리스도께서 너희 안에 계신다"는 것으로, 참조. 엡 3:16-17). 따라서 바울이 갈라디아서 2장 20절에서 그리스도가 자기 안에 사신다고 말할 때, 그 말은 거의 확실하게 "그리스도가 그의 성령에 의해서 내 안에 사신다"는 의미이며, 이것은 내주하시는 성령님을 통해서 바울의 삶에서 이루어지는 그리스도의 계속적인 사역을 가리킨다.

이렇듯 바울이 그리스도와 성령을 가리키면서 같은 용어를 번갈아 사용하는 이유는, 그가 그리스도와 성령이 지닌 신적인 본성보다

---

10. 참조. Arthur W. Wainwright, *The Trinity in the New Testament* (London: SPCK, 1962) 260.

는, 구원과 그리스도인의 체험에서 그들이 담당한 역할에 관심을 가진 다는 사실로 설명할 수 있겠다. 바울의 이러한 관심을 자세하게 살피다 보면 우리는 그의 서신서에서 삼위일체를 접하게 된다. 삼위일체 문제는 제4장에서 다룰 예정이다.

·····●◆●·····

요약하면, 무엇보다도 바울의 사고와 경험에서 성령은 어떤 종류의 '그것', 하나님께로부터 오는 비인격적인 힘이 아니다. 성령은 참으로 '하나님, 다름아닌 바로 그 하나님'이라는 표현대로 완전히 인격적인 분이시다.

 이것은 현대 교회를 위해서 대단히 중요한 의미를 가진다. 우리는 삼위일체 고백에서 인격이신 성령님에 대해 서슴없이 말을 하지만, 실제로는 오래 전 나의 젊은 학생 친구가 털어놓았듯 많은 그리스도인들이 그저 '희미하게만' 믿는 경향이 있다. 그 결과 앞장에서 주목했던, 하나님의 영에 의한 새로운 하나님의 임재와 그 깊은 의미가 어떤 방향으로도 신자들을 격려하지 못한다. 확실히 하나님이 인격적으로 우리 안에, 또 우리 가운데 함께하신다는 사실은, 우리 어깨가 축 처지고 손이 약해질 때 우리를 소생시키는 것은 물론 절박한 삶의 현실과 연약함 가운데 있는 우리를 격려해야 한다.

 성령님이 우리 안에, 또 우리 가운데 오신 것은 살아 계신 하나님께서 인격이신 성령으로 우리와 함께하신다는 의미다. 나중에 지적하겠지만, 하나님은 능력을 주시는 임재로서 우리와 함께하신다. 그러므로 우리들이 포스트모던 사회에서 성경적으로 바른 태도를 취하고 그래서 더 능력 있게 되려면, 우리의 생각과 경험 안에서 변화가 일어나야 하는데 그 가운데 하나가 바로 여기에 있다. 그것은 우리가 단지 신조를 되뇌일 것이 아니라, 성령님의 인격으로 우리와 함께하시는 하나님의 임재를 믿고 체험해야만 한다는 것이다.

# 4
# 세 위격으로 계신 하나님
성령과 삼위일체

~~~~~~~~~~~~~~~~~

> :::
> 그리스도를 체험하고 그분과 함께 하나님의 새로운 임재인 성령을 체험함으로써 초대 교회 신자들과 바울은 한 분이신 하나님을 삼위일체로 이해하게 되었다.

로즈는 자라면서 점점 기독교 신앙과 상관 없는 이름뿐인 신자가 되었다. 어느날 두 사람이 새로운 종류의, 그러나 실제로는 새로울 것이 전혀 없는 '기독교'를 가지고 그녀의 집을 찾아왔다. 그녀를 찾아온 여호와의 증인들은 자신들이 아리우스파라는 것을 알고 있었다.[1] 그들

---

1. 아리우스는 알렉산드리아의 주교로 4세기 초에 "그리스도가 존재하지 않았던 때가 있었다"고 주장했다. 이 주장은 그리스도가 신적인 존재인 것은 확실하지만, 하나님과 완전히 동일하지 않은, 피조된 존재임을 뜻한다. 여호와의 증인들은 자신들이 아리우스파라는 것을 아는 데 수십 년이 걸렸다. 그 이후 그들은 자신들의 관례였던, '왕국' 문제에 대해서 '증거하기를' 그만두고 그 대신 반(反) 삼위일체적 아리우스주의를 열정적으로 추구했다.

은 그리스도의 신성을 부인할 뿐 아니라 하나님의 인격적 임재인 성령에 대한 지식이나 경험도 없었다. 그들은 로즈에게 삼위일체의 신비가 제거된 단순한 신앙을 제공했고 로즈는 영적으로 공허한 상태에서 그것을 받아들였다.

어느날 오후에 나와 아들 마크는 로즈와 그녀가 소속된 왕국회관의 두 지도자들과 오랫동안 대화를 나누면서 그들에게 친숙하지만 다만 피상적이고 기계적으로 알고 있던 모든 기독론 본문들을 그들과 함께 주의 깊게 살펴보았다. 그러나 우리는 계속해서 두터운 벽에 부딪혔다. 그날 날이 저물 무렵 마크는 그들에게 성령 체험에 대해서 질문했다. 성령 체험에 대해서 그들은 완전히 백지 상태였다. 그들에게 '성령'은 전혀 인격적인 존재가 아니라, 단지 하나님으로부터 오는 '영향력'에 지나지 않았다. 우리가 성령 안에 있는 삶에 대해서 설명하기 시작하자, 그들은 어쩔 줄을 몰라했다. 그리고 대화는 곧 끝나고 말았다. 우리는 그들이 훈련된 답변을 갖지 못한 영역을 다루었을 뿐 아니라 그들에게는 그리스도 안에서 신자가 되는 데 본질적인 한 가지 요소가 명백하게 결핍되어 있었다. 성령이 우리의 삶에 부어지고, 그 결과 여호와를 '아바 아버지'라고 부르는 것이 그들에게는 없었다.

그 경험을 통해서 나는 로즈와 그녀와 같은 많은 사람들이 오늘날의 아리우스주의에 빠지게 되는 이유는 부분적으로 삼위일체가 막연한 신비이기 때문일 뿐만 아니라(결국 대부분의 사람들이 하나님을 자신들이 이해할 수 있는 범위에서, 그래서 통제할 수 있는 크기로 축소하기를 좋아한다), 또한 그들이 성령을 계속해서 신조와 교리의 문제로만 취급하고 신자의 삶에서 생생하게 경험되는 실체로 취급하지 않는 교회로 인해 낙심했기 때문임을 확신하게 되었다.

참으로 이 문제와 관련해서 많은 신약학자들이 여호와의 증인들을 부추긴 셈이다. 어떤 학자들은 바울이 삼위일체를 부인한다고 주장한다. 다른 학자들, 심지어 매우 정통적인 학자들 중에도 신약성경의 증거를 얘기할 때 '삼위일체'라는 용어를 사용하는 것을 미덥지 않게 생각한다. 여기서 문제는 단어를 어떻게 정의내리느냐와 관계가 있다. '삼위일체'는 후대 사상가들이 사용한 언어다. 그들은 한 분 하나님을 신적인 세 위격들의 연합으로 인식했던[2] 교회의 믿음을 표현하려고 애쓰다 이 단어를 만들어냈다. 따라서 비록 신약성경이 '삼위일체 교리'를 반영하고 있더라도, 그것은 발아기의 형태일 뿐이며, 그래서 그것이 무엇이든 칼케돈[3]과 같은 후대의 삼위일체 교리가 아니라고 주장하는 것은 흔히 있는 일이다. 그러나 삼위일체가 너무도 자명해보이므로, 오히려 왜 그것이 그토록 자주 반복될 필요가 있었는지 의아스럽다. 이러한 경계심을 가지고 대할 때 드러나는 문제는 그것을 자주 반복하다 보면 결국 제자리로 되돌아오고 만다는 것이다. 그렇게 문제 제기를 하는 것이 오히려 실제적인 부인으로 이어지는 일이 너무 자주 일어난다.

---

2. '위격(Person)'이라는 용어조차 온갖 어려움을 불러일으킨다. 부분적으로 그것은 우리가 의미하는 뜻 전부를 갖지 못한 라틴어 단어에서 왔기 때문이다. 예를 들어 우리가 사용하는 '인격(person)'이라는 단어 속에는 자기 의식이 포함되어 있으므로 '세 위격들(three Persons)'이라고 하면 서로 구분되고 개별적인 세 개의 '자기 의식'을 내포하고 있어야 한다. 그러나 헬라어 단어 하이포스타시스(hypostasis)나 라틴어 단어 페르소나(persona)는 그러한 뉘앙스를 갖지 못한다.
3. 5세기에 열렸던 세계 교회의 공의회를 가리킨다. 이 회의에서 오늘날에도 로마 가톨릭 교회와 개신교에서 아직도 유지되고 있는 정통적인 삼위일체에 대한 공식적 진술의 초안이 만들어졌다.

그렇다면 우리가 삼위일체와 관련해서 가진 어려움들은 부분적으로는 성령을 인격이 아니라 하나님의 영향력이나 힘으로 이해한 교회와 성령에 대한 우리 자신들의 체험에서 비롯된 것은 아닐까? 결국 우리가 성령을 '흐릿하고 희미한 존재'로 경험하고 말 경우, 사실상 이위론자들(binitarians)[4]이 되는 것이라고 볼 수 있다. 앞에서 언급한 대로 많은 그리스도인들이 실제로 믿고 있는 신조는 다음과 같다. "나는 하나님 아버지를 믿습니다. 예수 그리스도를 믿습니다. 그러나 성령에 대해서는 의심합니다." 성령은 하나님의 유령, 또는 활기찬 영향력에 지나지 않는 보이지 않는 무엇이며 '다름 아닌 바로 그 하나님'일 수 없는 존재가 되고 말았다.

이 장의 관심사는 바울 자신의 체험뿐 아니라 신학의 핵심도 삼위일체적이었다는 것이며, 또 그러한 삼위일체적 이해는 하나님과 우리 자신의 관계에 큰 차이를 낳는다는 것이다.

## 바울과 삼위일체

확실히 하나님의 인격적 임재인 성령에 대한 바울의 체험과 이해는 불가피하게 우리를 어려운 신학적 난제로 고민하게 만든다. 우리가 풀어

---

4. Pinnock은 이렇게 말한다("Concept," 2). "현대 그리스도인들은 대체로 신조로는 삼위일체적이나 실제로는 이위일체에 만족한다." A. M. Hunter, *Interpreting Paul's Gospel* [London: SCM, 1954] 112)와 F. C. Synge, "The Holy Spirit and the Sacraments," *Scottish Journal of Theology* 6 [1953] 65도 이와 비슷한 내용을 많이 언급했다.

야 할 문제는 어떻게 하나님이 삼위일체적으로 존재하시는가 하는 것이다. 어떻게 하나님이 한 분이시면서 동시에 성부, 성자, 성령 등 서로에게 구별된 각 '위격'으로 알려질 수 있는가? 우리는 누군가가 이 문제에 대해 제대로 진술하지 못한다면 그는 진정한 삼위일체 신앙을 소유하지 못했다고 생각하는 경향이 있다.

그러나 문제를 이런 식으로 풀어가는 것은 바울을 앞질러가는 것이며, 삼위일체 교리를 후대의 기준으로 제한하는 것임은 말할 것도 없다. 이것이 우리들에게 논란거리가 되는 것은 '주 하나님이 한 분'이라는 것을 결코 의심하지 않았던 엄격한 유일신론자 바울이 자신의 교회들에게 그가 하나님을 체험했다는 것을 드러내는 전제들과 주장들로 가득한 편지들을 써보냈으며, 그 체험을 근본적으로 삼위일체적인 방식으로 표현했다는 사실이다.

바울이 자신의 편지들에서 이러한 삼위일체론이 유일신론자인 유대인에게 불러일으켰을 신학적 논란을 다루지 않고 있는 것은 다시금 편지들이 신학적 문서라기보다는 실천적인 문서임을 알려준다. 바울은 하나님에 관한 연구서를 제시하기 위해서가 아니라 교회들을 세우고, 전적으로 이교적인 환경에서 하나님의 백성이 되는 것과 관련한 본질적인 논쟁들을 다루기 위해서 편지를 썼다. 그는 몹시 바쁘게 뛰어다녀야 했던 선교사였기에 전적으로 사변적인 신학의 사치를 누릴 수 없었다. 따라서 바울은 모든 면에서 삼위일체를 설명하기보다는 단언하고, 단정적으로 말하며, 전제로 든다. 그리고 그러한 확언들 때문에—각기 서로에게 구별된 성부, 성자, 성령으로 알려지고 체험된 한 하나님은 여전히 유일한 한 하나님이라는 확언들—후대의 교회는 '어떻게'라는 문제를 다루지 않을 수 없었던 것이다.

바울이 단정적으로 표현하는 대목은 부활하신 그리스도를, 하나님을 가리키는 구약성경의 용어인, '주님'으로 체험한 시점에서 처음으로 등장한다. 바울은 그리스도를 선재하는 하나님의 아들로 말하면서 (예. 고후 8:9, 갈 4:6-7), 당시의 유대교가 오로지 하나님 한 분에게 속한 것으로 간주했던, 상상할 수 있는 모든 활동을 그리스도에게 돌렸다. 이교적인 다신론과 대조해 바울은 '우리에게는 유일하신 한 하나님 곧 아버지와 유일한 주, 예수 그리스도가 계시니'라고 주장했다(고전 8:6). 그러나 종말에 우리가 부활을 통해서 최종적으로 죽음을 이길 때 성자는 그 모든 것을 성부께 돌려드릴 것이고, 결국 유일하신 하나님이 '만유 안에서 만유가 되실' 것이다(고전 15:28).

그러한 단언들과 전제들을 인정할 때, 만일 초대 교회가 그 자신을 삼위일체적 방식으로 표현하지 않았다면, 결국 이위론적 방식으로 그렇게 했을 것이라는 점에는 의심의 여지가 없다. 이위일체가 아니라 삼위일체가 쟁점이 되는 시점은, 앞의 두 장에서 제시한 대로, 직접적으로 교회가 성령을 통해서 하나님과 인격적으로 조우하는 데서 비롯된다.

그러므로 우리의 현재 관심사이자 쟁점은 바울이 성령에 대해 무엇을 믿었는가 하는 것이다. 그것은 삼위일체가 하나님을 성령 하나님을 포함한 세 '위격(persons)'으로 있는 하나의 존재일 뿐 아니라 '세(three)' 위격으로 계시는 한 하나님으로 보는 기독교의 확신을 표현하기 때문이다. 문제는 바울이 하나님을 묘사하기 위해 후대의 용어를 사용하지 않았더라도 실제로 삼위일체적 믿음을 가졌는가 하는 것이

다. 바울의 자료들을 분석하면 그렇다는 것이 드러난다.[5]

## 성령과 삼위일체

바울 신학의 핵심에는 그의 복음이 있고 복음은 본질적으로 구원, 곧 그리스도의 구속 사역과 그것을 적용하는 성령의 사역을 통해서 하나님이 자기 이름을 위해 백성을 구원하는 것에 대한 내용이다. 다만 바울은 구원을 받을 때 성부, 성자, 성령이신 하나님을 만났고, 그것 때문에 그의 신학적 언어와 하나님에 대한 이해가 변화되었다.[6] 이 사실과 그것을 지지하는 수많은 본문들— 삼위일체적 언어와 함께— 에 비추어볼 때, 이 구절들이 바울 서신서에 나타난 삼위일체를 연구하는 좋은 출발점이 된다.

두 종류의 본문에서 그 증거를 찾을 수 있다. 명백하게 삼위일체 개념을 드러내는 몇몇 본문들(고후 13:13, 고전 12:4-6, 엡 4:4-6)과 바울이 '그리스도 안에 있는 구원'을 삼위일체 개념으로 포장해 제시하는 많은 본문들이 그것이다. 이 본문들은 때로는 신앙 고백에 가깝지만, 대개는 사변적이지 않으며 미리 전제하고 있는 듯한 형태를 취한다.

---

5. 이 전체 문제에 대해서, 특히 삼위일체론자인 바울에 대해서는 Frances Young and David Ford, *Meaning and Truth in 2 Corinthians* (Grand Rapids: Eerdmans, 1987) 255-260에 실린 David Ford의 "What About the Trinity?"를 보라.
6. 또한 Pinnock도 이렇게 생각한다("Concept," 116-118). 내 의견과 비슷하게, Pinnock도 후대가 소유한 삼위일체 신앙의 표현은 유일한 하나님의 구원 사역을 삼위일체적으로 바라본 것에서 시작했다고 언급한다.

## 삼위일체 본문들

고린도후서 13장 13절에 나오는 은혜의 축복(grace-benediction)은 구원과 하나님에 대한 바울의 이해를 파악할 수 있는 모든 신학적 열쇠들을 제공해준다.[7] 이 축복의 문구가 일반적으로 널리 통용되던 형태가 아니라 어느 특정한 경우를 위해 별도로 작성된 내용이라는 점은 바울을 이해하는 데 아주 중요한 가치가 있다. 따라서 그가 여기서 기도로 말하고 있는 내용은 그의 논증이라기 보다 철저하게 전제로 인정하고 들어가는 형태이며 바울 자신이 그리스도인으로 살아가면서 경험한 실체이기도 하다.

첫째, 그것은 바울의 유일한 열정의 대상인 복음의 핵심 요소들을 요약한다. 그 복음은 이방인과 유대인 모두 동일하게 믿음으로 그리스도의 구원을 얻는다는 데 초점을 둔다. 하나님의 사랑이 바울의 구원관의 토대라는 것은 로마서 5장 1-11절, 8장 31-39절, 에베소서 1장 3-14절과 같은 본문들에서 열정적이고 명쾌하게 진술되어 있다. 우리 주 예수 그리스도의 은혜는 하나님의 사랑이 구체적으로 표현된 것이다. 하나님께서는 그리스도가 그의 사랑하는 자들을 대신해 당하신 고난과 죽음을 통해 인간 역사의 한 시점에서 그들을 위해 구원을 성취하셨다.

성령님의 교통하심은 계속해서 그 사랑과 은혜를 신자와 신자들의 공동체의 삶에서 실제적인 것이 되게 한다. 성령(완전한 명칭에 주목하라!)의 코이노니아(*koinonia*, '교제/교통')는 살아 계신 하나님께서 백성

---

7. 이 본문에 대한 철저한 분석은 *God's Empowering Presence*, 362-365을 보라.

들과 친밀하고 지속적인 관계를 맺으실 뿐 아니라 백성들을 그 구원과 은혜의 모든 특전들에 참여하게 하시는 방식이다. 그리고 그것은 현 세대에 그들 가운데 내주하시고, 그들을 위해 종말의 영광을 보증하심으로써 그렇게 하신다.

둘째, 또한 이 본문은 하나님에 대한 바울의 이해 속으로 우리가 들어가는 수단이기도 하다. 바울의 하나님 이해는 그리스도의 죽음과 부활, 그리고 성령의 오심이라는 두 개의 실체들에 의해 강력한 영향을 받았다. 이것을 인정하더라도 이 본문에서 바울은 그리스도와 성령의 신성을 주장하지 않는다. 다만 성부 하나님에 대한 조항을 두 번째 위치에 놓으면서, 신적인 세 위격들(후대의 용어를 사용하자면)의 활동을, 동시에 그리고 한 기도 안에서, 동등하게 다룬다는 것이다. 이것은 말 그대로 바울이 삼위일체를 믿고 있다는 얘기다. 다시 말해서 성부, 성자, 성령이 한 하나님이라는 것이며, 성부를 이야기할 때 그것이 하나님을 지칭하는 것과 마찬가지로, 그리스도와 성령을 다룰 때 역시 그것이 하나님을 지칭하는 말이다. 따라서 이 축복은 하나님, 그리스도, 성령을 근본적으로 구별하지만, 또한 간략한 형태로 바울 서신서 전체에서 발견되는 것, 곧 '그리스도 안에 있는 구원'이 하나님, 그리스도, 성령의 협동 사역임을 나타낸다.[8]

이와 동일하게 완전한 삼위일체를 암시하는 표현은 고린도전서 12장 4-6절과 에베소서 4장 4-6절에 나타난다. 앞 본문에서 바울은 고린도 교회 성도들에게 그들의 시야를 넓혀서 그들 가운데 나타나는

---

[8]. 제3장에서 제기된 쟁점으로 돌아가면 이와 같은 확언들은 또한 바울이 부활하신 그리스도와 성령을 동일시할 수 있었다는 모든 가능성을 제거한다.

다양한 성령의 은사를 인정하라고 촉구한다(그들이 유일하게 방언을 말하는 것에만 관심을 갖는 것에 반대해). 그는 4-6절에서 다양성은 하나님의 속성을 반영하며, 그러므로 그것은 그들 가운데 행하시는 한 하나님의 사역에 대한 참된 증거라고 말한다. 따라서 삼위일체는 그 뒤로 이어지는 전체 논증에 전제로 깔려 있다. 또 그것이 아주 자연스럽게 무의식적으로 표현되고 있기 때문에 좀더 자세하게 다루어진다.

에베소서 4장 4-6절에서 우리는 고린도후서 13장 13절에서와 동일한 조합, 즉 삼위 하나님이 서로 구분되는 활동을 하신다는 관점에서 표현된 신앙 고백적 진술을 발견한다. 기독교 연합의 토대는 한 분 하나님이다. 한 몸이 된 것은 한 성령의 사역이며(참조. 고전 12:13), 또한 성령님이 '우리 기업의 보증'이 되시기 때문에(엡 1:13-14) 우리는 성령을 통해 한 소망을 가지고 현재의 종말적 삶을 산다. 그리고 이 모든 것은 우리의 한 주님에 의해서 가능하게 되었다. 한 주님 안에서 모두 한 믿음을 가지며 모두가 한 세례를 통해 한 믿음을 증거한다. 이 모든 사실들의 원천은 '만유 위에 계시고 만유를 통일하시고 만유 가운데 계신' 한 분 하나님이다.

이 본문의 마지막 구절이 궁극적으로 과거, 현재, 미래의 모든 것에 책임이 있는 한 분 하나님의 단일성을 재차 강조하고, 하나님의 사역 아래 성령과 성자의 사역을 포괄할지라도, 동시에 전체 본문은 하나님이 삼위일체적 실체로 경험된다는 확언을 신앙 고백 형태로 제시한다. 정확하게 그러한 경험과 표현들에 근거해 후대 교회는 이 모든 것을 문자 그대로 삼위일체라는 언어로 표현함으로써 성경적 통전성을 유지했다. 성령의 사역을 포함하는 바울의 신앙 고백적 진술들은 이 근거의 일부를 이룬다.

### 삼위일체 하나님의 사역인 그리스도 안에 있는 구원

구원을 이루는 삼위일체 하나님의 사역이 바울의 복음 이해에 근본적이라는 사실은 아주 분명하게 드러나지 않지만, 처음부터 그것을 전제로 두고 삼위일체를 암시하는 용어로 구원을 진술하는 많은 본문들에 의해 입증된다. 특히 로마서 5장 1-8절, 고린도후서 3장 1절-4장 6절, 갈라디아서 4장 4-6절 또는 에베소서 1장 3-14절(참조. 딛 3:4-7)과 같은 본문들에서 그렇다.

한 가지 예로, 로마서 5장 1-8절을 다뤄보자. 다른 곳에서처럼 여기서 바울과 그의 교회가 구원하시는 하나님의 은혜를 체험하는 데 성령이 중대한 역할을 맡는다. 바울에게 '하나님의 사랑'은 단순한 추상적 개념이 아니었다. 하나님 성품의 가장 본질적인 실체이자 우리 실존의 절대적 속성인 하나님의 사랑은 당신의 원수를 위한 그리스도의 죽음을 통해서 가장 풍성하고 광범위하게 역사적으로 입증되었다(6-8절, 따라서 '하나님과의 평화'와 그의 은혜로운 임재에 '나아갈' 수 있는 토대가 된다). 그러나 그 사랑은 단순히 객관적이고 역사적인 사건에만 그치지 않는다. 그리스도 안에서 완전하게 드러난 하나님의 사랑은 성령의 임재에 의해서 신자의 마음속에서 경험된 실체다. 이 사랑은 성령님께서 풍성하게 '우리의 마음에 부으신' 것이다.

따라서 우리가 이 결정적인 측면에서 하나님께 사로잡히지 않는다면, 다른 모든 것들도 잃어버리고 만다. 그리고 우리는 평화 없이 하나님 앞에서 설설 기며 참된 희망 없이 살면서 현재의 고난을 '자랑'이 아니라 불평과 절망의 원인으로 경험하게 된다. 우리를 위해서 이 모든 잘못을 바로잡는 것은 단순히 '하나님의 사랑'이라는 명제가 아니라 '하나님의 사랑이 신자의 삶에서 능력 있게 경험'되었다는 사실이다. 하나님께서 우리를 위해 사랑을 아낌없이 부어주시되, 그 사랑은 하나님께서 우리 안에 풍성하게 부으신 성령의 임재에 의해 능력 있게 경험된다.[9]

그러나 바울 서신서에서 이처럼 중요하고 잘 알려진 본문들 말고도, 구원에 대한 삼위일체적 이해는 고린도후서 13장 13절처럼 구원을 삼위 하나님의 삼중적 사역으로 묘사하는 다른 본문들에서도 분명하게 나타난다.[10]

- 데살로니가전서 1장 4-5절. 하나님의 사랑은 성령에 의해서 능력이 된 복음(그리스도에 대한 메시지)을 통해서 하나님의 택하심을 유효하게 만들었다.
- 데살로니가후서 2장 13절. 하나님의 백성은 '주님의(그분의 죽으심을 통해서) 사랑을 받았다.' 이는 하나님께서 성령의 거룩하게 하시는 사역을 통해 그들을 선택하시고 구원하셨기 때문이다.

---

9. 디도서 3장 5-6절에 대해서는 *God's Empowering Presence*, 777-784을 보라. 내가 양육받은 오순절주의 전통(이것은 오늘날의 오순절주의와는 중요한 부분에서 많이 다르다) 중에서, 이 '오순절주의 영성'에 대한 특별한 표현이 내 의식 속에 가장 큰 흔적을 남겼다고 생각한다. 여기에 가난하고 종종 고난 당하는 사람들이 있다. 그들은 '성령 세례'를 받는 가운데 성령을 체험함으로써 하나님의 사랑과 그들이 누릴 미래의 영광에 대한 확신을 갖게 되었다. 외부인에게 우리가 '공중에 있는 파이'를 찾는 현실 도피자처럼 보일지라도(참조. Robert Mapes Anderson, *Vision of the Disinherited* [1977, reprint, Peabody, Mass., Hendrickson, 1992]), 우리는 단지 바울과 그의 교회들도 경험했다고 믿은 것, 곧 하나님께서 추한 모습을 가진 우리를 사랑하신다는 것을 표현하고 있었을 뿐이다. 그리고 우리에게 이러한 확신을 준 것은 하나님의 이 사랑을 우리 마음에 부으신 성령에 대한 우리의 체험이다.

10. 관련 본문들의 목록은 *God's Empowering Presence*, 48 각주 39를 보라. 이 책에 그 본문들을 모두 분석해두었다.

- 고린도전서 1장 4-7절. 하나님의 은혜는 그리스도 예수 안에서 주어졌고 그리스도는 성령의 모든 은사들을 통해서 교회를 풍성하게 하셨다.

- 고린도전서 2장 4-5절. 십자가에 못 박힌 그리스도에 대한 바울의 설교(2절)에 성령의 능력이 함께한 결과 고린도 교회 성도들이 하나님을 믿게 되었다.

- 고린도전서 2장 12절. '우리가 하나님으로부터 온 성령을 받아서' 하나님께서 우리에게 주신 것들('십자가 안에서'가 문맥 안에 함축되어 있다)을 알게 된다.

- 고린도전서 6장 11절. 그리스도의 이름과 성령에 의해서 성취된 것들을 나타내는 '신적 수동태들'(너희가 씻겨지고 의롭게 되고 거룩하게 되었다)의 의미상 주어는 하나님이다.

- 고린도전서 6장 19-20절. 그리스도는 믿는 자를 값으로 사셨고(참조. 7:22-23), 믿는 자는 성령에 의해서 하나님이 임재하시는 성전이 되었다.

- 고린도후서 1장 21-22절. 하나님은 하나님의 '예'가 되는 그리스도(19-20절)가 성취하신 구원을 '확증하신' 분이다. 그리고 그 사실은 하나님께서 '보증'으로 허락하신 성령에 의해 입증된다.

- 갈라디아서 3장 1-5절. 하나님이 사람들에게 '주신'(5절) 성령에 의해 십자가에 못 박힌 그리스도(1절, 2장 16-21절에서 취한 것)가 전해졌다.

- 로마서 8장 3-4절. 하나님께서 자기 아들을 보내어 구원을 이루실 때, 그와 동시에 율법이 할 수 없었던 것을 이루게 하셨다. 그리고 성령님은 율법이 할 수 없었던 의로운 행동을, 믿는 자의 삶에서 가능케 하신다('걷는 것' = 하나님의 방식으로 사는 것).

- 로마서 8장 15-17절. 하나님께서 주신 성령은 믿는 자가 하나님의 자녀로 '입양'된 것과, 따라서 모든 것을 가능하게 만든 그리스도와 '함께 후사'가 된 것을 증거하신다.

- 골로새서 3장 16절. 하나님을 예배할 때는 모든 것이 반대 방향으로 이루어진다. 그리스도의 메시지가 '그들 가운데 풍성히 거할' 때, 그들은 성령의 감동을 받은 신령한 노래를 부르며 구원을 베푸신 하나님을 예배한다.

- 에베소서 1장 17절. 우리 주 예수 그리스도의 하나님께서 지혜와 계시의 성령을 믿는 자들에게 주심으로, 그들을 위해 이루신 그리스도의 충만한 사역을 이해하게 만드신다.

- 에베소서 2장 18절. '그리스도(의 죽음)로 말미암아'(14-16) 유대인과 이방인이 동일하게 받은 한 성령에 의해서 하나님께 함께

나아간다.

- 에베소서 2장 20-22절. 그리스도는 새 성전, 곧 성령에 의해서 하나님께서 거하시는 장소의 '모퉁잇돌'이다.

- 빌립보서 3장 3절. 믿는 자들은 하나님의 성령에 의해서 하나님을 섬기며, 따라서 그리스도 예수의 능력 있는 사역을 자랑한다.

이 모든 것의 요점은 그리스도 안에 있는 구원이 단순히 하나님의 자발적이고 주도적인 행위와 그리스도의 역사적 사역에 입각한 신학적 진리가 아니라는 것이다. 구원은 신자의 삶 속에 오신 성령에 의해서 이루어진, 체험된 실체다. 우리는 삼위일체 하나님의 효력 있는 사역이 아니고는 바울이 말하는 진정한 의미의 그리스도인이 될 수 없다. 이 사실은 제8장에서 더 자세하게 다룰 예정이다. 지금 여기서는 삼위일체에 대해, 그리고 그리스도 안에 있는 우리의 현재 삶에 있어서 삼위일체가 가지는 좀더 깊은 의미에 대해 결론적으로 진술하려고 한다.

### 결론 및 함축적 의미

이 모든 것의 결론은 이중적이다. 첫째, 잠시 앞 장의 내용을 말한다면, 바울은 그가 성령과 부활하신 그리스도를 동일시한다고 생각하는 사람들의 말이나 주장을 인정하지 않을 것이다. 바울이 갖고 있는 전제는 다른 곳, 즉 신적인 세 위격인 성부, 성자, 성령의 협력 사역을 통해서 구원을 이루시는 한 하나님께 있다. 세 위격들이 행하는 특정 사역이나 또는 전체 사역이 중복되는 경우에 바울이 그 주체를 설명하면서 사용하는 언어는 다소 유연해지는 경향이 있다. 이것은, 정확히 말하면, 바울에게 있어서 구원이 한 하나님의 행위이기 때문이다.

둘째, 후대에 공식적인 신앙 고백의 토대가 된 바울의 삼위일체에 대한 전제와 묘사는 결코 성령을 '하나님'이라고 부르는 방향으로 발전되지 않는다. 또 바울은 그러한 전제와 묘사가 지닌 철학적이고 신학적인 의미들과 씨름하지 않는다. 그러나 위대한 구원을 성취하신 신적인 세 위격들을 구별하는 일과 그들의 특별한 역할에 대한 인식에 있어서 바울이 명확성을 결여하고 있다는 증거는 없다.

게다가 바울이 말하는 대로 오직 성령님만이 하나님의 생각, 곧 '하나님의 깊은 것들'을 아신다는 것과 하나님이 성령님의 생각을 아신다는 것은 기능적 삼위일체론뿐 아니라 (하나님의 존재 자체와 관련된) 존재론적 삼위일체론에 가깝다는 것을 알려준다. 또한 성령님과 그리스도의 하나 됨에 대한 명확한 증거—성령님의 새로운 공급하심을 통해서 바울이 받은 것은 예수 그리스도의 영이다—가 있을 뿐 아니라 그리스도와 성령님 사이의 명확한 구별도 나타난다.

그러나 그러한 삼위일체는 우리에게 어떤 의미가 있는가? 몇 가지 사실을 제시할 수 있다. 첫째, 성령님을 삼위일체의 자리로 다시 모셔와야 한다. 삼위일체와 관련해서 성령님은 우리의 신조들과 예전들 속에서 결코 누락된 적이 없으나 실제로는 교회의 체험된 삶에서 제외당해왔다. 바울이 의미하는 그리스도인이 된다는 것은 성령님이 영원한 하나님께서 자기 백성과 함께 거하시는 방식이라는 점을 아주 진지하게 받아들여야 한다는 뜻이다.

둘째, 성령을 포함한, 삼위일체이신 하나님은 신앙 공동체 안에서 우리의 하나 됨과 다양성의 토대가 되신다. 이 점은 제6장에서 다룰 것이므로 여기서는 삼위일체는 교회에 대단히 필요한 하나 됨의 토대라고 말하는 것으로 끝내겠다. 하나님 자신—성부, 성자, 성령—은 한 분이신 하나님이며 우리 모두는 그분의 한 백성이다. 에베소서 2장과 3장(참조. 고전 12:13)에 나타난 바울의 논증에 따르면 우리가 하나 될 수 있도록 만드는 대리자는 다름 아닌 성령이다.

그러나 고린도전서 12장 4-6절에 따르면 삼위일체는 또한 하나 됨 안에서 교회의 명백한 다양성을 확증하는 토대이기도 하다. 우리의 생각과 경험이 참으로 삼위일체의 정신을 반영하려면 좀더 적극적으로 우리의 다양성을 주장하고 우리의 하나 됨을 추구해야만 한다.

마지막으로, 비록 바울이 이 요점을 의도적으로 강조하지는 않지만 하나님의 삼위일체적 본성은 하나님이 본질적으로 관계적 존재임을 분명히 해준다. 이 실체, 특히 성부와 성자의 관계는 신약성경에서 요한복음이 특별하게 공헌한 부분이기도 하다. 바울이 이 실체를 요한만큼 강조하지는 않지만 고린도전서 2장 10-11절과 로마서 8장 26-27절에서 성령님과 하나님 사이의 관계에 대한 언급은 동일한 토대에서 나온다. 우리에게 '하나님의 깊은 것들'(곧 하나님의 지혜인 십자가)을 계시하는 성령님은 오직 그분만이 하나님의 생각을 아시기 때문에 그렇게 하신다. 그리고 성령님은 우리의 중보자가 되셔서 하나님의 기쁘신 뜻대로 우리를 통해 기도하신다. 이것은 정확하게 성령과 성부가 서로의 생각을 알기 때문에 가능한 일이다.

이 사실은 기도할 때 우리에게 담대함을 주지만, 한 하나님이 삼위

하나님으로 자기 안에서 영원한 관계를 누리며 사신다는 것을 지속적으로 상기시킨다. 포스트모던 세계에서 미래적인 삶을 함께 살아가는 우리에게 이러한 관계가 지닌 의미는, 하나님을 향해서 그리고 서로를 향해서 성령 안에 사는 우리 삶의 패러다임 중 가장 중요한 부분이 되어야 한다.

# 5
# 종말의 시작
'미래의 임재'에 대한 증거인 성령

> 성령을 통한 하나님의 방문이 신자들을 종말의 백성으로 세운다. 종말의 백성은 현재에서 미래의 삶을 살며 그 완성을 기다린다.

최근에 리젠트신학교 중앙홀에서 커피를 마시고 있는데, 학생 하나가 내게 이런 질문을 해왔다. "교수님이 목회를 다시 한다면 무엇을 하시겠습니까?(이것은 어떻게 목회를 하겠느냐, 무엇을 강조하겠느냐는 뜻이다)" 나는 곧바로 대답했다. "시간이 얼마나 오래 걸리든, 지역 교회 신자들이 초대 교회 신자들처럼 교회 자체를 종말적인 공동체로 이해하도록 도울 걸세." 그리고 나는 왜 그렇게 해야 하는지, 그리고 요즘과 같은 시대에 그것이 무엇을 의미하는지 설명하기 시작했다.

그리 쉬운 내용은 아니라고 생각했으므로 부연 설명을 좀더 했다. 아마도 신약성경에 나오는 교회가 우리와 크게 다른 한 가지가 있다면, 그들이 하나님께서 그리스도와 성령을 통해서 행하신 모든 것을 철저하게 종말론적인 관점에서 바라보았다는 것이다.

종말론은 마지막 때와 관련되어 있으며 무엇보다 하나님께서 메시아를 통해서 '이 세대'를 극적으로 끝낼 것이라는 유대인의 기대를 가리킨다. 이 시대 다음에는 죽은 자의 부활과 약속된 성령이 오심으로 신호탄을 쏘아올리는 '장차 올 세대'가 뒤따를 것이다. 이 기대는 [그림 1]과 같이 제시할 수 있다.

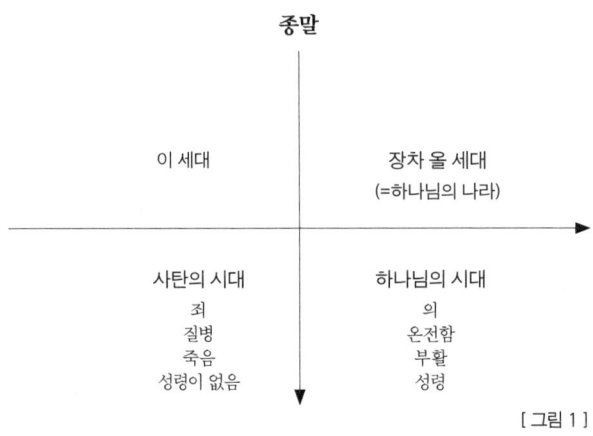

[ 그림 1 ]

이 마지막 때에 대한 기대를 독특하게 다른 각도에서 틀어서 본 결과, 그것이 모든 면에서 최초의 기독교 신자들의 체험을 결정지었다. 그리고 쏟아부어진 성령은 이러한 새 이해에 본질적인 내용이었다. 최초의 그리스도인들은 하나님이 구약성경을 통해 주셨던 약속들이 그리스도의 사역 및 약속된 성령의 체험과 더불어 성취되기 시작했다고 믿었다. 그들이 보기에 자신들은 이미 시작된 마지막 시대에 살고 있었다. 그것에 대한 모든 것을 결정짓는 새로운 관점은 [그림 2]와 같이 제시할 수 있다.

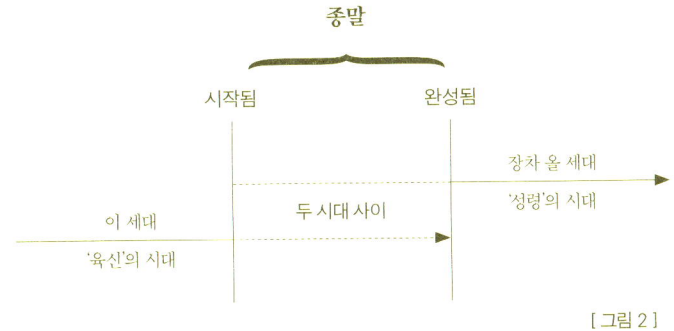

[ 그림 2 ]

이런 관점을 보여주는 첫 번째 단서는 예수님이 미래에 이루어질 하나님 나라를 현재의 실체로 선포하신 것에서 찾을 수 있다. 그러나 예수님과 하나님의 백성에 대한 초대 교회의 관점을 완전히 변화시킨 것은 그리스도의 부활과 약속된 성령의 오심이었다. 흔히 이전 유대인들처럼 죽은 자의 부활과 더불어 메시아가 오실 것이라는 전적으로 미래적인 종말에 대한 기대를 품는 대신, 초대 교회 성도들은 미래가 이미 시작되었다는 인식을 가지고 있었다. 그리스도의 부활은 마지막의 시작, 이 세대에서 장차 올 세대로의 전환을 알렸다.

그러나 마지막은 단지 시작되었을 뿐이다. 그들은 여전히 마지막 사건, 곧 메시아 예수의 (두 번째) 오심을 기다린다. 그때 그들은 몸의 부활/변형을 경험할 것이다. 그들은 '두 시대 사이에서' 살았다. 이미 미래가 시작되었으나 아직 완전하게 성취되지 않았다. 이러한 '이미 그러나 아직'이라는 관점은 초대 교회 신자들에 대한 모든 것을 결정짓는 종말론적 체계다. 이러한 관점에서 그들은, 비록 마지막 때가 미래에 완전하게 성취되어야 하지만, 자신들이 이미 그 마지막 때에 살고 있다고 믿었다. 이러한 종말론적인 관점은 그들이 어떻게 살며 어떻게 생각하고, 점점 사라지고 있는 것으로 이해한 '이 세대' 속에서 자신의 위치를 어떻게 이해했는가를 결정지었다.

### 마지막 때에 대한 바울의 관점

마지막 때에 대한 이러한 새로운 관점[1]은 바울의 신학적 견해, 곧 그가 그리스도, 구원, 교회, 윤리, 현재와 미래, 이 모든 것에 대해서 어떻게 생각하고 말하는가를 전적으로 결정짓는다. 이것은 그가 사용한 분명한 용어들 안에 그가 전제로 제시한 다양한 방식들을 통해 반영되어 있다. 그는 고린도 교회 성도들에게 '우리는 말세를 만난 사람들'이라고 말한다(고전 10:11). 또 바울은 그리스도의 죽음과 부활이 이미 이 세대의 마감을 선포했으며(고후 5:14-15), 그래서 그것이 '지나가고' 있다고 말한다(고전 7:31). 그리스도의 오심과 함께 새로운 질서가 시작되었고 모든 것이 새롭게 되었다(고후 5:17). 더 이상 사물을 '육체'의 관점, 곧 '옛 질서'의 관점에서 바라볼 이유가 없어졌다. 그리스도의 죽음과 부활과 성령의 오심은 옛 것에 대해서는 죽고 현재 안에서 철저하고 새롭게 형성된 삶을 의미한다.

그러므로 바울에게 있어서 그리스도 안에 있는 구원은 근본적으로 종말적 실체다. 무엇보다도 이것은 자기 백성을 건지시는 하나님의

---

1. 이 문제에 대해서는 고전에 해당하는 G. Vos, *The Pauline Eschatology* (1930; reprint, Grand Rapids: Baker, 1979. 『바울의 종말론』 좋은씨앗 역간), 특히 1-61을 보라. 이것은 당시의 생각보다 수년을 앞서간 책이다.

최종적인 구원이 이미 그리스도에 의해서 성취되었음을 의미한다. 하나님의 때에 일종의 뒤틀림 현상이 일어나서 우리가 마땅히 받아야 할 미래 심판은 그리스도가 그것을 담당하심으로써 미래에서 과거로 옮겨졌다(롬 8:1-3). 따라서 우리는 '구원받았다'(엡 2:8). 하지만 우리의 최종적 구원이 완전하게 실현되지 않았으므로 바울은 여전히 구원이 현재진행중인 것으로('우리가 구원을 얻고 있다', 고전 1:18), 그러나 동시에 아직 성취되어야 할 것으로('우리가 구원을 얻을 것이다', 롬 5:9) 말한다. 우리의 '양자 됨'(롬 8:15, 23)과 '칭의'(즉, 의의 선물, 롬 5:1, 갈 5:5)가 그러하듯이, '구속'은 '이미'(엡 1:7)이며 동시에 '아직'이다(엡 4:30).

마찬가지로 이러한 핵심적인 구조 때문에 바울은 교회를 마지막 때의 공동체로 본다. 이 공동체에 속한 자들은 현시대에서 영원을 소유한 자들로 살아간다. 우리는 이 땅에서 나그네로 산다. 우리의 참된 시민권은 하늘에 있다(빌 3:20). 그러므로 윤리적 삶은 그저 규칙들에 얽매여 살아가는 것을 의미하지 않는다. 도리어 성령에 의해 능력을 부여받고 우리는 지금 이 세대 안에서 미래의 삶, 곧 하나님 자신을 드러내는 삶을 살아간다. 예를 들어, 바울이 성도들에게 현재의 억울한 문제를 이방인의 법정에서 해결하지 말라고 권고하면서 그 근거로 마지막 때의 일들을 언급하는 것도 다 그런 이유 때문이다(고전 6:1-4). 그들이 소유한 하늘의 시민권이 그런 문제를 사소한 것으로 만든다. 그리고 이방 법정에 그런 문제를 가져간다면, 성도들은 궁극적으로 그들이 심판할 사람들에게 재판을 요청하는 이상한 자리에 서게 된다.[2]

---

2. 이 본문과 바울의 종말론적 체계에 대한 좀더 자세한 논의는 나의 책, *The First Corinthians* (NICNT; Grand Rapids: Eerdmans, 1987.『NICNT 고린도전서』부흥과개혁사 역간),

믿는 자들은 '장차 올' 세대의 생명을 맛보았다. 그리고 그 미래의 완전하고 최종적인 실현이 너무도 확실하기 때문에 하나님의 새로운 백성은 '이미' 그러나 '아직'에 해당하는 이 세대에 살면서도, 철저하게 하늘에 속한 자들이 된다.

이러한 종말적인 관점은 모든 것에 대한 바울의 견해를 철저하게 결정지으므로, 우리의 첫 번째 과제는 '그리스도의 구원'에서 성령이 감당하는 결정적인 역할에 주목하는 것이다. 그 다음으로는, 이방인을 하나님의 종말적인 백성으로 삼고자 했던 바울의 열정에 성령에 대한 이러한 이해가 어떻게 영향을 끼쳤는가를 살펴보는 것이다.

### 미래의 증거와 보증인 성령

바울은 '이미 그러나 아직'이라는 종말적인 관점을 그가 그리스도 안에서 새로운 삶을 시작할 때 체험했던 두 가지 사건에서 얻었다. 즉 다메섹으로 가던 길에 부활하신 그리스도를 만난 것(그는 고린도 교회 성도들에게 "내가 주를 보았다"고 말한다)과 그에 이어서 성령을 받은 사건이다. 그리스도인이 되기 이전에 바울은 죽은 자의 부활과 성령의 오심을 시대의 종말을 알리는 가장 중요한 두 가지 사건으로 이해했다. 그런데 이 두 가지 사건이 지금 실현되고 있는 것이다.

첫째, 자신의 유대교 뿌리로부터 바울은 죽은 자의 부활을 하나님

---

228-248에 실려 있다.

의 지상 달력에서 최종적으로 일어나는 사건, 종말이 완전하게 도래했음을 보여주는 명백한 증거로 이해했다.[3] 바울에게 그 부활은 그리스도가 죽은 자들 가운데서 일으킴을 받았을 때 이미 일어났다. 그리스도의 부활은 죽음의 마지막 파멸에 불을 당기며 그때문에 우리의 부활을 보증한다. 그리스도의 부활은 우리의 부활을 필연적이고 필요한 것으로 만든다. 여기서 필연적이라 함은 그의 부활이 전체 과정에 시동을 건 첫 열매이기 때문이다. 또한 필요한 것이라 함은 우리와 하나님의 원수이며, 모든 자들에게 생명을 주시는 살아 계신 하나님의 마지막 원수인 죽음에게 그의 최후를 고하는 조치가 바로 우리의 부활이기 때문이다(고전 15:20-28). 그러므로 믿는 자들은 그리스도의 부활과 믿는 자들의 부활이라는 두 시대 사이에 살고 있다. 우리는 이미 '그리스도와 함께 일으킴'을 받았으며, 이것은 우리가 경험할 미래의 육체적 부활을 보증한다(롬 6:4-5, 8:10-11).

둘째, 성령의 오심은 종말에 대한 하나님의 약속이 성취되고 있음을 보여주는 최고의 증거다. 바울에게 자신의 성령 체험이나 그 체험에 대한 인식은, 성취된 약속과 구원이 이미 시작되었으나 아직 완성되지는 않았다고 보는 그의 관점과 따로 떼어서는 아무런 의미가 없다. 바울은 성령이 미래를 위한 약속의 일부라는 것을 자신의 유대적 전통을 통해서도 잘 이해하고 있었다. 앞서 제2장에서 언급한 것처럼

---

3. 바울이 결코 이 관점을 잃어버리지 않았다는 것은 고린도전서 15장 20-28절에서 가장 생생하게 입증된다. 그리스도가 죽은 신자를 다시 일으킬 때 이것은 죽음 자체의 죽음이 된다. 그리고 그리스도는 모든 것 안에서 모든 것이 되시는 성부 하나님께 모든 것을 돌려드린다. 나의 책, *The First Corinthians*, 746-760을 보라.

예레미야와 에스겔은 새 언약을 주겠다는 하나님의 약속에 종말적인 성격을 부여했다. 이 관점은 "그후에 내가 내 영을 만민에게 부어주리니"라고 한 요엘서 2장 28-30절을 근거로 후대 유대교 신앙 속에서 계속 이어졌다.

그리스도인에 대한 바울의 이해에서 성령이 그토록 결정적인 이유가 여기 있다. 성령의 오심은 메시아 시대가 이미 도래했음을 의미한다. 따라서 성령은 이러한 관점의 변화를 일으킨 중심적 요소다.[4] 바울은 성령이 미래가 밝았음을 보여주는 확고한 증거이자 그 마지막 완성을 절대적으로 보증하는 존재라는 확신을 가졌는데, 성령은 바울의 이러한 확신에서도 핵심 요소다.

### 계약금, 첫 열매, 인으로서의 성령

성령의 이러한 (미래에 대한 증거와 보증으로서의) 이중적인 역할은 바울 서신서 전체를 통해서 다양한 방식으로 나타난다. 그러나 그 가운데서 독특한 세 가지 메타포인 계약금, 첫 열매, 인(印)이 성령의 역할을 가장 탁월하게 드러낸다. 이 세 가지 이미지 모두는 적절하다. 각각의 이미지는 성령을 미래 실체들에 대한 현재의 증거로, 또는 마지막 영광에 대한 확증으로, 또는 이 두 가지 모두를 강조하는 것으로 받아들여진다.

1. '계약금'이라는 메타포는 세 번 사용되는데, 신약성경에서 오직 바울 서신서에서만 나타난다(고후 1:21-22, 5:5, 엡 1:14. 한글성경에서는 이

---

[4] F. F. Bruce는 이것을 '바울의 성령론에서 가장 특징적인 요소'라고 부른다(*The Epistle to the Galatians* [NIGTC, Grand Rapids: Eerdmans, 1982], 232).

것을 세 곳에서 모두 '보증'으로 번역했다 — 역자 주). 바울은 이것을 오직 성령을 가리키는 데만 사용한다. 이 단어는 지불해야 할 전체 액수의 첫 할부금(그러므로 '계약금')을 뜻하는 전문 용어로 그리스의 상업용 파피루스에 자주 등장한다.[5] 이것은 그 자체로 계약의 의무를 확정하며 그 이행을 보증한다. 따라서 바울 서신서에서 이 단어는 세 곳 모두에서 '이미 그러나 아직'이라는 우리 현 존재상의 두 차원을 강조하는 역할을 한다.[6]

이것은 특별히 바울이 '약속된' 성령을 '우리 기업의 보증'이라고 부르는 에베소서 1장 14절에서 명백하게 나타난다. 우리는 이 표현이 지니고 있는 '이미 그러나 아직'이라는 전제를 놓칠 수 없다. 한편 '약속의 성령'과 '우리의 기업'은 직접적으로 바울의 유대적 유산에 속한 미래에 대한 기대들로부터 온다. 우리가 받은 성령은 약속의 성취다. 다른 한편 이 '성취된 약속'은 마찬가지로 우리의 미래 기업에 대한 보증이다. 그러므로 성령은 우리의 현재 삶에 존재하는 하나님의 계약금 역할을 한다. 즉, 미래가 현재 속으로 왔음을 보여주는 확실한 증거, 또 미래가 완전하게 실현되리라는 확실한 보증 역할을 한다.

2. 로마서 8장 23절에서 성령을 가리키는 데 사용된 '첫 열매'라는

---

[5]. J. H. Moulton and G. Milligan, *The Vocabulary of the Greek Testament Illustrated from the Papyri and Other Non-Literary Sources* (London: Hodder and Stoughton, 1914-1930) 79을 보라. 또한 *God's Empowering Presence*에서 고린도후서 1장 21-22절을 다룬 부분(287-296)을 참조하라.

[6]. 이것이 매우 분명하기에 NIV는 고린도후서 두 본문에서 아라본(*arrabōn*)을 'a deposit, guaranteeing what is to come'으로 번역한다. 이것은 (단순한 문자적 번역이 아니라) 단어가 지닌 개념을 정확하게 옮긴 의역이다. 여기서 'guaranteeing what is to come'이라는 문구는 메타포 자체에서 나온 것이지 바울이 직접 쓴 문장에서는 등장하지 않는다.

메타포 역시 바울의 종말적 시각에서 성령의 역할을 동일하게 보여준다. 다른 곳에서 우리의 부활을 보증하는 그리스도의 부활과 관련해서 사용된(고전 15:20, 23) 이 메타포는 '이미 그러나 아직'이라는 현 시점에 존재하는 긴장을 보여주며 우리의 미래에 대한 확실한 보증 역할을 한다.

시야를 좀더 넓혀 로마서 8장 14-30절을 주목해보라. 인도하는 역할을 하는 성령과 함께 15-17절에서 바울은 이중의 주제, 즉 하나님의 자녀(따라서 그리스도와 함께 아버지의 영광을 상속할 후사)가 된 우리의 현재 지위와 아버지의 영광을 기다리는 우리의 약하고 고난에 찬 현재 실존을 언급했다. 이 두 주제는 18-27절에서 다시 나타난다. 성령에 의해서 우리는 이미 하나님의 자녀로 입양되었다. 그러나 이미 우리가 소유한 것은 아직 완성되지 않았다. 그러므로 우리를 위한 첫 열매로 기능하는 동일한 성령에 의해서 우리는 우리 몸의 구속으로 완성될 최종적인 입양을 고대한다. 첫 번째 곡식 단은 우리에게 마지막 추수를 약속하는 하나님의 담보물이다. 따라서 자신의 종말론적 틀을 언급하는 바울의 가장 분명한 본문들 가운데 하나에서, 성령은 현재를 살아가는 우리를 위한 핵심적인 역할, 곧 미래가 이미 왔으나 아직 완성되지 않았다는 것을 증거하고 보증하는 역할을 감당한다.

3. 세 번째 메타포인 '인' 역시 직접적으로 성령을 언급하는 본문들에서 세 번 등장한다(고후 1:21-22, 엡 1:13, 4:30). 문자적인 뜻에서 인은 밀랍이나 진흙에 찍힌 각인을 가리키는 것으로, 소유권과 진정성을 알려주며 또한 소유자를 지켜준다는 의미를 가진다. 에베소서 1장 13절과 4장 30절이 확실하게 보여주는 것처럼, 바울 서신서에서 인은 성령을 가리키는 메타포다. '인'인 성령에 의해서 하나님은 신자들을 자

신의 백성으로 표시하고 그들을 자신의 소유로 주장하신다.

'계약금'과 대조적으로 이 메타포에는 본질적으로 종말의 개념은 없다. 그럼에도 불구하고 바울의 메타포는 명백하게 종말의 의미를 담고 있으며, 그것으로 현재나 미래를 강조한다. 고린도후서 1장 21-22절에서 고린도 교회 성도들의 삶에 주어진 성령은 종말적인 의미를 가지고서 그들을 하나님의 소유로 표시하고, 그들 가운데서 바울의 사도성을 확증하는 인의 역할을 한다. 이와 마찬가지로 에베소서 1장 13절에서 하나님은, 에베소의 이방인 독자들을 성령으로 인치심으로써, 그들을 자신의 소유로 도장 찍으셨다. 동시에 이 메타포가 갖는 미래에 대한 보증은 에베소서 4장 30절에서 명확하게 언급된다("그 안에서 너희가 구원의 날까지 인치심을 받았느니라").

이 메타포들은 우리가 바울을 이해하는 출발점 역할을 한다. 성령님은 바울의 유대적 유산에 속한 종말에 대한 약속들이 이미 성취되었다고 증거한다. 동시에 하나님의 강력한 임재인 성령님은 하나님의 백성들이 그저 현재의 삶을 견디는 것이 아니라, 활력 있게(당신이 원한다면 '힘차게'[with 'spirit']) 살아가도록 만드신다. 성령의 임재에 대한 체험이 확실하면 할수록 미래도 확실해지기 때문이다. 따라서 성령의 역동적이고 경험적인 본질이 신자와 교회의 삶 속에서 의미심장하게 살아난다.

**성령과 부활**

바울의 종말론에서 '아직'에 해당하는 내용 중 가장 중요한 부분은 신자들이 겪을 육체의 부활이다. 이것에 대해 바울도 성령이 결정적인 역할을 한다고 이해한다. 그러나 성령의 역할이란, 때때로 사람들이 주장하는 것처럼, 부활을 일으키는 대리자의 역할이 아니다.[7] 도리어 내주하는 성령은 미래에 우리가 경험할 육체 부활에 대한 하나님의 담보물 역할을 한다. 즉, 성령은 우리의 부활을 일어나게 하는 것이 아니라 그것을 보증한다. 게다가 마지막 부활은 무엇보다도 성령의 임재로 특징지어지는 영역에서 일어나기 때문에, 바울은 성령과 부활한 몸의 특성이 매우 밀접하게 연결되어 있는 것으로 본다. 이러한 개개의 문제들을 짧게나마 설명하기로 하겠다.

첫째, 그리스도의 부활이든 우리의 부활이든, 부활은 언제나 하나님께서 주도하시는 것으로 표현되며, 때때로 하나님의 능력으로 말미암은 것으로도 표현된다.[8] 이와 관련해서 성령의 역할에 대한 가장 분명한 표현은 로마서 8장 11절에서 찾을 수 있다. 여기서 바울은 일부 사람들의 생각처럼 '만일 그리스도를 살리신 성령이 너희 안에 거하시면'이라고 말하지 않는다. 도리어 '만일 그리스도를 살리신 이(하나님)의 영이 너희 안에 거하시면'이라고 말한다. 바울이 전하려는 요점은 만일 성령, 곧 그리스도를 살리신 하나님의 영이 우리 안에 거하신다면, 그 사실은 우리의 미래에 대해 의미심장한 내용을 담고 있다는 것이다. 즉, 그리스도를 살리시고 우리 삶 속에 거하시는 하나님의 영은, 아직은 살아 있으나 결국 죽도록 정해진(10절), 우리 죽을 몸의 '미

---

7. 비록 이 주장에 신학적 난제가 있는 것은 아니고, 또 정말 그럴 수 있으나, 그럼에도 우리는 그런 견해를 바울이 분명하게 말한 내용에서 끌어낼 수 없다. 이와 상반된 견해와 논증들에 대해서는 *God's Empowering Presence*, 553-554, 808-810을 보라.
8. 데살로니가전서 1장 10절, 고린도전서 6장 14절, 15장 15절, 고린도후서 4장 14절, 13장 4절, 갈라디아서 1장 1절, 로마서 4장 24절, 6장 4절, 8장 11절, 10장 9절, 골로새서 2장 12절, 에베소서 1장 20절을 보라. 이와 함께 그리스도의 부활이 '신적 수동태'로 표현된 본문들을 보라(살전 4:14, 고전 15:12, 20, 고후 5:15, 롬 4:25, 6:9, 7:4, 8:34).

래의 삶'을 보증한다는 것이다.

바울은 로마서에서 두 가지 형태로 나타나는 전제를 이 구절에 덧붙인다. 하나는 NIV와 다른 번역본들이 채택한 것으로 '너희 안에 거하시는 성령으로 말미암아(through the Spirit)'이다. 비록 이 본문에서 성령은 하나님의 일을 행하는 대리자의 신분으로 언급되지만 그것은 분명 어디까지나 다른 역본에서 나중에 파생된 개념일 뿐이다.[9] 사본의 증거를 보거나 본문 비평의 중심 원리(즉, 다른 독본들이 생겨난 이유를 가장 잘 설명해주는 독본이 본래의 것이라는 원리)를 보면 모두 '너희 안에 거하시는 성령 때문에(because of the Spirit)'라는 해석이 더 지지를 얻는다.

바울의 요점은 단순하다. 우리의 몸은 죽을 운명을 타고 나긴 했지만, 우리 안에 거하시는 성령 때문에 결국에는 생명을 얻는다는 확신을 가질 수 있다는 것이다. 따라서 같은 문제를 다루는 다른 본문에서처럼, 이 본문에서도 성령은 몸의 부활을 포함한 우리의 미래를 보증한다.

그것은 또한 고린도후서 5장 5절의 메타포 '계약금'과 로마서 8장 23절의 메타포 '첫 열매'가 지닌 분명한 의미이기도 하다. 각 경우에 메타포들이 알려주는 것은, 우리의 삶 안에 이루어지는 성령의 임재가 우리의 최종적인 '양자 됨', 곧 '우리 몸의 구속'이 실현될 것을 확실하게 보증한다는 점이다. 따라서 이러한 미래의 종국적인 실현과 관련된 성령의 대리적 역할을 무시할 수는 없으나, 바울은 시종일관 다른

---

9. 로마서 8장 10-11절의 이 문제에 대해서는 *God's Empowering Presence*, 543 각주 205, 552 각주 231을 보라.

입장을 취한다. 즉, 성령은 미래의 최종적 표현일 뿐 아니라 미래에 대한 증거이자 보증이라는 것이다.

두 번째로 이것과 관련해서 구속받은 우리 몸의 특성에 대해서 말할 필요가 있다. 바울은 고린도전서 15장 44-48절에서 그 몸을 '신령한 몸(spiritual body)'이라고 부르기 때문이다. 비록 바울이 구속받은 몸을 물질로 구성된 우리의 현재 몸과 비교할지라도, '신령한 몸'이라는 표현은 그 몸의 본질을 가리키지 않는다.[10] 도리어 그는 우리의 현 존재와 천상에서의 존재를 대조하고 있다. 미래의 몸은 초자연적으로 성령에게 속한 최종적인 삶에 적합하며, 현재의 몸이 가진 연약함에 의해 전혀 방해를 받지 않는다.

나중에 바울은 고린도에서 만난 그의 대적자들이 사용했던 표현과 구별되는 자신만의 표현을 써서, 우리의 육체적 존재를 하나님께서 '그리스도의 (현재의) 영광의 몸'의 형체와 같이 변케 하실 '우리의 (현재의) 낮은 몸'이라는 두 가지 형태로 구분한다(빌 3:21). 그리스도의 '영광의 몸'이란 그가 가진 '신령한 몸(Spiritual body)', 곧 초자연적인 존재로 변하여 최종적인 영의 영역에서 살게 될 몸을 가리킨다. 따라서 '몸의 구속'은 현재의 몸이 '신령한 몸'으로 변하는 것과 관련되어 있다. 즉, 현재의 몸은 장차 올 삶에 맞게 완전히 변화될 것이며, 성령의 임재가 그 사실을 보증하고 있다.

마지막으로 이와 관련해서 바울의 세계관이 몸과 영혼을 극명하게 나누는 헬라의 이원론에 물들지 않았다는 사실에 주목한다. 헬라

---

10. 여기서 말한 내용에 대한 주석은 *God's Empowering Presence*, 263-271을 보라.

인들은 몸을 영혼이 깃드는 열등한 껍데기로 이해했다. 몸이란 한낱 현재 상태에서는 경멸하고 억제시켰다가 마침내 신자들이 참된 영성을 획득할 때는 벗어 던져야 하는 것에 불과하다. 이것이 바로 고린도 교회 성도들이 빠졌던 사상이었다. 바울은 그들에게 보낸 편지들에서 이것을 재차 공격했다.

그들에게 성령은 지금 누릴 수 있는 황홀경이며 육신의 연약함과는 전혀 관계 없는 삶을 의미했다. 따라서 성령은 신자가 마침내 육신이라는 존재에서 완전히 벗어나 있음을 입증하는 증거였다. 반면, 바울에게 있어서 성령은 육신의 연약함 가운데 사는 현재의 삶에 부여하는 능력을 의미했다. 따라서 고린도후서 5장 5절에서 그는 고린도전서 15장 35-58절에서 말한 자신의 견해를 다시 확증한다. 바울에게 있어서 성령의 임재가 의미하는 것은 이 '후패하는 몸'에 영원성이 주어져서 그 몸이 부활할 것이며, 따라서 그리스도의 영광스러운 몸의 형체로 변형된다는 것이다. 바울은 하나님께서 '이것에 맞게 우리를 만드셨다'고 주장한다. 고린도 교회 성도들이 (자신들에게 더 이상의 시련과 고난을 겪지 않고서 이땅에서 살아가도록 해줄) 승리자로 이해했던 성령은 도리어 신자의 몸이 '신령한'(= 영화롭게 된) 미래를 누리도록 정해져 있음을 보증하는 하나님의 계약금이다.

바울은 영혼을 위해서 몸을 부정하는 헬라적 이원론의 거센 공격에 맞서기 위해 이 본문의 요점을 거듭거듭 강조해야 했다. 하나님은 우리를 온전한 사람으로 만드셨다. 그리고 그리스도 안에서 우리를 온전하게 구속하셨다. 몸이 영혼과 관계가 없다는 이유로 육체의 욕망에 탐닉하거나, 또는 영혼을 정결하게 하기 위해서 몸을 거칠게 다루어야 한다는 이원론적 사상은 기독교 어디에도 없다.

그런데도 이교도적인 이러한 견해는, 사람들의 물질적 필요는 거의 돌보지 않은 채 '영혼을 구원하려는' 경향을 포함하는 여러 가지 교묘한 방식으로 기독교 신학에 주입된다. 영혼의 불멸이 아니라 몸의 부활이 신약성경의 계시에 근거한 바른 기독교 신조다. 이 신조는 터무니없는 물질주의로 연결되지 않는다. 도리어 그것은 구속에 대한 큰 그림과 일치한다. 영혼과 몸의 구원을 아우르는 이 견해는 부분적으로 육체와 영혼의 영역 모두 하나님께서 창조하셨으므로 좋은 것이라는 창조론에 입각해 있으며, 또한 몸을 포함하는 타락한 전체 질서가 그리스도 안에서 구속되었고 그 마지막 구속을 기다린다는, 구원의 최종적인 완성을 포함한 구속론에 부분적으로 근거해 있다. 몸이 마지막 구속 대상에 포함되어 있다는 명백한 증거는 성령의 임재다. 이것 때문에 우리는 잘못된 헬라적 영성이 아니라 여기서 언급한 성경적 견해를 지지할 수 있다.

### 성령과 이방인 선교

다음 장을 준비한다는 의미에서, 마지막으로 바울의 소명과 사명—이방인이 하나님의 종말의 백성 안에 포함되는 것—의 중심에 있는 성령의 역할을 언급해보겠다. 이것은 바울이 자신의 전 생애를 통해 품었던 유일한 열정이었다. 그리고 유대 율법의 준수가 아니라 그리스도의 사역과 성령의 오심에 근거해 이방인들이, 유대인들과 함께 하나님의 동일한 백성이 된다는 것은 갈라디아서와 로마서의 논증을 이끄는 동인이자 에베소서 논증의 전제다. 이것은 로마서에서 가장 분명하게 나타난다. 로마서의 주된 관심은 이 서신서가 진술하는 신학적 논증의 결론인 15장 5-13절에서 절정에 달한다. 9-12절의 구약 본문들 안에 표현되었듯, 이방인의 참여에 대한 하나님의 종말적 약속들이 성취되는 것은 유대인들과 이방인들이 함께 '한 입으로 하나님, 우리 주 예수 그리스도의 아버지께 영광을 돌릴' 때다. 이러한 약속이 성취될 때 성령이 감당하는 역할이 로마서 논증의 주된 요소며, 이것은 다른 서신서의 두 본문에서도 분명하게 언급된다.

이와 관련해서 가장 의미 있는 본문은 갈라디아서 3장 14절이다. 이는 비록 구약 본문이 성령을 언급하지 않더라도, 갈라디아서 본문에서는 성령에 대한 약속이 아브라함의 복과 동일시되기 때문이다. '아브라함의 복'에 대한 내용은 '약속'의 형태로 주어지므로 바울은 이 '약속'이라는 단어를 갈라디아서 3장의 논증을 펼치면서 줄곧 아브라함 언약의 복을 가리키는 데 사용한다. 이 논증의 결정적인 대목에 이르러, 바울은 이방인을 위해 약속된 복은 그들이 성령을 생생하고 역동적인 실체로 경험함으로써 성취된다고 말한다. 그러므로 아브라함의 복은 단순히 '이신칭의'가 아니다. 오히려 그것은 지금 유대인과 이방인이 동일하게 획득할 수 있는 미래의 삶을 가리킨다. 이 미래의 삶은 그리스도의 죽음으로 말미암아 성취되었으나, 성령의 역동적인 사역으로 말미암아 적용되는 것이며 그 모든 것은 믿음으로 획득된다.

이와 흡사하게 에베소서 1장 13-14절에서 직접 이방인 독자들에게 말하면서 바울은 하나님께서 그들에게도 '약속의 성령'(=이스라엘에게 약속된 성령)을 주심으로 그들 역시 자신의 소유로 인을 치셨다고 확증한다. 또한 그 성령으로 하나님께서는 유대인과 이방인 모두를 위해 최종적인 유업을 보증하시는데, 이는 성령이 우리의(유대인과 이방인 모두의) 유업에 대한 하나님의 계약금이기 때문이다. 따라서 미묘하게 인칭 대명사를 바꿔가면서 바울은 유업을 획득한 '우리'(유대인)에서 '약속된 성령에 의해서' 인침을 받은 '너희'(이방인)로, 그리고 '우리의'(= 유대인과 이방인 함께) 마지막 유업에 대한 하나님의 계약금인 성령을 언급해 나간다.

이것은 종말적인 언어다. 약속의 성취인 성령은 하나님의 미래 구원이 지금 와 있음을 확증한다. 유대인과 이방인은 유업을 함께 얻었고, 동시에 참을성 있게 그것을 기다린다. 바울은 다른 곳에서 "표면적' 유대인이 유대인이 아니요" 참된 할례(하나님 백성의 신분을 증명하는 것)는 양피를 베는 문제가 아니라 도리어 '성령에 의한 것이지 율법 조문에 의한' 것이 아니라고 말한다(롬 2:28-29). 이것 역시 바울에게 있어서 종말적 성취와 관련되어 있다. 이는 신명기 30장 1-6절에서 제시된, 하나님께서 그 마음에 할례를 베푸시는 새로운 백성에 대한 약속의 성취이기 때문이다.

또한 소망의 언어와 관련해서도 그렇다. 에베소서 4장 1-3절에서 바울의 관심은 그의 독자들이 '성령에 의해서 하나님의 한 백성을 이룬 유대인과 이방인의 하나 됨을 지키는 것'이다. 4절에서 바울은 한 몸이 한 성령에 의해서 형성되며 또한 그들이 부르심의 한 소망 안에서 산다고 부언한다. 이것은 정확하게 성령으로 말미암아 이방인들이 유대인들과 함께 최종적인 유업을 함께 상속하는 후사들이 되기 때문이다(엡 1:13-14). 또 로마서 15장 13절에서 그리스도가 이사야 11장 10절에 제시된 예언의 성취로서 지금 이방인들의 소망이 되신 분임을 언급한 후에, 바울은 다수의 이방인 독자들이 '성령의 능력으로 [이] 소망이 넘치게' 되기를 기도하면서 결론을 맺는다. 따라서 바울에게 성령은 종말에 이방인들이 하나님의 백성이 되리라는 약속이 이 세대에 성취되는 데 결정적인 역할을 한 분이다.

······◆······

제2장에서 이미 제시한 것과 여기서 제시한 모든 증거를 보면, 바울과 초대 교회가 미래를 바라보게 만든 핵심 요소가 성령이라는 결론을 내릴 수 있다. 성령의 임재로 신자들은 장차 올 시대의 삶을 맛보았고 그것의 완전한 성취를 바라보았던 것이다. 바울은 로마의 성도들에게 '우리가 소망으로 구원을 얻었으매'(8:24) 성령의 능력에 의해서 '소망이 넘치게' 된다고 말한다(롬 15:13). 그리고 초대 교회 성도들에게 '소망'은 내용이 담긴 단어였다. 다시 말해서 그것은 단순한 기원이 아니라 절대적인 확실성을 의미했다는 것이다.

그러나 종종 바울이 우선적으로 강조한 것은 성령이 확실히 보증하며 간절히 고대하는 미래가 아니다. 도리어 바울은 그 미래가 이미 시작되었음을 증거하는 성령을 강조한다. 성령에 대한 강조는 바울에게 있어서 모든 일의 핵심으로 들어가면 더욱 두드러진다. 그 핵심에 있는 것은 그리스도와 성령으로 말미암아 하나님께서 이미 자기 이름을 위한 백성, 곧 종말의 완성을 기다리면서 현시대 안에서 미래의 삶을 사는 자기 백성을 불러내고 있다는 사실이다.

# 6
# 하나님의 이름으로 일컫는 백성
### 성령과 하나님의 백성

::: 
그리스도께서 하신 사역에 근거해 성령님은 새로운 백성을 불러내어 그들을 '자기 이름으로 일컫는 백성'으로 삼으신다.

한 남자가 자기 집 텔레비전 앞에 앉아 기독교 방송을 보고 있다. 설교가 진행되고 구원 초청이 이어진다. 그 사람은 초청에 응해서 '그리스도를 영접'한다. 그러나 그가 출석하는 유일한 '교회'는 텔레비전으로 진행되는 프로그램일 뿐이며 신자들의 지역 모임과 아무런 교제가 없다. 그렇다면 이 사람은 구원을 받았는가? 그것은 오직 하나님만 아실 것이다. 그러나 그런 식의 구원은 전적으로 신약성경이 정해놓은 틀 밖에 있다.[1]

---

1. 이 견해에 대한 지지는 특별히 '신앙 부흥론자'에 속한 몇몇 이들에게서 얻을 수 있다. 그들은 "네가 만일 네 입으로 예수를 주로 시인하며 또 하나님께서 그를 죽은 자 가운데서

현대 세계의 확실한 '삼위일체' 요소 가운데 하나는 상대주의와 세속주의 그리고 개인주의다. 개인의 중요성에 대한 성경적 의미를 취하여 그것을 비성경적인 자연주의적 세계관과 바꿔버린 계몽주의 때문에 현대 서구 세계는 삶에 대해서 전적으로 개인주의적인 이해를 갖게 되었다. 지금 개인주의는 그 어느 시대보다도 가장 넓게 퍼져 있다. 개인이 모든 것 중에서 가장 중요한 부분이다. 개인의 권리를 공동의 선에 종속시키는 것은 모든 것을 희생하고서라도 거부해야 할 새로운 '이단'이 되었다. 개인은 신이다. 자기 도취적인 이기주의와 자기 중심성은 삶의 주된 목적이 되었다.

불행하게도 성경이 개인의 중요성을 강조하고 있음을 인식하고, 특히 북미의 기독교는 이 강조점을 우리 문화에 맞는 형태로 바꾸려는 경향을 보였다. 이것이 너무 강한 나머지 신자들의 공동체인 하나님의 백성을 강조하는 성경의 가르침으로 돌아가려는 그 어떤 암시조차도 개인으로서의 우리의 중요성을 위협하는 것으로 간주하게 되었다. 그러나 바울의 견해는 이와 상당히 다르다.

우리는 이미 그리스도의 구원에 대한 바울의 이해가 그의 유대교적 유산의 연속성 및 비연속성 모두를 지니고 있다고 한 적이 있다. 이번 장의 관심사인 연속성은 하나님께서 여전히 '자기 이름을 위하여 백성'[2] 곧 아브라함과 맺은 언약을 성취하는 백성을 '구원하시는' 데

---

살리신 것을 네 마음에 믿으면 구원을 받으리라"는 로마서 10장 9절과 같은 본문을 인용한다. 그러나 이 본문은 적어도 세례를 받을 때 그러한 고백을 하는 장소가 기독교 공동체라는 전제를 둔다. 초대 교회 성도들은 그리스도와 그의 백성을 하나 되게 하는 세례를 통하지 않으면 신자의 구원이 완성되지 않는다고 보았다.
2. 이 특별한 표현은 구약성경에는 나타나지 않는다. 이것은 '자기 이름을 위한 처소'라는

있다(창 12:2-3). 다음 장의 관심사인 비연속성은 하나님의 백성이 된다는 것이 더 이상 '민족'에 근거하지 않고 그리스도 예수를 믿는 믿음과 세례로 알려진 성령의 오심으로 말미암은 개개인의 입회(entry)에 근거한다는 사실에 있다.[3]

바울의 초점과 관심은 항상 전체로서의 백성이다. 비록 사람들은 모두 개별적으로 하나씩 하나님의 백성이 되지만, 구원을 단순히 하나님과의 일대일의 관계로 생각해서는 안 된다. 그런 일대일의 관계가 포함되긴 하지만, 확신하건대 '구원 얻는다는 것'은 특별히 하나님의 백성에 참여하는 것을 의미한다. 이런 의미에서 3세기 교부인 키프리아누스는 옳다. 그는 하나님께서는 서로 연결되지 않은 잡다한 개개 신자들 무리가 아니라, 자기 이름을 위한 한 백성을 구원하고 있기 때문에 교회 밖에는 구원이 없다고 했다. 따라서 우리의 현재 관심사는 구원의 가장 우선적인 목표인, 최종 완성을 기다리면서 이 세대에서 함께 미래의 삶을 사는 종말의 백성이다.

---

성전에 대한 일반적인 표현을 수정한 것이며, 이스라엘이 그들의 하나님 여호와의 이름으로 알려지고 그 이름으로 일컫는 백성이라는 반복되는 주제에 근거한다. 예를 들어 민수기 6장 27절, 신명기 28장 10절, 사무엘하 7장 23절, 역대하 7장 14절, 이사야서 43장 7절, 예레미야서 14장 9절, 다니엘서 9장 19절을 보라.

3. D. Ewert, *The Holy Spirit in the New Testament* (Harrisburg: Herald, 1983) 168을 참조하라. Ewert는 개개인이라는 개념만 가지고 시작하면 본문 증거들을 왜곡할 수 있고, 그렇더라도 만일 개인을 고려하지 않는다면 바울의 전체 신학을 왜곡할 수도 있다는 우려를 나타낸다. 이것을 파악하지 못한 것이 Horton의 책이 지닌 약점 가운데 하나다 (*What the Bible Says about the Holy Spirit* [Springfield, Mo.: Gospel Publishing House, 1976]). 성경을 마치 우선적으로 개인 신자들을 위해서 기록된 것처럼 읽는 것은 모든 경건주의 전통(즉, 교회 역사에서 일어난 개인 영성을 강하게 강조하는 운동들)에 전형적인 경향이다.

## 바울과 하나님의 백성

바울이 보낸 편지에서 그가 독자들을 부르는 가장 일반적인 명칭은 '성도들(the saints)'이다. 그럴 때 이 표현은 그들이 성 패트릭이나 성 테레사와 같은 의미에서, 또는 "나의 아주머니 베티는 정말 성인 같은 사람"이라는 의미에서 특별한 신자들임을 의미하지 않는다. 그는 단지 특정 도시나 지역에 있는 모든 하나님의 백성을 가리킨다. 바울은 자신의 유대적 배경에서 끌어낸 이 용어를 하나님의 백성을 일컫는 명칭으로 사용한다. '성도들'이라는 용어는 본래 하나님의 '거룩한 백성', 곧 이 세상에서 하나님의 목적을 성취하기 위해 택함을 받고 구속되어 시내산에서 하나님 앞에 모인 백성을 가리킨다(출 19:5-6). 이 용어는 종말에 대한 이상을 기록하는 다니엘서 7장 18절에서 '나라를 얻고 그것을 영원히 소유할 지극히 높으신 이의 성도들'을 가리키는 데 다시 사용된다. 바울은 이 이상이 그리스도와 성령으로 말미암아 성취되었다고 본다.

따라서 바울이 새로 구성된 하나님의 백성을 가리키는 데 사용한 모든 용어는 구약성경에서 왔다. 그들은 하나님의 '백성'이다.[4] 하나님

---

4. 헬라어 단어 라오스(*laos*)는 고린도후서 6장 16-18절과, 디도서 2장 14절을 보라. 헬라의 저자들에게 특별히 인기 있는 것은 아닐지라도 라오스는 구약성경에서 이스라엘과 야훼의 특별한 관계를 표현하는 데 가장 빈번하게(2천 번 이상) 사용된 히브리어 얌(*yam*)을 번역하기 위해서 70인역 번역자들이 선택한 단어다. 그들이 라오스를 택한 이유는 아마도 더 일반적인 단어인 에트노스(*ethnos*)가 히브리인들이 얌을 사용한 것과 같은 방식으로, 헬라의 저자들이 자신들을 한 백성으로 표현할 때 사용했기 때문인 듯하다. 따라서 유대인들에게 에트노스는 '이방인'을 의미하게 되었고 70인역 번역자들도 그런 의미로 사용했다. 이것은 그들이 이방인과 자신들을 구별하기 위해서 다른 단어가 필요했음을 의미한다. (70인역은 기원전 3세기에 번역되어 헬라어를 쓰는 회중이 사용했던, 구약성경의 헬라어 번역본이다. 사

이 '택하신 자들'이기 때문이다.⁵ '할례나 무할례'의 율법으로 사는 자들이 아니라 '하나님의 이스라엘'이다(갈 6:16). 가장 일반적인 명칭은 바울이 70인역에서 빌어온 '교회'(에클레시아, ekklēsia)다. 70인역에서 에클레시아는 가장 빈번하게 '이스라엘 회중'을 뜻하는 히브리어 카할(qāhāl)을 번역하는 데 고정적으로 사용되었다. 이처럼 구약성경의 용어인 '백성'을 자주 사용한 것은 바울이 교회를 하나님의 옛 언약 백성과 연속성을 가질 뿐 아니라 그 백성의 참된 계승자로 보았음을 분명하게 보여준다.

이런 연속성의 본질적인 특징 가운데 하나는 하나님의 백성이 공동체 성격을 갖는다는 점이다. 하나님께서 택하시고 언약을 맺은 대상은 이스라엘 개개인이 아니라, 하나님께서 자신의 목적을 위해 자신의 이름으로 부르신 한 백성이다. 비록 이스라엘 백성 개개인이 이스라엘이라는 한 공동체에서 빠져나갈 수는 있지만, 그렇다고 그것이 공동체 이스라엘이라는 자기 백성에 대한 하나님의 의도나 목적에 영향을 주지는 못했다. 이것은 이스라엘 백성 다수가 실패하여 소수의 '남은 자'가 되었을 때조차 마찬가지였다. 그 남은 자들은 여전히 하나님께서 사랑하고 택하고 구속하신 이스라엘이었다.

바울도 일관되게 이와 동일한 견해를 가졌다. 비록 교회가 구원 받

---

실 70인역은 그리스도인들의 성경이 되었으므로 1세기 말쯤에 유대인들은 70인역 사용을 완전히 중단했다. 유대인들은 2세기에 적어도 세 개의 헬라어 번역본을 만들었다.)

5. 헬라어 단어 에클렉토스(eklektos)와 동족어에 대해서는 데살로니가전서 1장 4절, 데살로니가후서 2장 13절, 골로새서 3장 12절, 에베소서 1장 4, 11절을 보라. 구약성경에서처럼 이 용어는 하나님께서 택하신 개인이 아니라 하나님께서 특별한 목적을 위해 백성으로 택하신 한 사람을 가리킨다. 한 개인이 하나님의 백성 안에 속하게 될 때, 그 역시 선택 받은 백성 안에 있기 때문에 그런 의미에서 택함을 받은 자가 되는 것이다.

은 개개인으로 구성되었을지라도 그리스도 안에서 이루어진 하나님의 구원 행위의 목적은 전체로서의 교회다. 하나님께서는 자신의 이름을 위해 백성을 택하고 구원하신다.

고린도전서의 두 본문(5:1-13, 6:1-11)만큼 이 점을 더 생생하게 예증해주는 내용도 없을 것이다. 이 본문에서 바울은 몇몇 개인들이 저지른 심각한 죄를 지적한다. 그런데도 두 본문에서 바울은 범죄한 개개인이 아니라 그 죄 문제를 제대로 다루지 않은 교회를 향해 포화를 퍼붓는다. 5장 1-13절에서 그는 죄를 지은 개인을 그저 언급만 할 뿐 그에게 직접 말하지는 않으며, 그의 상대에 대해서는 전혀 언급조차 하지 않는다. 한편으로는 교만 때문에, 다른 한편으로는 죄를 처리하지 않은 것 때문에 교회가 모든 책망을 받는다.

6장 1-11절에서도 마찬가지다. 여기서 바울은 하나님의 종말적 공동체 안에서 신자를 세상 법정에 고소하는 일이 일어나도록 만들고 그것을 제대로 처리하지 못한 책임에 대해 교회를 꾸짖은 후에야 비로소 원고에게(7-8절a), 그리고 피고에게(8b-11절) 말한다. 위의 두 경우에서 바울이 문제를 삼은 것은 하나님의 구속을 받은 교회 자체이며 또 그 교회의 역할이다.

바울이 도덕적인 권면을 하면서 자주 사용하지만 우리가 쉽게 무시하곤 하는 단어인 알렐론(*allēlon*, '서로')에도 자신의 영광을 위해 백성을 구원하시는 하나님의 관심이 잘 드러난다. 모든 것은 '서로(*allēlon*)'라는 관점에서 행해진다. 그들은 서로 지체들이다(롬 12:5, 엡 4:25). 따라서 서로를 세워주어야 하고(고전 12:25), 서로 사랑해야 하며(살전 3:12, 4:9, 살후 1:3, 롬 13:8), 서로의 유익을 추구해야 한다(살전 5:15). 또 사랑 안에서 서로를 용납해야 하며(엡 4:2), 서로의 짐을 져야 한다(갈 6:2). 서로를 용서하고 서로 인자하게 하며 불쌍히 여겨야 한다(엡 4:32, 참조. 골 3:13). 서로 복종하고(엡 5:21) 자신보다 서로를 더 낫게 여겨야 한다(빌 2:3, 참조. 롬 12:10). 사랑으로 서로에게 헌신해야 하며(롬 12:10) 서로 마음을 같이해야 한다(롬 12:16).

하나님께서는 단지 '개인들'을 구원하여 세우지 않고 오히려 한 '백성'을 세우신다. 하나님께서는 그 백성 가운데 거하시며 백성은 자신들의 삶에서 하나님의 생명과 속성을 드러내게 된다. 구원에 대한 이런 견해는 바울 서신 전체에서 일관되게 나타난다. 이것은 바울이 성령을 언급한 부분에서 가장 분명하게 입증된다. 성령님은 하나님의 백성을 이룰 때 뿐 아니라 그들이 함께하는 삶과 예배에서도 핵심적인 역할을 담당하신다.

## 성령과 신자의 공동체

우리는 다음 장에서 성령의 새롭게 하는 사역으로 신자 개개인이 그리스도 안에서 새 삶을 시작한다는 사실을 언급할 것이다. 이것은 신앙 공동체에 대해서도 마찬가지다. 하나님의 백성인 공동체가 한 몸으로 함께하는 삶을 살게 된 것은 성령을 공통적으로 풍성하게 경험한 탓이다. 고린도전서 12장 13절에서 바울이 답하는 문제는 어떻게 백성이 신자가 되느냐— 비록 이것이 분명하게 포함되어 있긴 해도— 가 아니라, 어떻게 유대인과 이방인으로 구성된 많은 사람들이 그리스도의 한 몸을 이루느냐 하는 것이다. 바울의 답변은 이것이다. 모든 이들이 함께 동일한 실체인 성령에 잠기고, 모든 이들이 함께 동일한 실체인 성령을 충만하게 마심으로써 그리스도 안에서 한 몸을 이룬다.

이와 비슷하게 고린도후서 3장 1-3절에서 바울은 신앙 공동체를 '그의 추천서'라고 말한다. 이것은 말하자면 그들이 '성령에 의해서 쓰였기' 때문이다. 그 다음에 다른 이미지를 사용하면서도 바울은 고린도에서 그들이 함께 하나님의 백성이 된 것은 성령님이 하신 일이라는 요점을 제시한다.

성령에 '의해서' 창조되고 형성됨으로써 초기 공동체들은 성령'의' 교제, 곧 코이노니아가 된다. 바울에게서 코이노니아(koinōnia, '교제')는 넓은 개념이다. 그것은 그리스도로 말미암아 하나님과의 교제로 시작되며(고전 1:9), 이 교제는 다른 신자들과의 교제를 갖게 만든다. 고린도후서 13장 13절에서 바울은 삼위일체 개념을 사용해 축복을 전하면서 성령의 사역을 언급하는데 이때 코이노니아라는 표현을 쓴다. 비록 이 용어가 주로 '성령 안에서의 참여'를 가리킬지라도, 그러한 참여는 그들 모두에게 공통된 것이고 따라서 성령에 의해서 창조되고 유지되는 '교제'를 포함한다. 이것은 또한 빌립보서 2장 1-4절에서도 마찬가지다. 이 본문 1절에서 저자가 빌립보 교회 성도들에게 하나 됨과 화합을 호소하는 토대의 일부분은 그들이 공통적으로 성령에(참조. 1:27, '한 성령 안에 견고하게 서서') 참여했다는(바울과 그들 모두의 참여) 사실이다. 마찬가지로 성령에 의해서 함께 경험한 공통적인 사랑에 근거해서 바울은 로마 교회 성도들에게 기도로 그를 지원해달라고 호소한다(롬 15:30, 참조. 골 1:8).

새롭게 형성된 교제에서 바울이 가장 놀랍게 여기는 측면은 유대인들과 이방인들이 모두 하나님의 가족에 포함된다는 사실이다. 그리스도의 죽음 안에서 하나님은 이전까지 유대인과 이방인들에게 있던 편견을 극복하셨다(엡 2:14-18). 에베소서 전체를 통해서 바울은 이것에 대해 경이감을 드러낸다. 따라서 1장 13-14절은 무엇보다도 개인들의 회심에 대한 내용이 아니다. 오히려 바울은 이방인들('너희도')이 유대인들과 함께 하나님의 기업으로 그리스도 안에 포함되었다는 사실 때문에 즐거워한다. 그리고 이것은 그들이 그 기업에 대한 '인'과 계약금에 해당하는, 약속된 성령을 받았다는 놀라운 사실에 의해서 증명된다.

성령이 이루신 하나 됨은 또한 에베소서 2장 18절의 요점이기도 하다. 그리스도의 죽음이 유대인과 이방인 사이의 막힌 담을 허무심으로써 그 둘을 '한 몸'이 되게 했던 것처럼 지금 그리스도로 말미암아 그 둘이 '한 성령 안에서 아버지께 나아간다.' 유대인들과 이방인들은 성령에 의해서 한 몸이 되었고(참조 4:4), 함께 한 성령 안에 거하기 때문에 그들은 한 백성으로서 함께 하나님의 임재 앞으로 나아간다.

## 성령 공동체에 대한 바울의 이미지들

신앙 공동체에 대한 바울의 견해 중 성령의 중심적인 위치는 특히 교회에 대한 그의 세 가지 이미지(가족, 성전, 몸) 속에서 나타난다. 이 중 처음 두 가지는 구약성경과의 연속성을 가지고 있다.

### 하나님의 가족

이 이미지는 바울 서신에서 분명하게 두 번 등장한다(엡 2:19, 딤전 3:15,

참조. 고후 6:18). 바울이 하나님을 아버지로, 신자들을 형제 자매로, 그리고 사도를 집의 청지기(고전 4:1-2를 보라)로 지칭하는 데서 이 이미지가 나타난다. 이 이미지 자체는 상세하게 설명되지 않는다. 중요한 것은 신자들이 하나님의 가족의 일원이 되게 하고 그것을 증거하는 성령의 역할이다.

이 이미지는 갈라디아서 4장 4-6절에서 처음 나타난다. 여기서 바울은 율법 아래 사는 것과 믿음의 삶, 성령 안의 삶을 대조한다. 율법 아래 사는 것은 성장하기 이전의 아들의 상태와 같다. 아들은 어릴 때에는 법적으로 전 재산을 소유하고 있으나, 실제로는 여전히 종보다 더 나을 것이 없다. 신자들도 이와 같다. 그들은 더 이상 ('악한 세력'의 노예가 되는 것을 포함하여) 노예 상태에 있지 않으며 도리어 완전한 권리를 지닌 '아들들'이다.[6] 이것에 대한 증거는 그들의 성령 체험, 특히 그들 안에서 터져 나오는 '아바, 아버지'라는 성령의 부르짖음이다.[7]

우리 안에 계신 성령님이 하나님의 아들이신 예수님의 말씀을 빌어 부르짖는 '아바, 아버지'라는 외침은 우리가 하나님의 '아들들'이라는 중요한 증거다. 이 강조점은 로마서의 병행 본문에서 강화된다(롬 8:15). 이 본문에서 우리가 우리의 '아들 됨'을 인식할 수 있는 '우리의 영과 함께 성령께서 우리가 하나님의 자녀인 것'을 증거한 결과다. 이것에 바울은 '자녀이면 또한 후사 곧 하나님의 후사요 그리스도와 함

---

6. '자녀(children)'가 더 적절한 현대(영어) 번역이긴 해도 나는 '아들들(sons)'이라는 표현을 사용한다. 그 이유는 본문 전체에서 이 단어를 수사적으로 사용하고 있기 때문이다. 그 아들(the Son)로 말미암아 우리가 '아들들(sons)'이 되었다. 이것에 대한 증거는 성부를 부르는 그 아들의 독특한 말을 우리가 사용한다는 것이다.
7. 개인 신자에게 이 부르짖음이 지닌 의미는 제8장의 '양자 됨' 부분을 보라.

께한 후사'라는 말을 덧붙인다. 바울 서신서와 다른 신약성경 본문이 '성도들'을 가리키는 데 반복 사용한 아델포이(adelphoi, '형제들과 자매들')도 신자들이 성령의 감동을 받아서 예수님의 말을 빌어 하나님께 부르짖는 것에 비추어 가장 잘 설명된다.

### 하나님의 성전

이 이미지는 교회를 가리키는 데 네 번 사용되며[8], 이에 대해서는 제2장의 논의를 보라. 이 이미지는 살아 계신 하나님의 지상 거처인 예루살렘 성전(naos)에서 온 것이기 때문에 특별히 성령님과 잘 부합된다. 새로 형성된 하나님의 백성 가운데 계신 성령님은 회집한 공동체 안에서 자신의 거처를 마련하신다. 성전은 성령에 '의해서' 형성된다. 따라서 성전은 성령'의' 거주처다. 바울이 고린도전서 6장 19절에서 이 이미지를 개인 신자에게 사용하기는 하지만, 신자들의 공동체를 가리키는 데 이것을 반복해서 사용한 점을 보면 바울의 일차적인 강조점이 여기 있음을 알 수 있다.

### 그리스도의 몸

자신의 서신서에서 여러 번 사용한 이 이미지를 통해서 바울은 기본적으로 두 가지 요점을 제시한다.[9] 즉 신자들의 공동체 안에 통일성과

---

8. 고린도전서 3장 16-17절, 고린도후서 6장 16절, 에베소서 2장 19-22절, 디모데전서 3장 15-16절을 보라.
9. 고린도전서 10장 16-17절, 11장 29절, 12장 12-27절, 로마서 12장 4-5절, 골로새서 1장 18절, 3장 15절, 에베소서 1장 23절, 2장 16절, 4장 3-16절, 5장 23절을 보라. 바울 서신서에서 사용된 몸 이미지에 대한 가장 최근의 논의는 G. L. O. R. Yorke, The Church as

다양성이 필요하며, 그 두 가지는 '같은 한 성령'(고전 12:11)의 사역으로 가능하다는 것이다.

첫째, 이 이미지는 하나님의 백성의 하나 됨을 전제하며 또한 하나님을 주장한다. 이것은 에베소서 4장의 분명한 핵심이다. 유대인과 이방인으로 구성된 교회는 한 몸을 이룬다(엡 2:16). 4장 1절에서 시작해 마지막까지 이어지는 긴박한 호소는 그들이 '성령이 하나 되게 하신 것을 힘써 지켜야 한다'(4:3)는 것이다. 이렇게 호소하는 근거는 4-6절에서도 언급되는 하나님이 삼위일체이시기 때문이다. 이 구절은 한 몸과 한 성령을 가장 밀접한 관계로 연결시킨다. 게다가 25-31절에 열거한 죄의 모든 항목을 보면 한 몸 안에서 하나가 되지 못한 죄들이다. 에베소 교회 성도들은 죄에 굴복함으로, 그들을 한 몸으로 이루시고 그들 가운데 계속적으로 임재하여 그 몸을 온전히 성숙케 하시려는 성령님을 근심케 한다(30절). 그러므로 그들은 합당한 예배(5:19-20)와 합당한 관계들(5:21-6:9)을 회복하기 위해서 '계속해서 성령으로 충만해질' 필요가 있다(5:18).

바울의 더 큰 관심은 다른 데 있다 하더라도 고린도전서 12장 12-26절에서 그는 여전히 성령 안에 있는 고린도 교인들의 하나 됨을 강조한다. 이에 앞서 10장 16-17절과 11장 29절에서 주의 만찬상의 떡과 관련해서 '몸'의 이미지를 사용한 것은 하나 됨을 위한 그들의 필요

---

the Body of Christ in the Pauline Corpus: A Re-examination (Lanham, Md.: University Press of America, 1991)을 보라. 이 책의 결론은 확실히 옳다. 이 책에 따르면 바울은 신자들이 합류하는 '그리스도의 신비한 몸'에 대해서 알지 못한다. 도리어 바울이 사용한 몸의 이미지는 모두 비유적으로 사용되었을 뿐이며 그것도 인간의 몸을 대상으로 했다.

에 초점을 맞추고 있다. 12장 12절에서 같은 이미지가 다시 나타나는데 여기서도 통일성과 다양성이 동일하게 강조되고 있다. '참으로(for indeed)'라는 같은 표현으로 적용 부분에 해당하는 두 문장(13절과 14절)을 시작하면서, 바울은 먼저 그들 중 많은 사람들(유대인, 이방인, 종, 자유자)이 공통적으로 풍성하게 성령을 체험했기 때문에 한 몸을 이룬다고 주장한다(13절). 14절과 이것의 적용 부분(15-20절)에서 몸의 다양성을 강조한 뒤에 바울은 두 번째 적용 부분(21-26절)에서 그들 가운데 '분쟁'이 없어야 한다고 역설한다. 이것은 특별히 서신서 전체에서 언급된 다양한 분쟁들을 생각나게 한다. 성령님은 그들을 한 몸이 되게 하셨다. 그러므로 그들이 참된 영성을 지니고 있다면 무엇보다도 성령님이 하나 되게 하신 것을 힘써 지켜야 할 것이다.

이와 유사하게, 교회의 하나 됨을 흔드는 논쟁이 벌어진 빌립보에서 바울은 특히 이교도 대적자들과의 싸움에 비추어서 그의 독자들에게 '한 성령 안에서 견고하게 서라'고 촉구한다(1:27). 이 호소는 바울과 그들이 성령 안에서 교제한 사실(2:1)에 근거해서 이루어진다.

몸 안의 하나 됨은 신자들이 '성령을 따라 행하여' '서로 물고 먹지' 않는 것(갈 5:15-16)을 의미한다. 그것은 또한 서로 다른 이질적인 사람들에게 자신들의 다양성을 성령의 하나 되게 하시는 사역에 복종시킬 것을 요구한다. 교회가 처음부터 획일적이라면 그것은 바울이 갖고 있는 기준에 부합하지 않는다. 그런 교회들은 결국 에베소서 2장과 4장이나 고린도전서 12장이 요청하는 성령의 하나 됨을 유지할 수 없다. 하나님은 성령에 의해서 인종(유대인과 이방인)과 사회 경제적 신분(종과 자유자)을 모두 초월하는, 완전히 새로운 종말적 친교 공동체를 한 몸이 되게 하신다.

둘째, 성령은 교회 안에서 필수적인 요소이며 교회의 건강한 다양성을 유지시킨다. 이것은 고린도전서 12장의 논증에 나타나는 기본 관심사다. 고린도 성도들이 특이하게도 균형을 잃은 채 방언을 완전히 성숙한 영성의 증거로 강조했을 때, 그들의 방언 남용을 교정하기 전에(14장) 먼저 신학적인 교정이 필요했다(12장과 13장). 따라서 21-26절을 제외하고 12장의 모든 단락은 이 주제, 즉 공동체를 세우기 위해 필요한 다양성을 요구하고 있다. 삼위일체이신 하나님 자신이 이러한 통일성 내에서의 다양성을 예증하며 그런 주장을 위한 근거가 되신다(4-6절). 그리고 특히 성령은 그들 가운데, 특별히 '공동의 유익을 위해 각 사람에게 주어진' 그의 현현에서 통일성 안에서의 다양성을 드러내야 하는 책임이 있다(7-11절). 한 몸은 단지 한 지체일 수 없다(14절). 그럴 경우 기형이 되기 때문이다(15-20절). 그들을 한 몸이 되게 하는 데 책임이 있는 성령은 또한 그 몸이 기능하는 데 필요한 많은 지체들을 위한 토대가 되기도 한다.

의미심장하게도, 에베소서에서 몸의 이미지는, 교회의 하나 됨보다는 일차적으로 교회 내의 '관계'에 초점을 맞춘다. 그러나 고린도전서 12장에서는 주로 '예배를 위해 함께 모인 공동체'인 교회에 초점을 맞춘다. 이러한 초점의 변화는 고린도전서 3장 16-17절에 나타난 성전 이미지에서도 마찬가지다. 이렇게 초점이 달라진 것은 함께 모인 공동체 안에서 일어났던 각각의 잘못들 때문이다. 초대 교회 신자들은 '교회'라고 부를 수 있는 건물이 없었고 '교회에 가지'도 않았다. 그들 자신이 교회였다. 정한 시간과 장소에서 그들은 교회로서 함께 모였다(고전 11:18). 성령이 거하는 하나님의 성전으로서 그들은 이적(갈 3:5)과 예언(살전 5:19-20, 고전 14:24-25, 외부인들은 "하나님께서 참으로 너희 가운데 계신다"라고 외친다)을 포함한 성령의 사역으로 특징지어진(고전 12:7) 강력한 코이노니아를 형성했다. 함께 모인 공동체에 대한 강조는 특별히 고린도전서 12-14장에서 카리스마타(charismata, '은혜의 은사')에 대한 바울의 이해에 기본적인 배경 역할을 한다. 이 내용은 제13장과 제14장에서 더 자세하게 설명하겠다.

·······◆·······

요약하면, 바울의 시각에서 '구원을 받는다'는 것은 하나님의 백성의 일원이 되는 것을 의미한다. 하나님의 백성은 성령에 의해서 하나님의 가족으로 태어나고 그것을 통해 한 몸을 이루어 서로에게 연합한다. 그들은 성령 안에서 함께 모임으로 하나님의 성전을 이룬다. 하나님은 하늘나라를 위해 단지 다양한 '개인'들을 구원하여 세우시는 것이 아니다. 오히려 자기 이름을 위한 백성, 곧 하나님이 그 가운데 거하실 수 있고, 자신들의 삶에서 통일성과 다양성을 유지한 채 하나님의 생명과 성품을 함께 드러내는 '백성'을 창조하고 계신다. 그 백성이 어떻게 함께 살 것인지, 또 그들이 무엇과 같은지는 이 책의 제9장과 제10장에서 다룰 예정이다.

그 전에 우리는 지금 어떻게 '성도들'이 될 수 있는지 살펴보아야 한다. 바울과 그밖의 사람들에게 새로운 사실은 하나님의 백성이 그리스도와 성령에 의해서 새롭게 구성된다는 것이다. 우리는 한 번에 한 명씩 그 백성 가운데 들어간다. 그러한 입회는 무엇보다도 성령의 사역이다.

# 7
# 회심: 들어가기 I
성령과 복음을 들음

> ⋮
> 그리스도의 구원의 목표가 하나님의 이름으로 일컫는 백성을 세우는 것이더라도 이 공동체에는 한 번에 한 사람씩 들어간다. 공동체에 들어가는 대부분의 과정이 성령의 사역이며, 이것은 복음의 선포 및 제시와 더불어 시작된다.

8세기 후반에 프랑크족의 왕 샤를마뉴가 기독교로 개종했다. 그리고 그의 '설득'으로 프랑크족 사람들은 모두 '그리스도인'이 되었고 집단으로 세례를 받았다. 문제는 과연 그들 모두가 구원을 받았는가 하는 점이다. 이것 역시 오직 하나님만 아신다. 그러나 그들 모두 구원을 받은 것은 아닐 것이다. 그러한 '구원'도 신약성경의 가르침과 전적으로 다르기 때문이다. 결국 사람을 그리스도 안에서 신자가 되게 하는 것은 세례가 아니라 그의 삶 속에 함께하는 성령의 임재다.

그리스도께서 우리를 구원하시려는 목표가 하나님의 이름으로 일컫는 백성이 되게 하는 것이라면, 옛 언약과의 관계에서 나타나는 불연속성은 그 백성이 지금은 이전과는 다른 방식으로 형성된다는 점이다. 이것은 두 가지 중요한 방식으로 이루어진다. 첫째, 그리스도의 죽음과 부활 그리고 성령의 사역을 통해서다. 둘째, 모든 '족속과 나라'가 한 사람씩 개별적으로 하나님의 백성 가운데 들어감으로써 이루어진다.

그리스도의 구원 사역은, 개인 신자의 마음에서 시작되며, 그것은 성령님의 특별한 일하심으로 분명해진다. 르네상스나 종교개혁으로 인해 때때로 비성경적으로 개인에게 초점을 맞추는 불행한 결과가 초래되긴 했지만, 개인을 강조하는 경향은 르네상스나 종교개혁의 산물이 아니다. 오랫동안 시편을 읽으면서 살아온 사람들이라면 누구나 잘 알고 있는 것처럼, 하나님 앞에서 개인의 중요성은 이미 구약성경에 나타난다. 바울의 경우에는 구원으로 '들어가는(gets in)' 방식으로서 개인을 새롭게 바라본다. 그리고 이것은 유대인과 이방인을 차별없이 대하는 그의 변화된 종말적 관점에서 비롯되었다. 우리는 지금 그리스도 안에서 이루어진 구원의 개인화 된 측면, 즉 신자가 하나님의 백성 공동체 안으로 들어가는 것이 무엇을 의미하는가에 주목하려고 한다. 이것과 관련해서 바울은 성령의 사역을 매우 중요하게 생각한다.

우리는 바울 서신에서 그리스도의 구원은 본 장과 다음 장의 관심사인 들어가기(getting in)와 제9장과 제10장의 관심사인 머물기(staying in)를 둘 다 포함한다는 사실에도 주목해야 한다. 다시 말해서 구원을 얻는 것은 그리스도를 믿는 믿음(faith)과 관련되어 있고, 이 믿음은 또한 그리스도에 대한 충성(faithfulness)을 의미한다.[1] 신자의 삶은 그리

---

[1] 바울의 글에서 피스티스(*pistis*)는 두 가지 개념, 즉 신뢰(trust)와 신뢰를 담은 충성(trusting faithfulness)을 표현한다. 따라서 피스티스는 성령의 열매 중 하나로 열거되며(갈

스도께 충성하는 삶이며, 그리스도는 성령님을 통해 신자를 계속 하나님의 형상으로 변화시키신다. 우리는 하나님의 구원의 공동체 안에 머물기 위해서 그 안에 들어간다. 그리고 바울에게 구원은 단순히 구원의 시작뿐 아니라 과정으로서의 구원 전체를 의미한다.

따라서 이 네 장(제7-10장)은 하나님 편에서 보면 한 장에 해당한다. 그리고 각 네 장마다 '회심'이라는 단어를 제목으로 붙인 이유도 여기에 있다. 너무 오랫동안 교회는 '회심'을 단지 구원의 시작과 관련된 것으로 이해해왔다. 성경적으로 이해해서, 회심은 이전에 이교도였던 우리를 제자로 만드는 것과 관련이 있다(이런 의미라면 설령 기독교 가정에 태어났더라도 우리는 모두 '회심'해야 한다). 우리 주님은 '가서 제자들을 만들라'고 하셨지 '가서 개종자들을 만들라'고 하시지 않았다. 결국 제자들만이 정확한 의미에서 개종자인 것이다.

그러나 회심에도 그것이 처음 시작되는 순간이 있다. 그리고 이것이 우리의 현재 관심사다. 이 장에서는 신자들의 외부에서 일하시는 성령님의 역할에 주목할 것이다. 다음 장에서는 이런 회심이 시작되는 순간에 신자들이 경험하는 내용에 주목할 것이다.

## 성령과 들어가기

신자가 경험하는 구원 체험에는 다음과 같은 요소들이 있다. 복음을

---

5:22), 또한 하나님의 구원하시는 은혜에 대한 우리의 적절한 반응을 가리키는 데도 사용된다.

듣기, 믿음, 회심을 나타내는 다양한 이미지들, 성령의 부으심, 물세례. 세례를 제외한 대부분의 과정에서 성령님이 중심적인 역할을 하신다. 세례가 제외되는 것은 이해할 만하다. 바울은(명백하게) 앞서 일어난 하나님의 행동에 대한 인간의 반응으로 세례를 이해했기 때문이다.

## 복음 듣기

바울에게 그리스도인의 삶은 복음을 듣는 것과 함께 시작되는데, 복음을 듣는 일은 믿음보다 앞서서 일어나며(롬 10:14), 믿음이 따라온다(살전 2:13, 살후 2:13-14, 엡 1:13). 그래서 바울은 "그런즉 그들이 믿지 아니하는 이를 어찌 부르리요 듣지도 못한 이를 어찌 믿으리요 전파하는 자가 없이 어찌 들으리요"(롬 10:14)라고 질문한다. 복음을 듣는 것에 대한 이런 견해는 바울이 선교를 얼마나 긴박한 것으로 보고 있는지 부분적으로나마 설명해준다. 하나님의 복음을 듣는 것과 관련된 성령의 역할에 관심을 기울여보자.

복음을 듣는 일에는 두 가지가 필요하다. 하나는 하나님의 말씀인 복음이다(살전 2:13). 이 복음은 사람들이 믿고 신뢰해야 하는 진리로(살후 2:13, 딤전 2:4), 성령님도 그것을 진리로 계시하신다.[2] 다른 하나는 이 역시 성령의 사역인, 복음 증거와 응답이라는 이중의 행위다.

---

2. '믿음(faith)' '신앙(belief)' '신뢰(trust)'로 다양하게 번역되는 이 헬라어 단어는 영어로는 한 가지로 번역하기 어렵다. 영어 단어는 지나치게 제한적인 경향을 가지고 있다. 일례로 '신앙'은 우리의 머리 속에서 일어나는 것을 강조한다. 헬라어 단어는 그런 뜻을 담고 있긴 하지만, '믿는(believe)' 바를 신뢰하는 것을 뜻한다.

### 성령과 복음 증거

고린도후서 3장 8절에서 바울은 자신의 직분을 모세의 직분과 대조하고, 또 간접적으로 '다른 예수를 파는 자들'의 직분과 대조한다. 그렇게 하면서 그는 자신의 직분을 '성령의 직분'이라고 말한다. 이것은 자신의 직분이 성령에 의해서 능력을 받고, 그 결과 다른 사람들도 성령을 받게 하는 새 언약의 직분임을 뜻한다. 그는 그런 직분이 비록 질그릇에 담겨 있더라도, 옛 언약에서 모세의 직분에 뒤따랐던 것보다 훨씬 더 큰 영광이 뒤따른다고 주장한다. 여기서 더 큰 영광이란 문맥에서 드러나는 것처럼 우리를 살아 계신 하나님의 임재로 이끄는 성령님의 역사다. 성령님은 사람들로 하여금 그리스도 예수의 얼굴에서 하나님의 영광을 보지 못하게 하고 그래서 그의 형상으로 변화하지 못하게 하는 수건을 제거함으로써 그렇게 하신다.

바울은 자신이 효과적으로 사역할 수 있는 것은 그것이 성령님이 일하신 직접적인 결과이기 때문이라고 말한다. 성령의 사역은 복음의 진리에 대한 확신을 줄 뿐 아니라 표적과 기사를 일으키는 것이며, 그의 이 모든 사역을 통해서 삶이 변화된다. 실제로 바울 서신에 맨 처음 등장하는 성령에 대한 언급(살전 1:5-6)도 이 점을 분명히 한다. 여기서 바울은 고난을 겪고 있는 그리스도인 공동체를 격려하는데, 그들에게 다음 두 가지 사실을 기억시킨다. 즉 성령님이 그들 가운데서 이루신 사역과 그들이 성령님을 통해 경험한 회심의 본질이다.

그들이 그리스도를 따르는 자들이 된 것은 단지 바울이 복음을 증거했다는 것 때문이 아니라, 그 복음 증거에 성령님이 능력으로 함께하셨고, 성령님이 함께하신다는 확신이 (복음을 전하는 바울과 그 복음을 듣는 모든 이에게) 있었기 때문이다(5절). 이 경우에 성령의 능력에 표적과 기사도 포함됐는지는 논의의 여지가 있다(나는 그것들이 동반되었다고 생각한다. 로마서 15장 18-19절은 이것이 정규적인 사례였음을 보여준다). 데살로니가 사람들이 복음을 받을 때 많은 고난과 함께 성령의 기쁨(6절), 곧 살아 계시고 참되신 하나님(9절)을 알게 된 사람들에게 성령님이 주시는 억누를 수 없는 기쁨이 동반되었다.

이것은 고린도전서 2장 1-5절에서도 동일하다. 이 단락에서 바울은 고린도의 대적자들에 맞서 자신의 사역을 변호하면서(참조. 4:1-21, 9:1-2), 그가 처음 그 도시에 왔을 때 선포했던 자신의 설교 문제를 이야기한다. 바울은 자신이 증거한 설교 내용(1:18-25)과 형태(2:1-5)에 설득력 있는 지혜와 수사는 없으나, 그럼에도 그 증거가 지혜나 수사보다 훨씬 더 효력이 있었다고 주장한다. 그의 복음 증거에는 성령의 능력이 함께 나타났고, 이것은 고린도 교회 성도들의 회심에 의해서 입증되었다(참조. 고후 3:3). 또 바울은 자신의 증거가 이렇게 된 것은 그들이 단지 인간의 지혜를 믿지 않고 오직 '하나님의 능력'을 믿게 하기 위함이었다고 덧붙인다. 이 구절들과 다음 구절은 바울이 기독교로의 회심을 성령의 능력이 수반된 복음 증거와 함께 시작되는 것으로 이해했음을 분명하게 해준다. 이 증거는 동일한 성령에 의해서 듣는 자의 마음에 자리를 잡고, 그 결과 복음의 진리뿐 아니라(고린도전서 14장 24-25절에서처럼) 죄에 대한 확신을 갖게 한다.

그러나 바울이 증거할 때 성령이 맡는 역할은 바울의 말에 '기름을 부어' 이를 듣는 사람들이 복음에 대한 확신을 갖게 하는 것에 국한되지 않는다. 로마서 15장 18-19절에서 바울은 예루살렘에서 일루리곤에 이르기까지 자신의 복음 증거가 '말'로만이 아닌 '행위'로도 이루어진 것이며 이 두 가지는 모두 '성령의 능력'으로 역사하신 것이라고 주장한다. 그는 '말'은 자신의 증거를 가리키며, '행위'는 '성령의 능력을 통한 표적과 기사'를 가리킨다고 설명한다.

바울은 능력이 이렇게 이중적으로 나타난 것(능력 있는 말과 강력한 행위)에 근거해서 성령의 역할이 어떠하리라는 것을 이해했다. 다시 말해서 바울은 결코 자신에게서 그러한 능력이 나온다고 주장하지도 않았고, 또 성령님 외에 누군가가 자신의 직분이나 사역에 권위를 주는 것조차 허락하지 않았다(고후 5:13). 바울은 말과 행위를 통한 이중의 능력이 아니었다면 약속된 성령의 임재를 결코 이해하지 못했을 것이다. 우리는 결국 여기서 하나님의 성령, 곧 하나님의 능력을 부여하는 임재의 현재적인 종말적 성취를 다루고 있는 것이다. 기적적인 것들이 복음 증거에 뒤따르지 않거나 또는 누군가가 말과 행위의 두 가지 능력을 둘 중 어느 하나만 있어도 된다는 식의 '양자 택일'로 생각하는 것은 바울에게는 결코 있을 수 없다. 그가 볼 때 이 두 가지 능력은 아주 '당연히' 필요하다. 따라서 그는 자신의 사역에 대해 말하면서, 골로새 교회 성도들에게 "이를 위하여 나도 내 속에서 능력으로(이것은 '성령의 능력으로'를 의미한다) 역사하시는 이의 역사를 따라 [복음을 위해 싸우면서] 힘을 다하여 수고하노라"(1:29)고 자신 있게 주장할 수 있었다.

바울은 자신의 사역에 성령의 능력이 나타났듯이 일반적으로 복음을 전하는 일에도 마찬가지의 진리가 적용된다고 생각한다. 그는 에베소서 6장 17절에서 '성령의 검'을 가지라고 촉구한다. 이것은 악한 세력들이 여전히 활동하고 있는 세상에서 '하나님의 말씀(그리스도에 대한 진리)'을 선포하라는 의미다. 따라서 바울은 에베소 신자들에게 성령의 능력으로 그리스도를 증거하라고 촉구한다.

성령과 사역과의 관계에 대한 이러한 이해는 디모데에게 보낸 서신들 속에서도 찾을 수 있다(딤전 1:18, 4:14, 딤후 1:6-7, 참조. 14절). 이 본문 속에서 바울은 디모데가 자기 직분에 대한 '소명감'을 얻게 된 체험을 상기시킨다. 문맥상, 각 본문은 그 체험에 대한 여러 가지 측면을 강조한다.

1. 디모데의 은사(카리스마, charisma)는 첫째로 성령을 가리키지만(딤후 1:6-7), 또한 성령에 의해서 주어진 사역의 은사를 가리키는 것으로 확대 해석할 수 있다(딤전 4:14). 그러므로 체험은 디모데에게(그의 안에서) 일어난 그 무엇이다. 그는 성령이 지시하고, 성령에 의해서 주어진 '소명(예언)'을 체험했고 이것으로 복음 사역을 하도록 선발되었다.

2. 그러나 그 체험은 공동체라는 상황 속에서 일어났다. 그리고 그 체험은 자신에 대한 예언이라는 직접적인 방식으로 왔다(딤전 1:18, 4:14). 실제로 바울은 디모데전서 1장 18절에서 주님께로부터 온 '소명(예언)'이라는 표현을 써가며 그 내용을 가지고서 디모데를 권면한다. 이 예언의 말씀은 매우 힘든 상황에서 선한 싸움을 벌여야 하는 디모데에게 용기를 북돋아주는 수단이었고, 이것은 공동체에 속한 다른 사람을 통해서 주어졌다.

3. 장로의 회는 성령의 역사에 응하여 디모데에게 안수했다(4:14, 딤후 1:6, 참조. 행 13:1-3의 유사한 결과). 은사 자체는 그들의 안수를 통해서 오지 않았다. 도리어 그들의 안수는 예언들을 통해서 먼저 왔던 과거의 성령 역사를 인정하고 확증하는 행동이었다. 경험된 실체인 성령이야말로 이 모든 호소의 분명한 열쇠가 된다.

## 성령에 의한 계시

자신의 메시지에 성령의 능력이 함께했고, 함께하리라고 바울이 확신한 이유는 복음의 핵심 내용이 성령의 사역인 계시를 통해서 그에게 주어졌다는 확신이 있었기 때문이다.[3] 고린도전서 2장 10-16절과 에베소서 3장 5-7절의 내용은 성령의 계시로 자신이 복음에 대한 통찰을 얻게 되었다고 확증한다.

하나님의 비밀이 이중적으로 드러나는 것도 성령의 계시에 해당한다. 첫째, 고린도전서 2장 6-16절에서 바울은 이전에 숨겨져 있던 것, 또 성령이 없는 자들에게 여전히 감추어진 것을 계시하신 분으로 성령을 묘사한다. 바울과 그의 개종자들은 인간의 마음으로는 상상할 수 없었던 것(9절), 곧 하나님께서 타락한 인간을 그리스도의 십자가 죽음을 통해서 구속하기로 하셨다는 사실을 오로지 성령에 의해서만(10절) 이해할 수 있다(9절). 따라서 바울은 십자가에 대해 증거할 때, '신령한 일을 신령한 것으로 분별하는 것'(=성령에 의해 성령에게 적절한 언어로 가르쳐진 것)을 포함해서 '성령이 가르치신 말'로 선포했다(13절). 이런 방식으로 성령을 소유한 자는 인간의 판단을 받지 않는다. 그리고 그것은 그리스도의 마음을 소유했다는 뜻이다(15-16절, 참조. 7:25, 40).

---

3. 이것의 유대적 배경과 바울의 사용례에 관한 문제는 특히 M. Bockmuhel, *Revelation and Mystery in Ancient Judaism and Pauline Christianity* (WUNT 2/36, Tübingen: J. C. B. Mohr [Paul Siebeck], 1990)을 보라. 여기서 나는 바울과 그의 교회가 듣고 이해한 복음을 가리키는 계시에 관심을 갖는다. 그러나 바울이 구원을 들어가기와 머물기 둘 다와 관련된 포괄적인 것으로 이해하는 것에 비추어보면, 하나님의 백성이 자신들의 윤리적 삶을 위한 하나님의 뜻을 성령에 의해서 분별하게 될 때, 그 계시는 그리스도인의 삶의 일부가 된다. 이 책의 제9장과 제10장에서 이에 대해 더 자세하게 논의할 것이다.

바울의 논증에서 중추적인 것은 이 계시가 성령을 받은 모든 신자들의 공통된 체험이 되어야 한다는 사실이다. 바울이 문제를 삼은 고린도 교회 성도들의 형편은 그들이 스스로를 성령의 사람들이라고 생각하면서도 십자가 대신에 인간의 지혜와 화려한 수사를 지나치게 의존하고 있었다는 것이다. 그래서 바울은 하나님을 사랑하는 자들에게 이전에 숨겨졌던 것(고전 2:9-10), 즉 그리스도 안에서 하나님께서 우리에게 은혜로 주신 것(12절)을 계시하시는 성령님의 결정적인 역할을 강조한다.

성령님이 계시해주신 것은 애매모호하고 비밀스러운 지혜가 아니라 복음의 내용, 곧 하나님의 '비밀'이다. 이런 점에서 복음은 무엇보다 성령을 통해 계시되어야 한다. 복음은 인간의 지혜로는 결코 파악할 수 없는 이해력을 요구하기 때문이다. 복음은 그 심오한 차원에 있어서 인간의 지혜와 완전히 상반된 것이다. 하나님은 궁극적으로 모순된 수단, 즉 십자가에 못 박힌 메시아를 통해 타락한 인간을 구속하셨다. 우리 인간은 하나님의 마음을 오직 홀로 아시는 성령님이 없이는 '눈으로 보지 못하고 사람의 마음으로 생각하지 못했던' 이 '숨겨진 비밀'을 결코 파악할 수 없다. 고린도 교회 성도들은 이것을 인정해야 했다. 이것은 바로 그들도 성령님을 받았고, 그 결과 성령님에 의해서 성령님에게 속한 것들을 배웠기 때문이다. 그러나 그들은 '모든 영광을 이곳에'라는 방향으로 자신들을 이끌어가는 잘못된 '영성'에 사로잡혀서 십자가로 특징지어지는 제자도를 외면하고 말았다(제12장을 보라).

둘째, 에베소서 3장 2-13절에서 이 비밀, 곧 성령님이 계시해주신 하나님의 숨겨진 지혜에는 이방인들이 "그리스도 예수 안에서 함께 상속자가 되고 함께 지체가 되고 함께 약속에 참여하는 자가 됨'(6절)

이 포함된다. 이 말은 갈라디아서와 로마서의 핵심적인 주장을 반영하고 있으므로, 바울이 여기서의 문제들을 '성령에 의해' 주어진 '계시'라는 관점에서 말하는 것은 그리 놀랍지 않다. 그러므로 바울에게 이방인들이 유대인들과 함께 그리스도 안에 포함된다는 계시와 그들이 실제로 포함되는 것은 모두 성령님이 행하시는 사역이다(1:13-14, 2:18, 22). 그런 일이 이 세대에 일어나려면 오직 종말의 성령님만이 주실 수 있는 계시가 있어야 한다. 대다수 유대인들은 이러한 일의 성취가 마지막 때에나 가야 이루어질 것이며 그것도 '개개인'이 그렇게 되는 것보다 '민족들'이 그렇게 되리라고 믿고 있었기 때문이다.

사람들이 깨닫기 위해 성령님의 계시가 필요했던 내용은 마지막 때에 이방인들이 하나님의 복에 참예하리라는 사실이 아니다. 이 사실은 유대인 모두가 이미 공통적으로 받아들였던 내용이다. 계시가 필요한 것은 이방인들이 율법 없이(즉 유대인의 율법을 준수하지 않은 채), 또 유대인들과 동일한 기준으로 하나님의 복에 참예한다는 사실이며, 그 결과 하나님께서 그리스도 안에서 그 둘로 구성된 하나의 새로운 인류를 이루신다는 것이다(엡 2:14-15). 이것을 이해하려면 오직 성령의 계시에 의해, 유대인과 이방인들의 공통적인 성령 체험을 통해서(고전 12:13), 또 그리스도와 성령이 이루신 일에 대한 이해를 통해서만(엡 3:5) 가능하다.

복음을 듣는 것과 관련된 계시의 더 깊은 측면은 고린도전서 14장 24-25절에 나타난다. 여기서 계시는 신자의 공동체 안에 불신자들이 함께 있을 때 예언이라는 수단을 통해 주어진다. 이 경우에 불신자들의 마음속에 있는 비밀들이 드러난다. 이로 인해서 그들이 (명백하게) 회개하고 회심하게 된다.

여기서 잠시 생각해보자. 바울 신학에 나타난 성령의 역할에 초점을 맞추어 그의 신학을 개관해가면서, 우리는 구원을 필요로 하는 인간의 곤경에 대한 언급이 없다는 사실에 유의해야 한다. 이것은 바울이 '그 마음이 어둡게 되어 하나님의 영광의 얼굴에서 복음의 광채, 곧 그리스도 자신을 볼 수 없는'(고후 4:4) 사람들 안에서 성령이 아니라 악한 영, 사탄이 역사하고 있는 것으로 보기 때문이다. 신자들은 성령님이 수건, 여기서는 '눈가리개'를 제거하셨기 때문에 그 영광을 볼 수 있다. 고린도전서의 이 본문은 적어도 부분적으로 성령님이 어떻게 그 수건을 제거하셨는지를 알려준다. 불신자의 마음을 감찰하여 그것을 모든 사람 앞에 드러내는 예언으로 그 수건을 제거하셨다.

이 경우에 '계시'는 아마도 불신자들의 죄와 관련이 있다. 이 계시는 듣는 사람들로 하여금 그리스도 안에서 일어났던 더 큰 계시에 귀 기울이게 만든다. 예언하시는 성령에 의해 주어지는 그러한 계시는 신자들에게 하나님께서 그들을 아끼며 그들 가운데 함께하신다는 임재 사실을 알려주는 확실한 징표로 작용한다(고전 14:22). 이 모든 것이 성령의 역사다.

·······◆·······

이 모든 증거를 보면 신자 개개인의 회심이 하나님의 주권으로 시작되고 성령에 의해 수행된다는 점이 분명해진다. 바울의 표현처럼 "그런즉 그들이 믿지 아니하는 이를 어찌 부르리요 듣지도 못한 이를 어찌 믿으리요 전파하는 자가 없이 어찌 들으리요 보내심을 받지 아니하였으면 어찌 전파하리요"(롬 10:14-15). 분명 하나님의 행동이 모든 것에 우선한다.

　하나님의 신비 가운데 우리가 '믿는 것'(또는 '신뢰하는 것')은 '하나님을 부르는 것'과 '복음을 듣는 것' 사이의 연결축이다. 우리가 '믿는다는 것'은 외적인 것이 우리 안에서 내적인 것으로 전환되는 단계인데, 이것은 매우 신비스러운 방식으로 이루어지는 성령의 역사다. 성령님은 원인이자 결과이신 분이다. 다시 말해서 성령님은 우리의 믿음을 시작하게 하는 분이시면서 동시에 그 동일한 믿음으로 오시는 분이다. 이것이 다음 장의 출발점이다.

# 8

# 회심: 들어가기 II
성령과 회심의 순간

> 복음을 들음으로 시작되는 '들어가기'는 믿음으로 얻으며, 동시에 성령을 '받는' 경험을 한다.

트레보는 복음을 듣고 그리스도를 자신의 삶 속에 영접하라는 목사의 요청에 응답한 후에 "느낌이 어떻습니까?"라는 질문을 받았다. "놀랍습니다. 새사람이 된 느낌이에요." 그가 대답했다. 목사는 "예, 아주 좋습니다"라고 말하면서 다음과 같은 경계의 말을 덧붙였다. "그러나 감정을 의지하지는 마십시오. 구원은 당신의 감정이 아니라 그리스도께서 당신을 위해서 하신 일에 달려 있습니다. 무엇보다 그분의 말씀에 의지하는 법을 배워야 합니다. 감정은 언제라도 변할 수 있기 때문입니다."

이것은 우리가 흔히 들을 수 있는 대화로 여기에는 진리와 지혜가 담겨 있다. 그러나 바울이 자신의 새 개종자들과 이런 식으로 대화한다고 상상하기는 어렵다. 갈라디아서 3장 1-5절에서 갈라디아 성도들에게 '그리스도를 믿는 믿음'에 머물고 '율법의 행위들'에 말려들지 말라고 경고할 때, 그는 먼저 복음의 진리가 아니라 그들로 하여금 기독교 제자도의 길을 시작하게 한 성령의 체험에 호소했다. 이것은 감정에 대한 호소가 아니라 그들 모두에게 공통된 것, 곧 성령의 오심으로 그들이 그리스도께 회심하면서 체험한 실체에 대한 호소다.

비록 바울이 그러한 언어를 사용하지 않더라도 그에게 기독교로의 회심은 객관적인 차원과 주관적인 차원을 모두 포함한다. 한편 그리스도의 죽음과 부활은 믿는 자들에게 영원한 구원을 준다. 이 객관적인 역사적 실체는 각기 신자와 하나님 사이에 맺은 새로운 관계의 중요한 측면을 강조하는 다양한 표현들(구속, 화해, 씻음, 속죄, 칭의, 입양, 중생)과 함께 전달된다. 회심이 일어나는 순간에 이 객관적인 역사적 실체는 그리스도를 통해 하나님 안에 있게 된 신자의 신분이라는 관점에서 신자에게 객관적이고 개인적인 실체가 된다. 이것을 찰스 웨슬리는 다음과 같이 (경이롭게) 노래했다.

일어나라, 내 영혼아 일어나라.
네 죄책의 두려움을 털어버려라.
나를 위해
피 흘리는 희생제사가 드려진다.
나의 보증인이 보좌 앞에 서 계시며
내 이름이 그의 손에 기록되어 있다.

그러나 바울이 볼 때 회심이 시작되는 순간에는 또한 신자 안에서 급진적인 변화를 초래하는, 명백하게 주관적이고 개인적인 경험이 포함된다. 그리고 이 경험에서 성령은 절대적으로 필요한 요소다. 스웨트가 표현한 대로 "성령의 사역이 없었다면 성자의 사역은 열매를 맺지 못했을 것이다. 반면에 성자의 사역이 없었다면 성령은 보냄을 받을 수 없었을 것이다."[1] 바울은 회심이 주관적으로 경험될 수 있도록 성령님이 그처럼 핵심적인 역할을 하신다고 보는데, 이러한 견해는 우리가 그리스도를 신뢰하는 것부터 시작해서 여러 가지 방식으로 입증될 수 있다.

## 성령과 믿음

바울 서신에서 성령과 믿음의 관계는 구분하기 쉽지 않다.[2] 한편 갈라디아서 3장 2-5절에서 바울은 성령의 오심이 '그리스도 예수를 믿는 믿음'으로 말미암는다고 단호하게 말한다. 이 제안을 논리적 순서로 구분하자면 믿음 자체는 성령을 받는 것에 우선한다. 다른 한편 고린도전서 12장 8절과 13장 2절에서는 역사하시는 성령에 대한 증거의 하나로 믿음을 제시된다. 이 본문들을 이적적인 것을 동반하는 특별한 믿음의 은사를 가리키는 것으로 (올바르게) 제쳐둘 수 있다고 하

---

1. 다음 책을 보라. H. B. Swete, *The Holy Spirit in the New Testament* (1910, repr. ed. Grand Rapids: Baker, 1964) 206.
2. *God's Empowering Presence*에서 고린도전서 12장 8절, 13장 2절, 고린도후서 4장 13절, 갈라디아서 3장 1-5절을 다룬 부분을 보라.

더라도, 갈라디아서 5장 22절에 제시된 성령의 열매인 믿음에 대해서는 같은 성격이라고 말할 수 없다. 여기서 믿음은 '충성'의 계속적인 표현이기도 한 '구원하는 믿음'을 가리킨다. 이와 마찬가지로 고린도후서 4장 13절에서도 바울은 '시편 기자가 소유했던 동일한 성령님을 우리가 소유했고, 그의 인도로 우리가 믿게 되었다'고 말한다.

이것 때문에 나는 성령의 사역인 믿음 그 자체가 우리로 하여금 그 동일한 믿음을 통해서 오는 성령을 받게 하며, 경험하게 한다고 주장한다. 비록 우리의 논리에는 맞지 않더라도 성령은 믿음의 원인이자 동시에 결과다. 이와 같은 성령과 믿음 사이의 밀접한 관계는 갈라디아서 5장 5절에도 전제되어 있다. 여기서 바울은 그들(유대 그리스도인 선동자들)과 대조하여 우리에게 '성령으로 믿음을 따라 의의 소망을 기다릴 것'을 촉구한다. 항상 그렇듯이 믿음의 대상은 그리스도며, 성령님은 그러한 믿음이 유지되게 하는 수단의 역할을 하신다.

이 책 제7장의 결론과 마찬가지로, 이 모든 것이 뜻하는 바는 바울에게 있어서, 복음을 듣고 믿음에 이르는 것뿐 아니라 복음을 이해하고 증거하는 것 모두가 성령의 사역이라는 사실이다. 이런 의미에서 믿음 그 자체가 신자의 삶에서 성령님이 행하시는 일차적인 사역이라고 주장할 수 있다. '우리는 믿음을 불러일으키는 동일한 성령을 가지고 있으며' 그 결과 '우리가 믿기' 때문이다(고후 4:13). 이것은 '믿음'이 거기 있어야 할 전부가 아니라는 증거를 통해서도 분명해진다.

## 회심에 있어서 성령의 결정적인 역할 [3]

그리스도를 믿는 사람에게 무엇인가가 '일어난다'는 것은 단지 부흥운동가들이 설교할 때 가지는 전제만은 아니다. 이것은 자신의 모든 서신들에 담겨 있는 바울의 분명한 견해였다. 그의 서신들을 맨 처음 접했던 사람들 대다수가 이교에서 그리스도께 회심한 사람들이었다. 바울이 그리스도를 만난 것은 다른 종교에서 개종한 것이라기보다는 그의 소망이 성취된 것이라 하더라도, 그것은 분명히 체험적 특성을 지니고 있었다. 그러므로 그리스도인의 삶을 시작할 때 일어나는 체험적 차원은 바울의 전제이자 그가 설교할 때 다른 이들에게도 일어났던 것이었다.

### 회심의 시작점에서의 성령

"너희가 성령을 받은 것이 율법의 행위로냐 혹 듣고 믿음으로냐 너희가 이같이 어리석으냐 성령으로 시작하였다가 이제는 육체로 마치겠느냐?" 이것은 바울이 유대 그리스도인 선동자들에게 설득 당해 할례를 받으려 하는 갈라디아 교회 성도들을 급히 만류하기 위해 던진 질문이다(갈 3:2-3). 그는 이것을 우리가 하는 방식처럼 "너희가 정말 구

---

3. 이와 관련된 본문들은 다양하다. *God's Empowering Presence*에서 데살로니가전서 1장 4-6절, 데살로니가후서 2장 13절, 고린도전서 2장 6절-3장 1절, 6장 11절, 19-20절, 고린도후서 1장 21-22절, 3장 1-18절, 11장 4절, 13장 13[14]절, 갈라디아서 3장 1-5절, 4장 6절, 5장 5-6절, 5장 13절-6장 10절, 로마서 5장 5절, 7장 4-6절, 8장 1-30절, 14장 16-18절, 15장 13, 16절, 에베소서 1장 3-14절, 4장 1-6절, 30절, 빌립보서 3장 3절, 디도서 3장 4-7절을 다룬 부분을 보라.

원을 받았느냐, 혹은 의롭게 되었느냐?"라고 말하지 않는다. 오히려 바울은 그들이 체험적으로 성령을 받았다는 사실을 언급하고 나온다. 이것은 현재시제로 된 5절의 질문을 통해서 분명해진다. "너희에게 성령을 주시고 너희 가운데서 능력을 행하시는 이의 일이 율법의 행위에서냐 혹은 듣고 믿음에서냐?" 바울에게서 성령은 그리스도인의 모든 삶에 결정적인 요소다. 그러므로 바울의 주장은 그들이 새 삶을 시작할 때 성령에 의해서 일어났던 자신들의 회심 체험을 상기시키는 데 초점을 맞춘다.

바울은 다른 여러 본문들에서도 그의 독자들이 그리스도께로 돌아온 것을 신자에게 무엇인가가 일어났다는 관점에서 묘사하고 있는데, 여기서도 성령님이 동일하게 결정적인 역할을 한다(고전 12:13, 엡 1:13-14, 딛 3:5-7). 또 이것은 바울이 신자들에게 그리스도 안에서 새 삶을 시작한 것을 상기시키는 다른 본문들에서도 그러하다. 예를 들어, 하나님은 그들에게 당신의 영을 주시며(롬 5:5), 성령으로 기름을 바르신다(고후 1:21). 또 성령을 풍성하게 부으시고(딛 3:6) 성령으로 인을 치신다(엡 1:13, 4:30). 신자들은 성령을 받았고(고전 2:12, 고후 11:4), 성령의 거룩하게 하시는 사역을 통해서 구원을 받았다(살후 2:13, 롬 15:16). 성령에 의해서 마음에 할례를 받았으며(롬 2:29), 그리스도와 한 영이 되기 위해 그와 연합되었다(고전 6:17). 신자들은 '그리스도의 이름에 의해서' 뿐 아니라 '우리 하나님의 성령'에 의해서 '씻음과 거룩함과 의롭다 하심'을 얻었다(고전 6:11). 갈라디아서 4장 29절에 제시된 이스마엘과 이삭의 비유에서 전자는 '육체를 따라 난' 반면에 후자(= 갈라디아 신자들)는 성령으로 났다.

디도서 3장 4-7절은 다른 측면에서 중요하다. 여기서 바울이 회심을 신조와 매우 흡사하게 들리는 언어로 묘사하고 있기 때문이다. 이 본문에서 놀라운 것은 성령이 갖는 중요한 역할이다. 여기서는 신자에게 일어났던 것을 강조하기 때문에 성령이 심지어 그리스도의 사역에 앞서 언급된다. 하나님은 구원자 그리스도를 통해 그들에게 풍성하게 부으신, 씻고 새롭게 하시는 성령의 사역을 통해서 그들을 구원하셨다.

그러므로 바울에게서 그리스도인의 회심 때 일어나는 것은 무엇이든지 성령의 체험이다. 그러므로 오직 성령님만이 현재 종말의 시대에 하나님의 백성을 확증한다.

### 회심한 이들의 신분 표지인 성령

바울은 세 곳에서 같은 방법으로 신자들과 불신자들을 구별하는데, 전자는 성령을 소유한 반면에 후자는 그렇지 않다는 관점에서 그렇게 한다(고전 2:6-16, 12:3, 롬 8:9). 이 가운데 가장 중요한 본문은 고린도전서 2장 6-16절이다. 여기서 바울은 기본적으로 '육에 속한 사람'과 '영에 속한 사람'을 대조한다. 육에 속한 사람은 성령을 갖지 못한 사람이며 따라서 하나님께서 십자가를 통해서 행하신 일을 이해할 수 없다. 그러나 신자는 그와 반대다. 마찬가지로 성령에 의하지 않고는 누구든지 예수님이 주님이라는 신앙 고백을 할 수 없다(고전 12:3). 마지막으로 바울은 이것을 다음과 같이 명료하게 말한다. "만일 너희 속에 하나님의 영이 거하시면 너희가 육신에 있지 아니하고 영에 있나니 누구든지 그리스도의 영이 없으면 그리스도의 사람이 아니라"(롬 8:9).

이전에 바울은 세상을 유대인들과 이방인들이라는 기준에 따라 '우리'와 '그들'로 나누었다. 새로운 방식은 그리스도에게 속한 자들과 속하지 않은 자들로 구분하는 것이다. 그리고 전자의 특성은 성령을 소유했지만 후자는 그렇지 못하다. 무엇보다도 새로 형성된 하나님의 백성은 성령의 백성이다. 그들은 생명을 주는 성령에 의해서 생명을 얻게 되었다(갈 5:25, 고후 3:3, 6). 그들은 성령으로 살며 성령의 인도를 받는다. 그러므로 바울에게 '구원을 얻는다'는 의미는 무엇보다도 '성령을 받는 것'이다.

## 구원에 대한 바울의 이미지와 성령

바울이 회심과 관련한 성령의 사역을 어떻게 인식하고 있는가 하는 것은 그가 구원을 묘사하면서 사용한 다양한 이미지들을 살펴보면 가장 잘 알 수 있다. 구원에 대한 아주 일반적인 이미지들은 성령과 관련해서는 거의 사용되지 않는다. 칭의는 오직 고린도전서 6장 11절에서만 성령과 연결된다.[4] 구속과 속죄와 화해는 전혀 성령과 관련되지 않는다. 그 이유는 아주 가까운 데 있다. 이 이미지들은 신자의 지위나 하나님과의 관계를 다루면서 구원의 객관적인 측면을 강조한다. 따라서 이것들은 전적으로 우리가 신뢰하는, 우리를 위한 그리스도의 구원 사역을 언급하는 데만 사용된다. 그러나 바울이 신자의 구원 경험을 강조하는 메타포들을 사용할 때는 성령님이 자주 언급된다.

---

4. 여기서 의를 신자의 소유라는 관점에서 말하고 있는 것 같다. 로마서 14장 17절을 참조하라. 그러나 이 본문에서는 그 관계가 간접적으로만 나타난다(*God's Empowering Presence*, 620-621과 각주 449를 보라).

## 양자 됨

이 이미지의 사용이 교회를 하나님의 가족으로 보는 바울의 이해를 파악하는 열쇠라고 이미 제6장에서 언급했다(갈 4:5-6). 여기서는 함께 회심의 객관적 차원과 주관적인 차원을 구별하는 것에 대해 5절과 6절이 견고한 증거를 제시해준다. 5절에서 바울은 십자가에서 이룬 아들, 그리스도의 구속 사역이 신자가 '아들들'로 입양되도록 보장한다고 언급한다. 6절에서 바울은 성령님이 신자의 마음속에서 그 아들의 특별한 용어로 '아바(Abba)'라고 부르짖는다는 말로 이 사역을 개인화시킨다.

이 본문이 지닌 어려움은 6절을 시작하는 방식에 있다. 바울은 새로운 요점을 제시하면서(4-5절 이후에) 그들이 '아들들'이기 때문에 하나님께서 그의 아들의 영을 그들의 마음속에 보내셨다고 말하는 것으로 문장을 시작한다. 그것은 마치 한 가지(객관적인 아들 됨)가 다른 것(성령의 오심)을 앞서는 것처럼 들린다. 이것이 어색하게 보이는 것은 이 본문을 마치 바울이 개인 구원의 연대기적 순서를 말하고 있는 것으로 읽은 결과다. 그러나 5절은 개인 신자의 구원 역사를 전혀 언급하지 않는다. 도리어 여기서 바울은 그리스도의 사역을 객관적이고 일회적인 역사적 실체로 제시하고 있다. 그리스도는 이 사역을 통해서 자신을 신뢰할 모든 자들을 위해 '양자 됨'을 얻어주셨다. 개인 신자가 하나님의 아들이 되는 경험은 역사적으로 그리스도의 사역보다 늦게 일어나며 그것에 근거한다. 따라서 십자가 위에서 당하신 그리스도의 죽음에 의해서 신자에게 부여된 '아들 됨'과 성령에 의해서 신자의 삶에서 실제가 된 '아들 됨' 사이의 관계는 인과 관계다.

바울이 구원 사건의 '순서'에 그다지 관심이 없다는 것은 갈라디아서 3장 2-5절(위에서 언급됨)의 내용에서 알 수 있다. 여기서 오로지 성령님만이 그들의 회심에서 핵심적인 역할을 하신다. 이것은 로마서 8장 15-17절의 병행절에서도 마찬가지다. 여기서도 그리스도가 아니라 성령님이 신자의 양자 됨에 책임이 있는 분으로 언급된다. 두 본문에서 바울의 의도는 신자가 성령을 받음으로써 하나님의 자녀가 된다는 사실을 독자들에게 상기시키는 것이다. 이것은 '아바'라는 외침에 의해서 입증된다.

이 '아바'라는 외침이 지닌 중요성을 간과해서는 안 된다. '아바'는 어린 아이의 언어며, 아람어를 말하는 아이들이 이마(*Imma*, '어머니')와 함께 처음으로 배우는 단어다. 그러나 그것은 또한 모든 시대의 어린 아이들이 사용했으며 친밀함과 특별한 관계를 나타내는 사랑스러운 용어다. 유아의 말로 시작한 것은 시간이 지나면서 없어져야 하는 것이 아니라 그와 반대로 성장해야 한다. 우리가 영원한 하나님의 사랑을 받는 자녀라는 것은 '성령에 의해서 우리 마음에 부어진' 지식이다(롬 5:5). 또 이것은 우리가 같은 성령에 의해서 평생 하나님을 하늘에 계신 우리의 아바라고 부르는 것에서 명백하게 드러난다. 하나님의 아들의 영을 통해서 하나님을 아바라고 부르는 것은 타락할 때 상실했던 '하나님을 전적으로 의지하는 우리의 관계'가 그 아들 예수에 의해서 회복되었음을 의미한다. 우리는 모든 것을 위해서 그를 의지할 수 있다. 성령의 체험을 통해서 신자는 하나님 앞에서 칭의의 지위를 얻을 뿐 아니라 자녀 됨의 특권, 곧 하나님과의 인격적 관계와 우의를 지속적으로 누리게 된다. 그리스도를 통해서, 또 성령에 의해서 '하나님 앞에 있을 수' 있는 것은 바울에게는 두려움이 아니라 확신의 근거가 된다(고후 2:17, 엡 2:18).

### 씻음, 중생, 생명을 줌

이 세 가지 이미지들을 함께 살펴보아야 하는 이유는 부분적으로 어떤 경우엔 그것들이 같은 본문 안에 나타나기 때문이며 부분적으로는 그것들이 제기하는 문제들이 함께 논의되어야 하기 때문이다.

1. 성령의 사역인 '씻음'의 이미지는 고린도전서 6장 11절에 처음으로 나타난다. 많은 사람들은 여기서 세례가 암시되어 있다고 본다. 이것은 특히 세례와 관련된 문구로 간주되는 '주 예수 그리스도의 이름으로'라는 구절이 뒤따르고 있기 때문이다. 그러나 이런 해석은 다른 곳에 나타난 바울의 사용례와 두 개의 전치사가 동사 세 개를 모두 한정하고 있는 문장의 구조와 맞지 않는다.[5] 다시 말해서 '우리 주 예수의 이름으로'와 '우리 하나님의 성령에 의해서'가 함께 '씻고 거룩하게 하고 의롭게 하셨다'는 세 개의 동사를 한정한다. 비록 이 표현이 간접적으로는 세례를 암시할 수 있지만 문맥에서는 특별히 9-10절에서 언급된 죄들과 관련해서 '죄를 씻는 것'으로 이해되고 있다. 여기서 요점은 성령이 특히 그러한 씻음의 수단으로 제시된다는 것이다.

이 이미지는 다시 디도서 3장 5절에서 '중생'과 '새롭게 함'이라는 이미지들과 함께 나타난다. 바울은 구원의 중심적 특성을 다음과 같이 (문자적으로) 말한다. "[하나님께서] 우리를 구원하시되…중생의 씻음과 성령의 새롭게 하심으로 하셨나니." 다소 해석상의 어려움이 있긴 하지만, 이 본문은 두 가지 경험(중생의 씻음과 성령의 새롭게 하심 = 세례와 견진례, 또는 회심과 성령 세례)이 아니라 한 가지 경험(성령에 의해서 효

---

5. *God's Empowering Presence*, 127-132에서 이 절을 분석한 것을 보라.

력을 갖게 되는, 중생과 새롭게 함을 포함한 씻음)을 가리키는 것으로 보는 해석이 가장 타당하다.[6]

그러나 이런 해석을 취하는 사람들 가운데서도 견해가 나뉜다. '씻음'이란 세례를 가리키는가, 아니면 더 단순하게 '죄를 씻는 것'을 가리키는가? 또 성령과 이 씻음의 관계는 무엇인가? 이것이 어쩌면 세례를 암시할 수 있다는 의심을 가질 필요는 없다. 그러나 바울이 '세례'라는 단어가 아니라 비유적 표현을 사용하고 있다는 것은 그가 세례 사건 자체가 아니라 표징을 강조하고 있음을 뜻한다. 마지막 문구인 '성령의'는 전체 의미를 이해하는 열쇠와 같다. 구원은 세례를 통해서가 아니라(이것은 바울에게는 낯선 개념이다) 성령의 사역을 통해서 받는다. 이 본문에서 성령의 사역은 새로운 신자의 삶에서 일어나는 '거듭남'(참조. 요 3:3)이나 '새롭게 함'으로 묘사된다.

2. 두 표현 '거듭남'과 '새롭게 함'은 바울 서신에 나타나는 성령에 의한 '중생'의 개념에 매우 가깝다. 그러나 이 개념이 자주 등장하지는 않더라도 그 뒤에 있는 생각은 바울에게 낯설지 않다. 우리가 그리스도인으로 살 수 있는 것은 성령에 의해서 생명을 받았기 때문이다(아래를 보라). 그러한 새로운 삶은 '새롭게 함'이라는 말로도 다르게 표현할 수 있다(참조. 롬 12:2, 골 3:10).

그러므로 그리스도 안에서 신자가 되는 것에 대한 바울의 이해에 절대적으로 기본적인 것은 단순히 우리가 하나님 앞에서 새로운 객관적인 지위—구속되고, 용서받고, 깨끗하게 되고 '의롭게 됨'—를 부

---

6. *God's Empowering Presence*, 777-784을 보라.

여받은 것이 아니라, 우리가 또한 '성령에 의해서…중생과 새롭게 함을 포함하는 씻음을' 받았다는 것이다. 하나님은 성령을 통해서 사람들이 과거에 지은 죄들을 씻겨주신다. 또한 성령에 의해서 하나님은 그들을 당신의 백성으로 변화시키며, '거듭나게 하시고' '새롭게 하심으로' 자신들의 삶 속에서 당신의 형상을 반영하게 하신다.

바울은 근본적인 변화가 회심의 시초에 일어난 것으로 이해한다. 이것은 우리 전체 삶이 새롭게 방향을 설정했다는 의미다. 이러한 새로운 방향 설정은 직접적으로 성령의 사역과 연결되어 있다. 신학적으로 우리는 이것을 중생— 이 이미지는 바울의 견해에서 중심적인 것은 아니지만—이라고 부를 수 있다. 바울의 주된 초점은 항상 그리스도의 사역에 있기 때문에 신자에게 일어난 것은 '죽음'과 '부활'이다(고후 5:14, 갈 5:24, 롬 6:1-6, 골 2:20-3:4). 그리고 이것은 '생명을 주는 성령'을 경험하는 회심의 시작점이다.

3. 구약성경에서 하나님에 대해서 무엇을 말하든지, 그분에 대한 주된 사실은 그분의 이름에서조차 계시되는 대로 야훼께서 살아 계시며 생명을 주시는 하나님이라는 것이다. 하나님이 살아 계시고 살아 있는 모든 자들에게 생명을 주신다는 사실은 근본적인 성경적 신앙이다. 기독교 회심에 대한 바울의 이해에 있어서 핵심은 신자가 받은 성령은 그리스도께로 돌아오는 자들에게 '생명을 주시는'(고후 3:6) '생명의 성령'(롬 8:2, 6)이라는 사실이다. 바울에게서 옛 것(육체, 죄, 토라 준수)은 십자가에 못박혔다(갈 5:24). 우리는 그리스도와 함께 일으킴을 받고 '성령의 새로운 것' 안에서 산다(롬 7:6). 바울은 "누구든지 그리스도 안에 있으면 새로운 피조물이라"고 외친다(고후 5:17). "이전 것('육신을 따르는' 삶)은 지나갔으니 보라 새 것('성령을 따르는' 삶)이 되었도다."

이런 이유 때문에 바울의 관점에서 볼 때 기독교 회심은 '새로운 삶'을 사는 것을 포함한다. 따라서 바울은 육체가 그리스도와 함께 십자가에 못 박혔다고 말한 뒤에, "만일 우리가 [그리스도와 함께 십자가에 죽은 후에] 성령으로 살면 또한 성령으로 행할지니"라고 간청한다(갈 5:25). 바울이 볼 때 생명을 주시는 성령님이 오셨는데도 신자가 생명—현재와 영원한 생명—을 얻지 못한다는 것은 있을 수 없는 일이다. 그러한 생명 자체는 성령에 의해서 주어진 근본적으로 새로운 하나님의 생명 안에 나타난다.

그러므로 성령의 사역인 기독교 회심을 바라보는 바울에게 회칠한 죄인, 즉 여전히 죄인이면서 어쨌든 하나님 앞에서 의롭게 된 사람이 설 자리는 없다. 바울이 알고 있는, 그리스도에게로 가는 유일한 길은 그 안에서 신자 자신의 삶이 생명을 주시는 성령에 의해서 점령되는 것이다. 성령은 십자가의 구속 사역을 적용하며 또한 '마음을 새롭게 함'으로써 우리를 내부로부터 변화시키신다(롬 12:2). '이전'과 '이후'를 언급하는 바울의 모든 메타포들은 동일한 방식으로 성령이 가져오는 삶의 근본적인 변화를 말한다(죽음/생명, 옛사람/새사람, 어두움/빛 등). 다음 이미지에서는 삶의 근본적인 변화에 초점을 맞춘 것이다.

### 성화

바울은 '성화'라는 용어를 회심 이후의 은혜의 사역에 대한 언급이 아니라 주로 회심을 가리키는 비유로 사용한다. 이것을 데살로니가후서 2장 13절에서 가장 분명하게 볼 수 있다. 여기서 바울은 데살로니가 성도들의 구원 경험을 '성령의 거룩하게 하심과 진리를 믿음으로' 일어난 것으로 말한다.

이 이미지는 신성한 제의와 기구들이 하나님께 정화됨으로써, 즉 오직 하나님의 거룩한 목적을 위해서만 구별됨으로써 거룩하게 되는 유대인의 종교적인 관행에서 끌어온 것이다. 이와 동일한 이미지는 특별히 로마서 15장 16절에 나타난다. 여기서 이것은 바울의 사역으로 생겨난 이방인 회심자들을 가리킨다. 로마에 있는 유대 그리스도인들은 하나님께서 성령으로 거룩하게 하신 자들을 '열등하거나 부정하다'(할례를 받지 않았기 때문에)고 부르지 말아야 했다. 이방인들이 성령을 받은 것은 하나님 자신을 위해서 이방인과 유대인으로 구성된 거룩한 제물을 창조하는 하나님의 궁극적인 행위였다.

다른 한편 바울은 고린도인들의 회심을 가리키는 데 동일한 이미지를 사용한다. 그가 이렇게 한 것은 회심이 과거에 그들이 행하던 잘못된 행동을 금지하는 성령의 거룩하게 하는 사역을 포함한다는 사실을 강조하기 위해서였다(고전 6:11). 바울은 "너희 중에 이와 같은 자들이 있더니…우리 하나님의 성령 안에서…의롭다 하심을 받았느니라"고 주장한다.

・・・・・◆・・・・・

이것들에 '기름부음' '인침' '보증금' '첫 열매'(제5장을 보라)의 이미지를 더함으로써 확고한 결론들을 이끌어낼 수 있다.

1. 다양한 이미지와 표현을 사용했다는 것은 회심을 하나의 이미지만으로는 다 설명할 수 없다는 것을 보여준다. 그리스도인이 회심할 때 성령에 의해서 적용된 그리스도의 사역 역시 한 가지 이미지만으로는 표현할 수 없는 많은 측면을 가지고 있다. 대부분의 경우, 어떤 이

미지를 선택하느냐는 인간이 처한 상황이 그 문장 속에서 어떻게 그려지느냐와 관련이 있다. 속죄는 우리가 하나님의 저주 아래 있다는 상황에서 사용하는 이미지다. 구속은 우리가 죄의 노예라는 사실과 관련되어 있다. 칭의는 하나님의 율법 앞에 서면 우리가 유죄라는 사실과 연결된다. 화해는 우리가 하나님의 원수라는 사실과 관련되어 있다. 성화는 우리가 거룩하지 않다는 것과 관련되어 있다. 씻음은 우리가 부정하다는 사실과 관련이 있다.

2. 이미지들은 그 순간에 무엇을 강조하느냐와 관련해서 사용되는 경향이 있다. 따라서 문맥 안에서 강조하고자 하는 것이 중요하지, 회심의 정확한 시점이나 관계들이 중요하지는 않다는 것이다.

3. 성령님이 신자의 삶에 들어오시지 않는 기독교 회심이란 존재하지 않는다. 아무리 다양하게 표현해도 성령의 임재는 변하지 않는 결정적인 요소다.

그러나 여기서 모든 것을 다 말하지는 않았다. 이번 장의 증거는 그리스도를 믿을 때 성령의 임재를 체험하지 못한 사람들은 성경적인 신앙을 가지지 못했다는 것을 의미하는가? 결코 그렇지 않다. 성령의 은사가 느낄 수 없을 만큼 아주 잠잠하게 왔더라도 그리스도를 믿는다면 우리 모두는 성령을 받은 것이다. 이번 장의 요점이 포스트모던 시대를 살아가는 그리스도인을 향해 던지는 의미는, 오직 성령만이 우리를 그리스도 안에 이르게 할 뿐 아니라 궁극적으로 그리스도인이 누리는 삶의 전부이기도 하다는 것이다.

성령의 오심이 오늘날 많은 사람들이 경험하는 것보다 바울이 목회한 교회들에게서 생생하게 체험된 실체였다는 것은 아마도 그들의 기대와 많은 관련이 있는 것 같다. 성령 체험에 대해 과거와 현재가 차이가 나는 것은 우리들 대부분이 부모에 의해 간접적인 방법으로 그리스도인이 되었다는 데 기인한다고 본다. 그런 면에서 우리는 어쩌면 '2세대 그리스도인'이라고 부를 만하다. 그러면 우리는 언제 성령을 체험하는가? 성령을 체험함으로 신자가 되는 것은 지금도 이 세상 곳곳에서 흔히 일어난다. 확실한 것은 우리가 그런 방식으로 신자가 되지는 않았더라도, 아마 지금보다 훨씬 더 체험적으로 성령 안에서의 삶을 살 수 있다는 것이다. 이런 면에서 성령은 변화되지 않은 것이다.

또한 그리스도의 구원 사역에서 성령님이 맡으신 역할에 대해서 더 많은 내용을 말할 필요가 있다. 바울은 그리스도에게까지 성장하는 것을 포함하지 않은 회심을 전혀 이해하지 못했을 것이기 때문이다. 그에게 성령은 그리스도 안에서 살아가는 삶에 본질적인 요소였다. 그러면 회심한 사람은 무엇과 같은가? 성령의 사람, 곧 성령으로 시작할 뿐 아니라 성령 안에서 살아야 하는 사람이 된다는 것은 무엇을 뜻하는가? 이것은 다음 두 장에서 다룰 주제다.

# 9
## 회심: 머물기 I
성령과 바울의 윤리

> :::
> 성령님은 하나님의 이름을 위해 새 백성을 구성할 때, 율법의 목적을 성취하시며 의로운 삶을 살게 함으로써 '육신'과 대립한다.

나는 '영원한 안전'과 '일단 구원을 받았으면 영원히 구원을 받은 것'이라는 구호들을 골칫거리로 간주하는 교회에서 자랐다. 이런 구호들을 얘기하는 사람들은 일부러는 아니더라도 '안일한 신앙'과 '값싼 은혜'를 조장한다는 말을 듣곤 했다. 다시 말해서 그들은 구원을 받으려고 그리스도를 믿지만 삶에서는 믿음을 드러내지는 못한다는 것이다. 이미 영원한 구원을 받았다면 어떻게 살아야 할 것인가에 대해서 왜 그토록 신경을 써야 하는가? 나중에서야 나는 이런 말이 성도의 견인이라는 칼빈의 교리를 통속적으로 왜곡한 데서 기인한 것임을 알게 되었다. 칼빈은 하나님께서 자신의 거룩한 백성, 즉 성도들을 끝까지 지키실 수 있고 그런 의미에서 그들이 영원히 안전하다고 (바르게) 믿었던 것이다. 그러나 불행하게도 칼빈주의로 옹호되는 일부 내용은 때때로 불신자, 곧 하늘의 시민은 되지 않은 채 하늘나라에 가는 여권만을 얻기 바라는 사람들에게 그릇된 안정감을 제공했다.[1]

바울의 관점에서 이보다 더 멀리 벗어난 것도 없다. 구원이란 들어가기와 머물기 둘 다와 관계가 있다. 구원을 얻는다는 것은 성령님에 의해 하나님의 백성에 합류하는 것을 의미한다. 또 구원을 얻는다는 것은 구원 얻은 자의 삶을 사는 것을 의미한다. 우리가 성령에 의해 생명을 얻은 것은, 지상에서 성령에 의해 하늘의 삶을 살기 위해서다. 이는 성령 안에서 살며 성령에 의해 인도를 받고 성령에게 심기면서 사는 것이다. 동일한 성령이 우리 안에 신앙을 심어 믿게 할 뿐 아니라(고후 4:13), 우리 삶 안에 성령의 열매를 맺게 하는데, 그 가운데 충성이 포함된다(갈 5:22). 여기서 충성이란 '하나님의 방식으로 신실하게 사는 것'을 뜻한다. 그러므로 신자가 의를 단지 선택 사항으로만 보는 것은 상상할 수 없는 일이다.

그리스도인 공동체에서 그리고 세상에서 하나님의 백성으로 산다는 것은 무엇을 뜻하는가? 그것은 윤리와 관련된 문제이며 이번 장에서 다룰 내용이기도 하다. 성령 안에서 사는 삶은 단순히 윤리적으로 바르게 행동하는 것 이상의 의미를 가진다. 예배, 하나님과의 관계, 일상 생활을 포함하는 새 언약의 삶은 성령 안에서 성령에 의해 이루어

---

1. 나는 대중적인 차원에서 논쟁을 보완하느라, '영원한 안전'을 너무 지나치게 성토하다가 종종 불안전한 구원에 빠지고 말았다는 점을 덧붙여 말해야 한다. 이것을 내 식으로 표현하자면 당시에 교인 가운데 상당수가 주중에 죄를 범했기 때문에 매 주일 밤마다 '구원을 받곤' 했다. 이런 나쁜 신학 때문에 우리는 영적 신경쇠약에 무수히 시달렸다.

지는 삶이다. 윤리적인 삶은 종종 바울의 서신들에서 중심적인 자리를 차지하고 있다. 또 그 내용 가운데 성령이 자주 언급되고 있으므로 이번 장에서는 그리스도인의 윤리를 성령 안에서 사는 삶으로 보는 바울의 이해에 초점을 맞추려고 한다.[2]

## 성령과 윤리적인 삶

많은 사람들에게 '기독교적인 행동'이라 함은 매우 의미가 분명하다. 그들은 바울의 다양한 명령들을 새로운 율법의 형태로 읽고, 각 명령마다 동일하게 높은 가치를 부여하면서 그것들을 준수하려고 애를 쓴다. 이웃 사랑, 머리에 수건을 쓰는 것, 용서, 교회에서 여자가 잠잠하는 것, 성적 순결, 먹고 마시는 것, 이 모든 것을 동일한 무게를 지닌 것으로 간주한다. 그들은 신자가 은혜로 구원을 얻었더라도, 하나님께서 삶의 모든 측면에서 신자들이 그분의 명령에 따라 살기를 기대하신다고 생각한다. 그러나 이런 견해는 바울의 생각을 오해한 나머지 너무 단순하고 또 지나치게 엄격한 윤리로 만들 뿐이다.

---

2. 바울 윤리의 문제에 대해서는 특별히 V. P. Furnish, *Theology and Ethics in Paul* (Nashville: Abingdon, 1968)을 보라. 바울 윤리에서 성령의 역할에 대해서는 특별히 E. Käsemann, *Commentary on Romans* (Grand Rapids: Eerdmans, 1980) 324-325을 보라. 또한 *God's Empowering Presence*에서 데살로니가전서 4장 8절, 데살로니가후서 2장 13절, 고린도전서 6장 19-20절, 갈라디아서 5장 5-6절, 13-15절, 16-18절, 19-23절, 24-26절, 6장 1-3절, 로마서 6장 1절-8장 39절, 7장 5-6절, 14절, 18절, 8장 1-2절, 3-4절, 5-8절, 12-13절, 13장 11-14절, 14장 16-18절, 에베소서 4장 3-4절, 30절을 다룬 부분을 보라.

무엇보다 그렇게 되면 바울이 제기하는 윤리가 단지 개인적인 규범으로만 기능하게 된다. 하나님의 교회를 이루는 다른 불완전한 사람들과 함께 믿음의 삶을 살아가기보다 따로 떨어져 혼자 그리스도인으로 사는 것은 훨씬 쉽다. 그런 태도는 기독교의 윤리를 다른 사람들을 돌아보는 것이 아니라, 먹고 마시는 것과 같이 별 것 아닌 일과 관련되고, 또 쉽게 행할 수 있는 행동 수칙들로 변질시키기 때문에 너무 쉽다. 동시에 그런 시각은 윤리를 율법의 관점에서 생각하고, 잘못을 용서하는 것과 싫은 사람을 사랑하는 것을 불가능한 일로 보게 만들므로 너무 엄격한 것이 돼버린다. 그런 윤리는 성령님께 능력을 받고 미래의 삶을 더불어 사는, 하나님의 자녀들이 맛볼 수 있는 영광스러운 자유를 잃고 만다.

그러므로 이번 장에서는 두 가지 문제를 다루겠다. 첫째, 그리스도인이 지켜야 하는 윤리는 개인에게만 국한되어, 하나님과 일대일로 상대하는 혼자만의 거룩을 추구하지 않는다. 오히려 기독교 공동체와 더불어 세상 안에서 성령의 삶을 사는 것을 의미한다. '들어가기'와 마찬가지로 '머물기'에서도 바울은 공동체를 강조한다. 그는 도시 속에 있는 하나님의 백성인 지역 교회에 관심을 갖는다. 그러므로 그들에게 부여한 대부분의 교훈들은 전체 교회를 염두에 둔 것으로, 2인칭 복수로 제시된다. 그러나 이런 교훈들은 개인 차원에서 경험되고 지켜질 수 있는 방식으로 표현된다. 예를 들어, 에베소서 5장 18절에서 "성령으로 충만함을 받으라"는 명령은 신자들이 다양한 종류의 노래로 서로를 가르쳐야 하는 공동체라는 환경에서 주어진다. 하지만 이것은 그 특성상 먼저 개인 신자들에게 적용된다. 이는 공동체가 성령으로 충만해지기 위해서는 개인 신자들이 먼저 그 권면에 응답해야 하기 때문이다.

두 번째 문제는 윤리는 율법 아래 계속 살고 있는 것처럼 위장된 삶이 아니라 성령 안에서 사는 삶과 관계가 있다는 것이다. 하나님은 그리스도와 성령을 통해 우리를 구원하심으로 우리를 백성으로 삼으셨다. 하나님이 세우신 백성들은 이 세대에서 미래의 삶을 살고, 또 먼저 그리스도 안에서, 다음으로는 성령에 의해 나타난 하나님의 성품을 드러내는 삶을 사는 종말의 백성이다. 하나님의 새로운 임재인 성령님은 자기 백성에게 생명을 주고, 그들을 자기 이름을 위해 생명의 길로 인도하신다.

두 번째 문제는 바울의 윤리에서 율법이 담당하는 역할과 일부 관련이 있다. '율법의 행위'와 '은혜로 인한 칭의' 사이에서 씨름을 할 때마다, 바울은 "의가 율법이 아닌 은혜에 의해 이루어진다면, 행위에 있어서의 의로움은 어떻게 가능한가?"라는 질문에 대한 열쇠로 언제나 성령을 제시한다. 이 문제에 대해 바울이 말하는 일부 내용이 많은 사람들에게 모호하게 보이므로, 우선 이 문제를 풀기 위해 '성령 윤리'를 살펴보기로 하자.

### 성령과 새 언약

이스라엘을 하나님의 백성으로 구별하는 근거는 하나님의 임재였으나, 그들이 하나님의 백성이라는 정체성을 가질 수 있는 것은 토라, 곧 율법에 대한 순종 여부에 달려 있었다. 그래서 유대교에서 완전히 벗어나지 못한 그리스도인들은 항상 바울 뒤를 좇아 그의 교회에 들어가서 그리스도를 믿는 자들이 하나님의 백성이 되려면 반드시 토라를 지켜야 한다고 주장했다. 반대로 바울은 새 언약 시대에는 오직 성령만이 하나님의 백성의 정체성을 갖게 한다고 주장했다.

성령의 영감을 통해 주어졌다는 점에서 토라는 '신령했고'(롬 7:14), 또 영광과 함께 주어졌다(고후 3:7). 그런데도 옛 언약, 곧 율법 언약이 실패한 이유는 토라와 함께 능력을 부여하는 성령이 수반되지 않았기 때문이다. 실제로 율법은 돌비에 새겨졌으며, 이는 바울이 볼 때 율법의 생명 없음과 백성을 자유롭게 하지 못하는 근본적인 무력함을 의미한다. 그것은 죽음으로 이끄는 율법 조문의 언약(순종을 요구하는, 단순히 기록된 율법)이었다(롬 2:29, 7:6, 고후 3:5-6). 또 사라지는 영광을 가리기 위해 모세의 얼굴을 덮었던 것과 같은 수건이 지금도 율법이 읽혀질 때 그것을 듣는 모든 이의 마음을 덮는다(고후 3:14).

대조적으로 새 언약은 생명을 주시는 성령님을 통해 '육의 마음 판'(고후 3:3)에 쓰인다. 새 언약의 '할례' 의식은 성령님에 의해 이루어지는 '마음의' 할례다(롬 2:29). 복음과 그 직분에는 훨씬 더 크고 오래 지속되는 영광, 성령의 직분이 따른다(고후 3:8). 새 언약의 내용인 그리스도가 성령에 의해 부여되기 때문에 새 언약은 생명을 준다. 우리가 주님의 영광을 보는 것(또 우리가 그 영광으로 변화되는 것)은 성령을 통해서다(고후 3:4-18). 약속된 새 언약은 옛 언약을 대체했으며 성령의 오심으로 그것이 입증된다.

이 견해의 핵심은 바울이, 에스겔서 36장 26절부터 37장 14절에 비추어 읽힌 예레미야서 31장 31-34절의 새 언약에 대한 약속이 성령의 오심으로 성취되었다고 이해한 점이다. 새 언약이 필요했던 이유는 옛 언약이 (하나님의 백성의 신분이 할례와 절기의 준수와 음식법에 의해서 결정되거나 하는 것처럼) 충실한 법 준수를 요구했지만, 참된 의, 곧 순종하는 마음에서 나오는 의를 끌어내는 데는 실패했기 때문이다. 구약성경은 예배와 삶의 방식에서 백성들이 하나님의 성품을 드러내게 하기 위해 하나님이 토라를 주셨다고 매우 분명하게 말하는데, 이것이 바로 성령이 감당해야 하는 매우 중대한 역할이다.[3]

새 언약의 일부로 약속된 성령은 옛 언약이 요구는 했으나 끌어내는 데는 실패했던 의를 끌어낸다. 지금은 유대인과 이방인들이 토라와 별도로 아무 차별 없이 성령을 체험한다. 따라서 토라 없는 이방인의 구원이 쟁점이 될 때마다, 약속된 새 언약의 종말적 성취인 성령이 바울의 논증에서 중심 역할을 한다.[4]

### 성령에 의해서 토라 준수가 중지됨

새 언약 아래서 토라를 대체하고 토라가 요구하는 의를 성취한 성령의 오심은 바울 서신을 읽을 때 만나는 성가신 문제, 즉 "바울의 율법관을 어떻게 이해할 것인가?"[5] 하는 문제를 푸는 열쇠다. 여기서 발생하는 근본적인 어려움은 율법에 대한 바울의 많은 진술들에 대해서 우리가 느끼는 긴장에서 비롯된다. 그는 때로 율법이 구시대의 잔재인 것처럼 부정적으로 말한다. 그러면서도 때로는 같은 문맥 안에서 토라가 좋은 것이며 믿음에 의해 굳게 세워지는 것이라고 긍정적으로 말

---

3. 일례로 다수의 그런 본문들 가운데 이사야서 58장의 강력한 호소를 보라.
4. *God's Empowering Presence*에서 고린도후서 3장 1절-4장 6절(참조. 11:4), 갈라디아서 3장 1절-4장 7절, 4장 29절, 5장 1-6절, 13-24절, 로마서 7장 4-6절, 8장 1-30절, 빌립보서 3장 2-3절을 다룬 부분을 보라.
5. 바울과 율법 논쟁에 대한 유용한 소개서로는 S. Westerholm, *Israel's Law and the Church's Faith: Paul and his Recent Interpreters* (Grand Rapids: Eerdmans, 1988), F. Thielman, *Paul and the Law: A Contextual Approach* (Downers Grove: InterVarsity Press, 1994)를 보라.

하기도 한다. 여기서 우리는 다른 곳에서처럼 구약성경과 관련해서 연속성과 비연속성을 동시에 지닌 바울의 복잡한 상태에 직면한다.

바울은 율법이 죄를 알게 하거나(롬 3:20, 7:7-12) '죄를 불러일으키는'(7:5) 것이라고 말한다. 사실 율법은 '범죄를 더하게 하려고' 주어진 것이다(5:20). 율법 아래 있는 것은 옥에 갇히는 것이고 종이 되는 것이며(갈 3:23, 4:1), 사라가 아니라 하갈의 자녀가 되는 것을 뜻한다(갈 4:21-31). 율법은 죄를 더하고 정죄한다(고후 3:9). 또 율법으로는 무엇인가를 행하는 데 무력하다(롬 7:14-25, 8:3). 이런 이유로 율법은 궁극적으로 생명이 아니라 죽음을 부른다(고후 3:6, 갈 2:19, 롬 7:5, 9). 토라 준수를 강조하는 자는 '손할례당'이며(빌 3:2, 개역한글) 그리스도의 원수다. 바울은 그들 스스로 생식기를 베어버리라고 말한다(갈 5:12). 그러므로 그리스도와 성령의 오심과 함께 토라의 시대는 끝났다(롬 10:4, 갈 5:18, 23). 이 모든 본문들은 분명 비연속성을 강조한다.[6]

한편, 바울은 율법을 '거룩하고 신령한' 것으로, 또 그 요구들을 '거룩하며 의롭고 선한' 것으로 본다(롬 7:12, 14). 유대인들이 가진 유일한 특권은 그들이 '하나님의 말씀을 맡았다는' 것이다(3:2, 참조. 9:4). 또 바울은 그 말씀이 하나님의 백성들에게 여전히 권위를 가진 것으로 보고 그것에 거듭 호소한다. 따라서 믿음은 율법을 폐하지 않고 도리어 그것을 굳게 하거나 세운다(3:31). 할례가 무익하다고 해도, 하나님의 계명은 그렇게 될 수 없다(고전 7:19).

그러면 율법에 대한 이런 다양한 진술들을 어떻게 조화시킬 것인

---

6. 바울과 율법에 대한 많은 문헌들은 바울과 같은 유대인이 토라에 대해서 어떻게 그런 비유대적인 견해를 가질 수 있었는지를 설명해야 할 필요성에서 비롯되었다.

가? 전통적인 방법은 신학적이다. 즉 율법은 하나님과 바른 관계를 획득하는 수단이었으나 이제는 그 시대가 끝났고, 그리스도를 믿는 믿음에 의해서 대체되었다는 것이다. 그러나 이 견해는 마치 율법 준수가 구약성경에서 하나님의 은혜를 얻는 수단으로 제시된 것처럼 보는, 구약성경을 제대로 읽지 못한 데서 비롯된 결과다. 시편 19편과 119편의 저자는 결코 그렇게 생각하지 않는다.

이 문제의 해결점은 성령이 지닌 역할에 대한 바울의 이해에서 찾을 수 있다. 이 문제를 우선적으로 다루는 서신인 갈라디아서에서 바울이 제시한 논증의 핵심은 믿음으로 얻는 의가 아니라, 약속된 종말의 성령 체험이다. 그리스도가 죽으심으로 율법의 저주('믿음'으로가 아니라 '율법을 행함'으로 살아야 한다는 것)가 끝났다(갈 3:10-14). 성령의 오심으로 말미암아 하나님 백성의 신분을 규정하는 율법의 기능이 폐지되었다. 바울은 "성령의 인도하시는 바가 되면 율법[토라] 아래에 있지 아니하리라"고 말한다(5:18). 성령의 열매를 맺는 자들에게는 '율법이 없는' 것이다(23절). 따라서 바울에게 성령은 사실상 토라의 마침을 뜻한다. 어떻게 그런가? 토라는 의를 이루지 못했지만, 성령은 "그 영을 따라 행하는 우리에게 율법[토라]의 요구가 이루어지게" 하기에 충분하기 때문이다(롬 8:4).

여기에 비연속성과 연속성이 놓여 있다. 성령의 시대에 비연속성은 토라 준수라는 영역에 있다. 즉 하나님 백성의 신분을 결정하거나 또는 하나님과의 관계를 확립하는 방법으로는 율법을 준수하지 않는 것이다. 이 점에서 바울은 절대적이고 단호하게 자신의 유대 전통과 단절한다. "할례 받는 것도 아무것도 아니요 할례 받지 아니하는 것도 아무것도 아니로되 오직 하나님의 계명을 지킬 따름이니라"(고전 7:19).

할례가 아무것도 아니더라도 그것이 하나님의 백성 가운데서 자신들의 존재에 아무 중요한 의미가 없다는 것을 인식하는 한, 원한다면 유대인 부모들은 계속해서 자기 아들에게 할례를 행할 수 있다. 그러나 또한 할례가 아무것도 아니기 때문에 그것을 이방인에게 강요할 수 없다. 그렇게 하는 것은 할례에 종교적인 중요성을 부여하는 것이기 때문이다. 연속성은 성령이 하나님의 백성들을 하나님의 길로 인도함으로써 토라를 '성취하는' 데 있다. 즉, 토라가 본래 요구했던 의를 이루는 것, 곧 자신의 행동뿐 아니라 성품에서도 하나님의 형상을 드러내는, 하나님의 이름으로 일컫는 백성으로 살아가는 것이다.

성령의 열매란 성령이 신자의 삶에서 하나님의 의(하나님의 특성을 나타내는 의)를 끌어내는 것과 다름없다. 이것이 일어날 때 토라가 성취되고, 이렇게 하여 사실상 토라는 폐지된다. 그러나 구약성경의 일부로서 토라는 결코 폐지되지 않는다. 이런 의미에서 토라 역시 의의 수단이나 정체성의 수단이 아니라 우리에게 하나님의 의를 지적해주는 수단으로서 계속 존재할 것이다. 그리고 하나님의 의는 이 세대에서 종말적 미래를 살아가는 우리 삶 속에서 성령님이 성취하실 것이다.[7]

---

7. 이런 다양한 결론으로 이어지는 주석에 대해서는 *God's Empowering Presence*에서 고린도후서 3장 1-18절, 3장 4-6절, 7-11절, 갈라디아서 3장 1-5절, 14절, 4장 4-7절, 29절, 5장 5-6절, 13-15절, 18절, 19-23절, 로마서 2장 29절, 7장 5-6절, 14절, 18절, 8장 1-2절, 3-4절, 12장 1-2절, 빌립보서 3장 3절을 다룬 부분을 보라.

## 기독교 윤리의 성격

고린도전서 7장 19절에 따르면 할례는 아무것도 아니지만 '하나님의 계명을 지키는 것'은 중요하다. 여기서 바울은 다시 율법을 뒷문으로 불러들이고 있는가? 그것은 아니다. 단지 바울은 자기 백성의 삶에서 하나님의 성품의 표현인 '의'가 선택 사항이 아님을 말하고 있을 뿐이다. 의가 필요한 이유는 토라 준수를 폐지하고 토라가 요구하는 의를 직접 성취하시는 성령님이 오셨기 때문이다. 토라가 목표로 삼았던, 자기 백성 안에 반영된 하나님의 의를 토라는 이룰 수 없었으나, 성령님은 하실 수 있다. 바로 여기에 성령 윤리의 핵심이 있다. 오직 하나님과 그분의 성품과 관련된 것들만이 절대적인 것으로 간주된다. 다른 모든 것은 아디아포라(adiaphora), 즉 비본질적인 것이다.

이 문제들에 대한 바울의 입장은 로마서 14장 17절에 분명하게 표현되어 있다. 이 본문은 로마 교회에서 일어난 실제적인 윤리 문제에 대해서 바울이 대답한 내용의 핵심에 자리잡은 신학적 주장이다. 어떻게 특정 종교의 규칙을 따르는 자들이 그렇게 하지 않는 자들과 함께 한 하나님의 백성으로 살면서, 한 입으로 하나님 곧 우리 주 예수 그리스도의 아버지께 영광을 돌릴 수 있는가?(롬 15:6) 바울의 대답은 종교 규칙을 준수하는 자들이 준수하지 않는 자들을 정죄하지 말아야 하며, 준수하지 않는 자들은 준수하는 자들을 업신여기지 말아야 한다는 것이다(14:1-6). 이렇게 해야 하는 이유가 무엇인가? "하나님의 나라는 먹는 것과 마시는 것(전혀 비본질적인 것들)이 아니요 오직 성령 안에 있는 의와 평강과 희락"이기 때문이다(14:17). 먹고 마시는 것은 중요하지 않다. 오직 의와 평강과 희락이 중요하다. 따라서 성령은 바울이 주장하는 윤리의 중심이다. 이것은 첫째, 그리스도 안에서 하나님의 백성에게 의를 요구하지 않는 구원이란 없기 때문이다. 그들은 의를 행함으로 구원을 받지 않는다. 이것은 생각할 수조차 없는 일이다. 행위로서의 의는 구원에 들어가기 위해 요구되는 순종이 아니라, 성령의 능력으로 이루어지는 것이기 때문이다. 그러나 바로 이런 이유에서 윤리적인 삶도 요청된다. 들어가기와 머물기는 둘 다 성령의 사역이며, 바울은 그 둘을 서로 분리된 것으로 보지 않기 때문이다.

둘째, 성령은 바울이 생각하는 윤리의 핵심이다. 실제로 기독교 윤리는 오직 성령의 능력으로만 가능하며, 율법의 준수로는 이룰 수 없기 때문이다. 사람들은 토라를 준수함으로 '종교적'인 존재가 되려고 할지 모른다. 그러나 자신들의 삶에서 하나님의 의를 끌어낸다는 의미에서 본다면 그들을 참으로 '종교적으로' 만들 수는 없다. 성령의 백성은 하나님을 기쁘게 하고자 소망할 뿐만 아니라 성령의 능력을 받아서 그렇게 한다.

이런 이유 때문에 또한 성령의 윤리는 새로워진 마음과 함께 시작된다(롬 12:1-2, 참조. 골 1:9, 엡 1:17). 오직 이런 방식으로만 하나님의 뜻이 무엇인지 알 수 있고, 따라서 하나님을 기쁘게 할 수 있기 때문이다. 성령에 의해 새로워진 마음을 가질 때 비로소 사랑이 모든 것을 지배해야 한다는 말을 이해할 수 있고, 오직 그런 새로워진 마음에 의해서 지고의 사랑을 깨달을 수 있다. 말해야 할 때가 있고 침묵해야 할 때가 있다. 다른 사람의 짐을 져야 할 때가 있고 다른 사람의 성장을 위해서 그렇게 하지 말아야 할 때가 있다. 오직 성령을 의지할 때만 하나님을 기쁘게 하는 것이 무엇인지 알 수 있다.

이와 관련해서 골로새서와 에베소서 본문들이 특히 중요하다. 바울이 맞서고 있는 골로새 이단의 특징과 형태가 분명하진 않더라도 다음과 같은 내용이 포함된다는 것에는 의문의 여지가 없다. 첫째, 환상에 근거한 헛된 것(지혜, 소위 철학 등)에 호소함, 둘째, 금욕적 이상주의에 가까운 종교적인 의를 강조함("붙잡지도 말고 맛보지도 말고 만지지도 말라"). 이 서신의 앞부분에서 바울은 골로새 성도들이 "모든 신령한 지혜와 총명에 하나님의 뜻을 아는 것으로 채[워지도록]"(골 1:9-11) 그들을 위해서 기도한다. 이것은 그들이 주님께 합당하게 행하여 주님을 기쁘게 하기 위해서다(참조. 롬 12:1-2).

따라서 바울은 그들에게 기독교 규칙들을 주어 그것에 따라 살게 하기보다는 그들에게 성령님을 소개한다. 성령의 지혜와 통찰력을 통해 그들은 규칙에서 벗어나, 성령님에 의해 "자기를 창조하신 이의 형상을 따라 지식에까지 새롭게 하심을 입은" 자의 삶을 살아야 한다(골 3:10). 이어서 바울은 갈라디아서 5장 22-23절에 제시된 성령의 열매를 생각나게 하는 언어로 창조주의 성품을 말한다(12절). 이것은 성령을 통해서 오는 새로운 형태의 계시다. 성령은 윤리적인 삶이 하나님 성품의 반영이라는 논리로 하나님의 뜻을 계시한다.

그러므로 바울에게 윤리는 궁극적으로 순수하고 단순한 신학적인 쟁점, 즉 알려진 하나님의 성품과 관련된 쟁점이다. 모든 것은 하나님 자신, 그리고 그리스도와 성령 안에서 하나님이 행하신 것과 관련되어 있다. 따라서 첫째, 기독교 윤리의 목적(또는 근거)은 하나님의 영광이다(고전 10:31). 둘째, 기독교 윤리의 원형은 하나님의 아들, 그리스도 자신이며(고전 4:16-17, 11:1, 엡 4:20), 우리는 그의 형상을 본받기 위하여 미리 예정되었다(롬 8:29). 셋째, 기독교 윤리의 원리는 사랑이다. 이는 바로 사랑이 하나님의 본질에 속한 것이기 때문이다.[8] 넷째, 기독교 윤리의 능력은 성령, 하나님의 영이다.

그러므로 성령님이 본질적인 역할을 수행하신다. 하나님의 영은 그리스도의 영이므로, 또 첫 번째로 언급된 성령의 열매가 사랑이므로, 성령님이 윤리적 행동을 할 수 있도록 신자에게 능력을 주실 뿐 아니라 신자 안에 내주하심으로써 윤리적 행동의 원형과 원리를 재생산하신다.

**성령 안에서/성령에 의해서 살아감** [9]

성령의 중심적인 역할은 갈라디아서 5장 13절-6장 10절에 가장 명확하게 제시되어 있다. 여기서 바울은 프뉴마티(pneumati, '성령 안에서/성령에 의해서')라는 표현으로 수식되는 일련의 동사들을 사용해, 갈라디아 성도들에게 그들을 회심하게 만든 동일한 성령에 의해 '마치라'고 요청한다(갈 3:3). 그들은 "성령을 따라 행하라"는 명령과 함께 그렇게 살 때 "육체의 욕심을 이루지 아니하리라"는 약속을 받는다(16절). 그런 사람들은 '성령의 인도를 받는데' 이것은 '성령의 열매'로 입증된다(5:22-23). 또 그들은 토라 아래 있지 않게 된다(18, 23절). 그들은 '성령으로 살기 때문에'(= 생명을 주시는 성령에 의해 생명을 얻었기 때문에), 또한 '성령으로 행해야' 한다(25절). 마지막으로 오직 이렇게 '성령을 위해 심

---

8. 이에 대한 본문들은 아주 많다. 갈라디아서 5장 13-14절, 고린도전서 8장 2-3절, 13장 4-7절, 로마서 13장 8-10절, 골로새서 3장 14절, 에베소서 5장 2절, 25절.

9. *God's Empowering Presence*에서 갈라디아서 5장 13절-6장 10절, 고린도후서 12장 18절, 골로새서 1장 9-11절, 에베소서 4장 1-3절을 다룬 부분을 보라.

는' 자들만이 성령으로부터 '영생을 거둘' 것이다(6:8).

이 본문에서 두 가지는 분명하다. 하나는 성령이 윤리적인 삶의 열쇠라는 것이며, 다른 하나는 바울이 성령의 사람들에게 변화된 행동을 보일 것을 기대한다는 점이다. "성령을 따라 걸으라"는 첫 번째 교훈은 바울 윤리에서 기본적인 명령이다. '걷다'라는 동사는 유대교에서 일반적으로 전체 삶의 방식을 가리키는 데 사용되었다. 바울은 이것을 윤리적 행동을 나타내는 가장 일반적인 동사로 채택했다(모두 17번). 다른 모든 명령은 여기에서 나온다. 걷는 것은 우선적으로 '사랑 안에서' 이루어져야 한다(엡 5:2, 갈 5:6). 그러므로 '성령의 열매' 가운데 사랑이 첫 번째로 언급된다(갈 5:22, 참조. 5:14, 롬 13:8-10).

성령 윤리와 관련해서 바울 서신들에 나오지 않는 몇 가지 사실이 있다. 우선, 성령 윤리는 여전히 '육신적'이거나 세속적인 사람들은 할 수 없고, 오직 참으로 '신령한' 소수만이 성취할 수 있는 이상이 아니다. 성령님이 주시는 능력은 모든 신자들에게 동일하게 속한 것이다. 그러므로 바울은 성령 안에서 살고, 성령으로 행하는 자들이 무력해서 윤리적 삶을 살 수 없다고 호소하는 것을 용납하지 못할 것이다(이 책의 11장을 보라). 이와 마찬가지로 그는 사람이 마음의 태도와 행동은 적절하게 변화되지 않은 채 '의롭다함을 받은 죄인'이 될 수 있다고 보는 견해를 용납하지 못할 것이다(이 책의 7장을 보라). 바울은 신자의 마음에는 육신이 계속해서 더 큰 세력으로 역사하는 내적 갈등이 있을 수 없다고 생각한다.[10] 결국 성령 윤리란 무엇보다도 개인 경건의 문제

---

10. 이 책 제11장에서 다루게 될 것처럼, 갈라디아서 5장 13절-6장 10절에 제시된 논증의 전체 요점은 육체적인 시각이 여전히 주요한 세력으로 활동하는 이 세상에서 신자가 성

가 아니라, 세상에서 우리가 함께 사는 문제인 것이다.

한편 성령 윤리는 윤리적 완전주의(전혀 죄가 없는 삶)나 승리주의(어떤 상황에서도 영원히 승리한다고 말하기 위해 꾸며진 미소)가 아니다. 성령 안에서 사는 삶은 윤리적 현실주의, 곧 성령의 능력으로 '이미 그러나 아직'의 시대를 사는 삶이다. 누군가가 죄에 빠진다면 하나님의 영을 소유한 다른 이들이 온유라는 성령의 열매를 통해서 그를 회복시켜야 한다. 바울을 대적함으로 바울과 공동체를 근심하게 만든 사람은 용서를 받고 회복되어야 한다(고후 2:5-11).

바울에게 열쇠의 역할을 하는 것은 신자들(갈 3:2, 4)과 공동체(3:5) 모두의 삶에서 역동적으로 체험된 실체인 성령이다.[11] 이 문제에 대해서 바울이 기대하는 수준은 매우 높다. 그와 교회에게 있어서 성령님은 단지 신앙의 대상이 아니라, 분명하게 눈에 보이는 방식으로 체험된 분이었기 때문이다. 우리의 성령 체험이 그보다 더 낮은 수준에 놓여 있더라도, 우리가 가진 이미지에 맞춰서 바울을 왜곡하고 그것을 통해 실제와 다른 바울을 보면서 위로를 얻으려는 유혹을 물리쳐야 한다. 바울의 대답은 "성령 안에서/성령으로 행하라"는 것이었다. 또 그는 이미 성령님으로 인해 '이같이 많은 괴로움을 당했던' 사람들은 누구나 그렇게 행할 수 있다고 전제한다(갈 3:4). 바울은 성령 안에서 그렇게 역동적으로 사는 삶을 전제하고 있기 때문에 어떻게 성령 안

---

령의 백성으로 계속해서 살아갈 때, 신자의 의를 이루는 성령님의 충분한 능력과 관련이 있다. 갈라디아서 5장 16절에서 주어진 명령의 요점은 약속이다. "너희는 성령을 좇아 행하라. 그리하면 네가 육체의 욕심을 이루지 아니하리라."

11. *God's Empowering Presence*, 427-434에서 갈라디아서 5장 16절을 분석하면서 이 점을 언급했다.

에서 행하는가에 대해서는 말하지 않는다.

### 거룩한 성령 [12]

바울이 '성화'라는 용어를 대체로 기독교 회심을 가리키는 데 사용하더라도(제7장을 보라), 이 단어는 그가 회심한 그리스도인들의 부적절한 (죄악된) 행실을 지적하는 곳에서 자주 나타난다.[13] 예를 들어 바울은 데살로니가전서 4장 3-8절에서 성적인 잘못을 도덕적인 문제로 간주하지 않았던 이교도 출신 집단과 더불어 성적 부도덕 문제를 다룬다. 그는 그런 행위를 하나님을 거역하는 것이며 다른 신자들에게 잘못을 행하는 것이라고 간주한다. 바울의 논증은 "하나님의 뜻은 이것이니 너희의 거룩함이라"(3절)로 시작되며, 이 문제에 관한 그의 교훈을 거절하는 자는 단지 사람이 말한 것을 저버리는 것이 아니라 '너희에게 그의 성령을 주신(현재시제) 하나님을 저버리는' 것이라고 결론을 내린다. 이것은 고린도전서에서 성화를 반복해서 강조한 것(1:2, 30, 6:11을 보라)과 마찬가지로, 데살로니가후서 2장 13절에서 그들의 회심을 상기시키면서 '성화'라는 단어를 사용한 이유를 좀더 설명해준다.

여기서 적어도 부분적으로 초대 교회가 성령을 거룩한 영으로 지칭했던 중요한 취지를 알 수 있다. 초대 교회 신자들은 그들 스스로를

---

12. *God's Empowering Presence*에서 데살로니가전서 4장 8절, 데살로니가후서 1장 11절, 2장 13절, 고린도전서 6장 11절, 로마서 15장 16절, 에베소서 4장 30절과 같은 다양한 본문들을 다룬 것을 보라.
13. 로마서 15장 16절처럼 바울이 새 언약과 옛 언약을 뒤섞어 언어 유희처럼 사용하는 경우는 예외적이다. 이 경우에 그의 요점은 과거에 부정했던 이방인들이 지금은 성령님에 의해 거룩하게 되었고, 그 결과 제의적 정결함이 없다는 것 때문에, 특히 할례와 음식법을 준수하지 않은 것 때문에 유대 그리스도인들에게 판단을 받지 않는다는 사실이다.

하나님께 드려진 것으로 이해했다. 그러나 구약성경에서 '거룩하게 된' 이라는 용어를 사용할 때처럼 제의적인 방식으로 그렇게 했던 것은 아니었다. 도리어 그들은 하나님을 위해 따로 구별되어 세상 속에서 하나님의 거룩한 백성이 되었다.[14] 그러므로 데살로니가전서 4장 3-8절에서 거룩을 강조한다.

바울에게 '거룩함', 즉 '거룩한 영으로 행하는 것'은 두 가지 측면을 지니고 있다. 한편으로 그것은 전적으로 죄를 끊는 것이다. 그리스도 안에서 신자들은 죄(육신)와 율법 모두에 대해서 죽었으므로, 그들은 '성령의 새로운 것'으로 하나님을 섬겨야 한다(롬 7:6). 그들은 갈라디아서 5장 19-21절에서 '육체의 일'로 묘사된, 그리스도 이전과 밖에 있는 삶을 가리키는, 이전의 삶의 방식을 죽여야 한다(롬 6:1-18, 8:12-13, 골 3:5-11). 그런 삶은 하나님의 성령의 내주로 인해서 하나님의 새 백성이 된 자들에게는 더 이상 선택 사항일 수 없다. 그러므로 바울은 육체의 일을 '죽이는 것'을 능력을 부여하는 성령의 사역으로 이해한다(롬 8:12-13).

다른 한편, '거룩함'은 또한 (특별히) 성령님이 신자들 안에 사시면서 그들 안에서, 또 그들 가운데서, 특히 그들의 공동체 관계 속에서 그리스도의 생명을 재생산하는 것을 의미한다. 신자들이 이와 다르게 행동하는 것은 자신의 임재를 통해서 그들을 하나 되게 하고 성장하게 하시는 '하나님의 성령을 근심하게 하는 것'이다(엡 4:30). 이런 이유에서 하나님의 백성을 나타내는 바울의 가장 보편적인 표현은 '성도'

---

14. A. W. Wainwright, *The Trinity in the New Testament* (London: SPCK, 1962) 22-23과 비교하라.

(=하나님의 거룩한 백성)다. 성도는 자신이 어떤 존재이든지 성령의 백성이기 때문에, 서로의 관계에서 이전과는 다르게 살아가며 그렇게 살 수 있도록 능력을 부여받는다.

……◆……

이제 그리스도인의 회심이라는 관점에서 살펴보아야 할 것은 회심한 사람의 모습이 무엇과 같으며, 신앙 공동체의 삶 안에서 어떻게 '거룩함'이 표현되는가 하는 것이다. 이 문제에 대한 답변은 다음 장에서 다룰 것이다. 그리고 다시금 하나님의 새로운 임재인 성령님이 우리가 하나님의 형상으로 변화되는 데 열쇠의 역할을 하신다.

# 10

## 회심: 머물기 II
성령의 열매

> 개인 회심의 목표는 성령의 열매를 맺는 것, 곧 하나님의 형상, 그리스도의 형상으로 변화되는 것이다.

담배 회사는 자신들의 치명적인 생산품으로 여성들을 유혹하기 위해 "그대는 아주 먼길을 달려왔습니다"라는 근사한 문구로 광고를 한다. 이런 광고는 여성들이 이제 그 담배를 피워물기만 하면 현대 여성에게 필요한 모든 것을 다 갖추게 될 것이라는 암시를 준다. 물론 이 광고는 여성들의 품위를 떨어뜨릴 뿐 아니라 잘못된 인생관을 갖게 한다는 점에서 아주 잘못되었다. 미래를 향해 나아가는 실제 삶에서 우리는 오직 성령 안에서 행할 때 참된 목표를 이루게 된다. 이렇게 해서 더욱 더 하나님의 아들, 우리 주 예수 그리스도의 형상으로 변화된다.

메타포를 바꾸어 이렇게 말할 수 있다. 우리가 아무리 그것과 다른 것을 바라더라도 회심의 순간에 성령님을 받을 때, 하나님의 '완전

(perfection)'이 시작되는 것이 아니라 하나님의 '감염(infection)'이 시작된다! 우리는 성령을 통해서 살아 계신 하나님의 침입을 받았다. 성령의 목표는 우리를 철저하게 하나님의 형상으로 감염시키는 것이다. 바울이 이런 감염을 표현하는 구절은 성령의 열매다. 성령님은 오셔서 우리의 마음을 새롭게 하고 또 우리에게 그 열매를 바라는 소망을 주신다. 이런 열매가 자라려면 기독교 회심이라는 긴 여정이 있어야 하며, '한 방향으로 오랫동안 순종해야' 한다. 또한 이것은 전적으로 우리의 삶에서 역사하시는 성령님의 일이기도 하다. 이보다 더 낮은 수준의 삶이 미래를 위한 광고가 되어서는 안 된다!

이번 장에서 나의 우선적인 목적은 바울이 갈라디아서 5장 22-23절에서 제시한 '열매'의 목록을 자세히 살펴보는 것이다. 이 목록은 사실상 그리스도의 형상을 반영한 것이며, 따라서 성령의 백성들이 갖추어야 할 모습이기도 하다. 하지만 그보다 먼저 성령 안에서 사는 삶에 대한 바울의 이해가 실제로 얼마나 폭넓은 것인지를 간략히 살펴보고자 한다.

## 성령의 다른 활동

바울은 윤리적 '열매' 이외에도 다른 여러 종류의 행위들을 성령의 사역으로 이해한다. 이것들 대부분은 신자 개개인의 삶에 속해 있다. 그것들을 통해 우리는 성령으로 능력 있게 된, 그리스도 안에 있는 삶에

대한 바울의 견해의 폭이 넓다는 사실을 알 수 있다.[1]

예를 들어, (이 책 제5장에서 언급된 미래를 위한) 우리의 소망 체험이 성령님에 의해 능력을 입는다(갈 5:5, 롬 15:13). 이와 유사하게 로마서 9장 1절에서 바울은 자신의 깨끗한 양심이 그의 삶 속에 있는 성령의 사역에서 비롯되었다고 암시한다. 만일 로마서 12장 11절이 신자의 영 안에서 역사하는 성령을 지칭한다면, 그 성령은 또한 열심을 품고 주를 섬기는 봉사의 원천이기도 하다. 빌립보서 1장 19절에서 바울은 빌립보 성도들의 기도와 '성령의 도우심'이 함께 역사하여, 자신이 복음을 부끄러워하지 않고 그리스도의 영광을 위해 살든지 죽든지 할 수 있기를 기대한다. 또 성령님은 바울이 받았던 '많은 환상과 계시들'에 대한 열쇠가 되신다(고후 12:1, 이 책 제12장을 보라). 물론 그는 이것들을 자신의 사도권과 관련해서는 별로 다루지 않는다.

이 여러 본문들을 통해 이미 언급된 것, 곧 그리스도 안에 있는 삶에 대한 바울의 견해가 성령에 의해 매우 철저하게 지배를 받고 있으므로, 그의 삶에서 성령이 절대적으로 본질적인 요소라는 사실이 더욱 입증된다. 그러나 이번 장에서는 성령의 열매로 예증되는, 그 삶의 윤리적인 차원에 초점을 맞추고자 한다.

---

1. 이후 본문들의 내용을 지지하는 자세한 주석에 대해서는 *God's Empowering Presence*에 제시된 관련 부분들을 보라.

## 성령과 그의 열매

열매들을 개별적으로 살펴보기 전에 갈라디아서 문맥에 나타난 목록에 대해서 몇 가지 관찰을 하는 것이 유익하다.

1. 바울이 먼저 언급된 육체의 일들과 대조하여 성령의 열매를 제시하더라도, 그것이 신자가 수동적인 상태에 있음을 뜻하지 않는다. 실제로 다른 곳에서 윤리적 교훈은 신자들에게 적극적인 순종을 요청하는 명령형으로 주어진다. 그러나 여기서 무시하지 말아야 할 것은 기적적인 요소다. 바울 윤리에서 신자는 성령으로 인도를 받는 것과 같이(갈 5:18), 성령 안에서 행한다(16절). 신자가 계속해서 성령의 도움을 받아 살 때 성령님께서 열매를 맺으신다.

2. 열매의 본질적인 성격은 신자 안에서 그리스도의 삶을 재생산하는 것이다. 이 책의 제3장에서 언급한 대로 성령은 실제로 그리스도의 영이다. 그래서 바울이 열매를 묘사하는 데 사용한 많은 단어들이 다른 곳에서는 그리스도를 묘사하는 데 사용되었다는 사실은 놀라운 일이 아니다. 에베소서 4장 20절에서 그는 윤리적 삶을 '그리스도를 배운다'는 관점에서 말한다. 성령의 열매란 신자가 '하나님의 아들의 형상을 본받게 하기 위하여 미리 정해졌다'(롬 8:29)는 것을 달리 말하는 방식이다.

3. 이 목록을 보고 성령의 열매가 아홉 가지뿐이라고 보는 것은 잘못이다. 이 목록은 전부를 표현한 것이 아니라 앞서 갈라디아서 5장 19-21절에서 제시된 '육체의 일' 목록과 같이 대표적인 것만을 언급하고 있다. 바울은 두 목록을 '그와 같은 것들'이라는 말로 정리하고 있는데, 이 말은 다른 모든 악덕들과 미덕들도 여기서 말하는 '그와 같

은 것들'과 비슷하다는 것을 가리킨다. 고린도전서 13장 4-7절에 나타난 사랑에 대한 묘사와 고린도전서 12장 8-10절에 나타난 카리스마타(은혜의 은사들)도 이 목록 가운데 포함되는데, 이것들은 당시의 상황에 맞게 편집되어 제시되었을 뿐이다. 따라서 갈라디아서에 나오는 목록들도 갈라디아 회중 사이에서 벌어진 분쟁을 겨냥해서 구성되었다(참조, 갈 5:15, 26). 또한 이것은 성령의 열매를 충분하게 논의하고자 할 때는, 시야를 넓혀서 로마서 12장 9-21절에 제시된 것과 같은 특별한 적용들 및 골로새서 3장 12-13절에서 언급된 항목들을 포함시켜야 함을 의미한다.

4. 이 열매는 태도, 덕목, 그리고 행동 등을 모두 포함한다. 그리스도인의 삶은 모든 것이 성령의 사역이다. 열매는 신앙 공동체 안에서 희락과 화평의 체험, 온유, 오래 참음, 절제와 같은 마음의 태도, 그리고 사랑, 자비, 양선과 같은 행동 및 이와 일치하는 모든 것들을 포함한다.

5. 이 책의 제9장에서 언급한 내용을 반복하자면 '성령의 열매'라는 목록은 그리스도인의 행동을 규정하려고 일부러 마련한 행동 규칙이 아니다. 실제로 기독교 윤리는 성령 안에서 행하고 사는 결과이기 때문에 율법이 있을 수 없다(갈 5:23). 따라서 바울의 윤리를 새 율법으로 바꿀 수 없다. 도리어 성령의 열매는 그리스도의 형상으로 변화되어 가는 자가 어떤 모습을 갖는가를 보여준다.

6. 논의의 원점으로 돌아오면, 이 항목들 대부분은 신자 개개인의 내적인 삶이 아니라 공동체의 삶과 관계가 있다. 신자 개개인이 사랑하고 화평을 위해 일하며 오래 참고 자비하며, 선하게 살고 온유하게 행동해야 한다는 것은 분명한 사실이다. 그러나 바울 윤리에서 이 덕

목들은 하나님과 자기 백성과의 관계를 특징짓는다. 성령님은 하나님이 우리와 맺으신 것과 같은 방식으로 서로를 향해 관계를 맺도록 하기 위해, 우리 개인의 삶 속에서 열매를 맺게 하신다.

이것은 갈라디아서 6장 1절에서 바울이 '온유의 성령/심령'을 죄를 범한 형제나 자매를 바로잡는 일의 동기로 제시하는 것에 의해 입증된다. 바울이 6장 4절에서 갈라디아 성도들이 자신들을 '시험하거나' '살펴야' 한다고 권면할 때, 그것은 자기 반성이나 기독교적 '자기 성찰'을 요청하는 것이 아니다. 도리어 성령의 열매가 각 개인의 삶에서 공동체의 유익을 위해 역사하고 있는지를 살펴보라는 것이다.

따라서 "성령을 따라 행하라"(갈 5:16)는 첫 번째 명령은 그리스도 안에서 살아가는 각 개인을 향해 준 것이 아니라, 어떤 이들이 서로 '물고 먹음으로' 그리스도 안에서 받은 자유를 '육체를 위한 기회'로 사용하고 있는 그리스도인 공동체를 향해서 준 것이다. 그러므로 이 육체와 성령의 대조는 신자가 자신의 양심을 성찰하는 것과는 아무 관계가 없다. 그것은 신앙 공동체 안에서 '사랑, 희락, 화평, 오래 참음, 자비, 양선, 온유'와 관계가 있다. 그것들은 타락한 세상에서 하나님의 백성으로 함께 사는 것을 배우는 신자들을 위한 윤리다.

### 열매

일반적으로 사람들은 복수 형태인 '행위(works)'보다는 단수 형태인 '열매(fruit)'를 어법이 허용하는 것보다 더 많이 사용한다. 아마도 바울은 그런 대비를 마음에 두고 있지 않은 듯 하다. 더욱이 그는 '행위'는 여러 가지며 개별적인 데 비해, 열매는 몇 종류가 하나의 송이처럼 이루어졌다고 생각하지도 않는다. 헬라어 단어 칼포스(karpos, '열매')는 영어에서 '열매'라는 단어가 그렇듯이 집합적 단수의 기능을 한다. 두 언어 모두에서 이 단어는 한 가지 종류든지, 또는 여러 종류든 상관없이 그저 '그릇에 담긴 열매'를 의미한다. 갈라디아서에서 사용될 때는 여러 가지 종류의 열매를 가리킨다.

## 사랑

사랑을 제일 첫 자리에 두어야 한다는 것은 전혀 놀랍지 않다. 바울은 이 논증의 앞부분에서 이미 사랑을 그런 자리에 올려놓았다(갈 5:6, 13-14). 성경의 모든 부분에서 그러하듯이 바울의 윤리에서도 언제나 사랑이 그런 자리를 차지한다.[2] 그 이유는 이 단어가 구약성경에서와 마찬가지로 바울 신학에서도 자기 백성과의 관계에서 나타난 하나님 성품의 본질을 표현하기 때문이다.[3] 따라서 하나님의 위격의 중요한 특성이 표현된 고린도후서 13장 13절의 삼위일체적 축복 기도에서 바울은 고린도 교회 성도들이 '하나님의 사랑'을 알기를 기도한다. 자기 백성을 향한 하나님의 사랑은 성령에 의해 그들의 마음에 쏟아 부어졌다(롬 5:5). 바울에게 이 사랑은 하나님께서 당신의 아들을 보내는

---

2. 예를 들어 데살로니가전서 3장 12절, 4장 9-11절, 고린도전서 13장 1-13절, 16장 14절, 로마서 13장 8-10절, 골로새서 3장 14절, 에베소서 5장 2절을 보라.
3. 예를 들어 신명기 7장 7-8절과 10장 15절에 기록된 핵심 본문들과 선지서들에서 끌어낸 주제(호 3:1, 11:1, 사 41:8, 43:4, 48:14, 60:10, 63:9)를 보라. 여기서 70인역의 번역자들은 '아가페(agapē)'라는 헬라어 단어를 사용했다. 다른 단어들의 경우처럼, 고전적 용례나 헬라적 용례가 아니라 70인역의 이런 배경 때문에 바울이 이런 식으로 그 단어를 사용한 듯하다.

데서, 또 그 아들이 십자가에서 죽는 데서 가장 강력하게 나타났다(롬 5:6-8). 하나님의 사랑은 자기 백성을 향한 오래 참음과 자비로 가득하고(아랫부분을 보라), 최종적으로 그 사랑은 그리스도께서 자기 원수들을 위해 희생적으로 죽으신 것에서 완전하게 드러났다.

그러나 바울에게 이것은 단순히 이론이나 추상적인 실체가 아니다. 성령님은 이 사랑을 바울의 마음속에 쏟아 부으셨다. 같은 서신에서 그는 이미 내주하시는 그리스도를 '나를 사랑하사 나를 위하여 자기 자신을 버리신' 분으로 묘사한다(갈 2:20). 확실히 이것은 바울이 6장 2절에서 '그리스도의 법'이라고 말하면서 의도한 것이고, 5장 13절에서 이 모든 논증을 시작하는 명령문("오직 사랑으로 서로 종 노릇 하라") 뒤에 놓여 있는 것이다. 서로 종 노릇 하는 사랑은 하나님께 사랑을 받은 직접적인 결과다. 하나님의 사랑은 우리를 사랑하시고 우리를 위해 자신을 내어주셨으며 지금도 우리 안에 내주하셔서 그 임재로 우리를 살게 하시는 아들 안에서 우리에게 풍성하게 부어졌다.

그러므로 사랑은 우리가 스스로 할 수 있거나 느낄 수 있는 그 무엇이 아니다. 그것은 오늘날 북미 대륙 사람들이 생각하는 식으로 다른 이를 향한 좋은 감정으로 왜곡되어서는 안 된다. 그렇게 되면 결과적으로 사랑의 의미가 뒤바뀌고 만다. 즉, 사랑은 다른 이들을 위해 희생적으로 자신을 내주는 것 대신에, 자기 성취를 목적으로 다른 사람을 위해 행하는 것이나 느끼는 것과 동일시된다. 사랑은 육체의 일들과 반대되는 덕목의 목록 중에서 제일 앞에 온다. 이는 사랑이 육체의 일 목록에 포함된 항목들 대다수의 자기 중심성과 완전히 반대되는 것이기 때문이다. 성령의 열매인 사랑은 '원수 맺는 것과 분쟁과 시기와 분냄과 당 짓는 것과 분열함과 이단과 투기' 및 그와 같은 것들을 끝장낸다(참조. 갈 5:20-21). 이것은 오직 다른 사람들, 특히 다른 신자들과의 관계에서 실천될 수 있다. 따라서 사랑은 15절에서 언급된 갈라디아 성도들의 내부적인 분쟁에 대해서 13절과 14절에서 바울이 제시한 교정 수단이다.

### 희락 [4]

그리스도 안에 있는 삶, 따라서 성령으로 사는 삶은 희락의 삶이다. 무엇보다도 그런 희락이 기독교 공동체의 특징이 되어야 한다(살전 5:16). 놀라운 것은 희락이 윤리적인 성격을 지닌 덕목들 가운데 포함된다는 점이다. 희락의 양옆에 제시된 사랑과 화평과 마찬가지로, 아마도 바울은 인격적이고 개인적인 희락 체험보다는(비록 이 점을 무시할 수는 없지만) 성령 안에서 행하는 공동체의 특징인 희락을 생각하고 있는 듯하다.[5]

하나님은 우리에게 종말적인 구원을 가져다주셨다. 미래는 이미 현재 안에 나타났다. 하나님의 백성은 앞으로 와야 할 미래의 생명을 이미 맛보았다. 그들은 이미 완전한 용서, 완전한 죄사함을 받았다. 하나님의 백성은 그들을 사랑하고 그들을 위해 아들을 주신 하나님을 향해 성령을 힘입어 아바라고 부르짖는다. 이것이 '우리가 성령으로 의

---

4. 우리는 이 덕목을 포함한 '성령의 열매' 목록을 마치 무엇보다도 개인 경건을 묘사하는 것처럼 읽는 경향이 있다. 그래서 그것을 우리가 어떻게 행하고 있는지를 점검하는 일람표로 자주 사용한다. 나는 본문을 이렇게 읽는 것에 반대하지는 않겠다. 다만 문맥상으로 볼 때 바울이 아마도 이 모든 덕목들을 기독교 공동체가 세상에서 더불어 합당하게 살아갈 때, 그 삶을 특징짓는 덕목들로 간주했을 것이라는 점에 관심을 갖는다.
5. 오늘날의 북미 기독교를 특징짓는 희락의 결핍은 지나치게 성급한, 또는 성과 위주의 신앙에 관심을 가진 나머지, 일반적으로 성령의 삶이 무시되고 있음을 보여주는 것 같다.

의 소망을 기다리는'(갈 5:5) 희락, 누를 수 없고 구속되지 않는 희락을 누릴 수 있는 근거다. 희락, 주님 안에서 누리는 희락은 성령의 열매다. 그러므로 일차적으로 개인 차원에서 시작되어야 하는 희락은 또한 하나님께서 아낌없이 성령을 공급하시는 신앙 공동체에서 발견할 수 있는 특징이 되어야 한다.

그러므로 바울이 빌립보서에서 분명하게 밝히는 것처럼, 희락이 있고 없는 것은 개인이 처한 상황과 아무런 관계가 없다. 그것은 전적으로 하나님이 성령을 통해서, 또 그리스도 안에서 우리를 위해 행하신 것과 관련이 있다. 성령의 열매인 희락에서 비롯된 바울의 명령은 단지 '기뻐하라'가 아니라(자주 이런 단순한 형태로 나타나기도 하지만) '주 안에서 기뻐하라'다. 이 초점이야말로 성령의 열매인 희락을 이해하는 열쇠다. '항상 주 안에서 기뻐하는' 공동체는 쉽게 '서로를 물고 먹지'(갈 5:15) 않으며, 구성원들은 자신들을 대단한 존재로 내세우지도 않는다(6:4).

## 화평

사랑과 마찬가지로 화평은 하나님과 그의 백성과의 관계와 관련이 있다. 또 사랑과 희락과 마찬가지로 바울에게 화평은 특히 공동체의 문제이기도 하다. 다시 말해서, 하나님의 백성이라도 개인적으로 화평을 제대로 알지 못하면 공동체에서 화평을 누리는 것도 어렵긴 하지만, 화평에 대한 바울의 첫 번째 관심은 개인의 잘 정리된 마음이 아니다. 갈라디아서에서 화평은 육체의 일들과 반대되는 덕목들 안에 나타난다. 육체의 일들 가운데 여덟 개는 사람들의 불일치의 원인이나 결과를 묘사한다.

하나님은 자주 '화평의 하나님'[6], 곧 완전한 샬롬(shalom: 온전함, 안녕) 안에 거하시며 함께 사는 자기 백성에게 같은 샬롬을 부여하시는 하나님으로 묘사된다. 놀라운 것은 하나님에 대한 이런 묘사가 전적으로 분쟁이나 불안정을 다루는 문맥에서 나타난다는 사실이다. 따라서 바울은 고린도 교회 공동체 안에서 무질서한 은사 문제를 교정하는 수단으로 하나님이 '화평의 하나님'이라는 신학적인 진술을 제시한다(고전 14:33). 또 무절제하고 게으른 자들이 다른 사람들의 물질에 신세를 지고 사는 데살로니가 교회 공동체에서 바울은 화평의 하나님이 그들에게 항상 화평을 주시기를 기도한다(살후 3:16). 또는 '분쟁을 일으키고 거치게 하는' 자들에 맞서 로마 교회 성도들을 경고하는 맥락에서는 평강의 하나님께서 속히 사탄을 그들의 발 아래서 상하게 하실 것이라고 그들을 확신시킨다(롬 16:20).

게다가 바울 서신들에서 화평에 대한 언급은 공동체 안에서나 관계를 언급하는 대목에서 가장 빈번하게 나타난다. 그리스도는 유대인과 이방인을 한 백성, 한 몸으로 만드신 분이다(엡 2:14-17). 그리고 그 백성은 "평안의 매는 줄로 성령이 하나 되게 하신 것을 힘써 지키라"는 요청을 받는다(엡 4:3). 이와 유사하게 로마서 14장 1절-15장 13절에서 바울은 유대인과 이방인 모두에게 "화평의 일과 서로 덕을 세우는 일을 힘쓰[라]"고 요청한다(14:19). 골로새서 3장 12절-4장 6절에서는 공동체로서의 골로새 성도들에게 "너희는 화평을 위하여 한 몸으로 부르심을 받았나니 그리스도의 화평이 너희 마음을 주장하게 하라"

---

6. 데살로니가전서 5장 23절, 데살로니가후서 3장 16절, 고린도전서 14장 33절, 고린도후서 13장 11절, 로마서 15장 33절, 16장 20절, 빌립보서 4장 9절을 보라.

(한글성경에는 '화평'이 아니라 '평강'으로 번역되어 있다— 역자 주)고 요청한다. 그러므로 화평은 우선적으로 적대 관계가 끝났다는 의미가 있다. 화평케 하는 자가 복이 있나니! 오직 성령님만이 우리 가운데 그런 화평을 가져다주실 수 있다.

### 오래 참음

일반적으로 헬라어 '마크로티미아(makrothymia)'는 '인내'로 번역된다. 어떤 경우에 이 단어는 분명히 그런 의미를 지닐 수 있다. 그러나 영어에서 인내라는 단어는 개인적인 의미를 가지고 있다. 즉, 일반적으로 삶에 속한 모든 종류의 비인격적인 문제들(일례로, 새카맣게 태운 토스트)을 참아내는 것이다. 그러나 바울은 마크로티미아와 그에 상응하는 동사를 항상 다른 사람들에 대해서 오래 참는 것을 의미하는 문맥에서 사용한다.[7] 이 단어는 사랑에 있어서 수동적이지만 강인한 측면을 가리킨다. 오래 참음의 다른 한 짝인 '자비'는 사랑의 능동적인 측면을 가리킨다. 따라서 바울은 인간의 교만에 대한 하나님의 태도를 '길이 참으심'과 '인자하심'으로 묘사한다(롬 2:4). 이 두 단어는 고린도전서 13장 4절에서 (하나님의) 사랑을 묘사하는 데 첫 번째로 사용된다. 또 이것들은 골로새서 3장 12절에서 신자가 '그리스도를 옷 입을' 때 입는 그리스도인의 옷의 일부로 등장한다.

따라서 '참을성이 있음(KJV)'은 어떤 방식으로든 우리를 반대하는

---

[7] 흠정역(KJV)은 이것을 'longsuffering(참을성이 있음)'으로 번역한다. 고린도전서 13장 4절의 흠정역 번역인, "Love suffereth long, and is kind(사랑은 오래 참고 온유하며)"를 보다 좋은 표현으로 바꾸기가 무척 어렵다.

사람들에 대해서 오래 참는 것과 관련이 있다. 바울은 다른 어디에서도 그런 오래 참음을 성령님이 직접적으로 사역하신 결과라고 말하지 않는다. 그러나 여기서 보면 성령님이 능력을 주시는 것은 희락과 기적들을 일으키기 위해서일 뿐 아니라, 또한 다른 사람들을 견디어 내는 데 매우 필요한 특성인 오래 인내하는 사랑과 인자함을 키우기 위해서임을 분명하게 보여준다(참조. 골 1:11). 오래 참음은 '분냄'(갈 5:20)이나 '서로 노엽게 하는 것'(26절)을 교정하는 수단이기도 하다.

## 자비

'자비'를 이해하는 열쇠는 이것과 자주 함께 나타나는 '오래 참음'이란 단어와 비슷하다. 즉, 자비라는 단어가 사람들을 향한 하나님의 성품이나 행위를 묘사하는 경우에서 발견된다는 사실이다. 따라서 오래 참음이 사랑의 수동적인 측면을 표현하는 반면, 자비는 고린도전서 13장 4절에서 사랑의 능동적인 측면을 표현하는 동사로 나타난다. 그런 문맥에서 자비는 확실히 하나님이 사랑하는 자들에게 풍성하게 주신 그분의 능동적인 선하심을 가리킨다. 하나님의 자비는 그의 진노를 받아 마땅한 우리와 같은 사람들을 향한 그의 은혜로운 행위들 안에서 발견된다. 이것은 특별히 에베소서 2장 7절에 의해서 입증된다. 여기서 하나님의 은혜의 풍성한 표현은 그리스도 안에서 우리를 향한 하나님의 자비하심으로 증명된다.

여기서 자비는 다시금 오래 참음과 함께 등장하며, 이때의 자비는 다른 사람에게 베푸는 참된 자비의 행위와 관련이 있다. 그런 의미에서 자비는, 자기 중심적이고 남들에게 적대적인 태도를 드러내는 삶의 방식, 즉 육체의 일들에 대조되는 형태로 사용된다. 성령님은 우리에게 능력을 주셔서 다른 이들의 적대나 불친절을 참아내게 하신다. 또한 성령님은 우리로 하여금 그들에게 자비를 베풀게 하고 적극적으로 그들의 유익을 추구하게 하신다. 만일 오래 참음이 '다른 사람을 물어뜯지'(갈 5:15) 않는 것을 의미한다면, 자비는 그들의 상처를 싸매는 방법을 발견하는 것을 의미한다.

### 양선

위에서 언급한 대로 이 단어는 자비와 밀접하게 연결되어 있다. 만일 차이가 있다면 '양선은 모든 것을 포용하는 특성으로, 사람의 성품을 묘사한다. 이 명사에서 나온 형용사 '선한'은 구약성경에서 하나님의 성품을 묘사하는 가장 중요한 단어다. 이와 비슷하게 신자들은 '선함이 가득한' 것으로 묘사된다(롬 15:14). 실천에 옮겨질 때 양선은 '선을 행함'이라는 형태로 나타난다. 참으로 양선은 적극적이고 구체적으로 표현되지 않고서는 존재할 수 없다.

따라서 양선은 성령님에 의해 신자의 삶에서 산출되는 기독교 은혜의 특성이다. 마지막에 바울은 양선을 택하여 "모든 이에게 착한 일을" 해야 한다고 논증의 결론을 내린다(갈 6:9-10). 앞서 언급한 단어들처럼 여기서 양선이 나타나는 것은 갈라디아 성도들이 처한 현재 상황을 전제한다. 성령님을 위해 심는 자들은 모든 이에게 선한 일을 하는 자들이다. 분명히 양선은 갈라디아인들 가운데 나타났던 육체의 일들에 대한 또 다른 반대어로 자리잡고 있다.

### 충성

여기서 충성은 '믿음'을 뜻하는 가장 중요한 바울의 단어인 헬라어 피스티스(*pistis*)를 번역한 것으로, 이것은 하나님을 향한 기본적인 자세, 즉 하나님이 신뢰할 만한 분이심을 전적으로 신뢰하는 것과 관계가 있다. 70인역에서 이것은 하나님의 신실하심이라는 개념을 나타내는 데 사용된 기본적인 헬라어 단어다. 바울은 로마서 3장 3절에서 이 단어를 이런 의미로 사용한다. 즉 하나님의 백성이 '충성스럽지' 않다고 해서 그것 때문에 하나님의 피스티스(신실함)를 의심할 수 없다. 신학적인 관점에서 볼 때 여기서도 이 단어가 믿음의 의미, 즉 성령의 열매 중 하나로서 하나님을 신뢰하는 것이란 뜻으로 사용되었다는 사실에 반대할 수 없다. 그러나 다른 덕목들, 특히 그 가까이 있는 덕목들을 고려하면, 바울이 이 단어를 신실함, 즉 하나님에 대한 신뢰를 품고 오랫동안 신실하게 살아가는 것을 가리키는 것으로 의도했음이 분명해진다.

더 어려운 문제는 이 단어가 '다른 사람과의 관계에서 나타나는 신실함'이라는 뉘앙스도 가지고 있는가 하는 것이다. 신약성경에는 그렇게 쓰인 다른 예가 없으므로 그렇게 추측할 수 있는 문맥에도 불구하고 바울이 여기서 그런 뉘앙스를 마음에 두고 있는 것같지 않다. 더 큰 가능성은 이 단어가 하나님을 향한 신실한 헌신의 의미를 담고 있다는 점이다. 또 충성(신실함)은 성령의 열매 목록에 제시된 다른 열매를 통해서 다른 이들에게 충성(신실함) 그 자체를 표현한다. 바울에게 참된 믿음은 항상 충성(신실함)이라는 요소를 포함한다. 따라서 이런 의미에서 참된 믿음은, 성령의 열매인 사랑 안에서 표현된다(갈 5:6).

## 온유

온유는 초기의 번역 성경들에서는 '온순'으로 번역되었다. 바울은 그리스도와의 관계에서 이 단어의 기독교적 의미를 끌어낸다. 마태복음 11장 25-30절에서 이것은 아버지의 유일한 아들로서 아버지의 성품을 계시하신 그리스도의 성품을 묘사하는 데 사용된 두 단어 중 하나다. 고린도후서 10장 1절에서 '그리스도의 온유와 관용'에 호소하는 것을 볼 때 바울이 이 전승이나 이와 유사한 전승을 알았다는 것이 분명해진다.

이 단어는 그리스도의 성품을 반영한 그리스도인의 덕목 중 하나이며 바울 서신에서 여덟 번 나타난다.[8] 이 열매는 영어 단어로 적절하게 번역하기가 몹시 어렵다. 이것은 적어도 자신에 대한 겸손(즉, 하나님 앞에서 자신에 대한 적절한 평가)과 다른 사람들에 대한 사려 깊음이라는 의미를 지니고 있다. 바울이 갈라디아서 6장 1절에서 성령으로 행하는 자들에게 범죄한 형제나 자매들을 바로잡으라고 요청할 때, 그가 호소하는 것이 바로 이 열매다. 신자는 '온유의 성령/심령'으로 그렇게 해야 한다. 이는 다른 사람의 삶이 위험에 처해 있기 때문이며, 우리 역시 연약하고 유혹에 쉽게 넘어갈 수 있음을 기억하기 때문이다. 이 목록에서 온유는 '투기'로 번역된 육체의 일의 정확한 반대어로 나타난다. 온유는 자신들을 지나치게 높이 생각하지 않으며(6:3), (자신보다 앞서 다른 이들의 필요와 관심들을 보살피는 의미에서) '겸손한 마음으로 각각 자기보다 남을 낫게 여기는'(빌 2:3) 사람들 안에서 역사하시는 성령님의 열매다.

---

8. 고린도전서 4장 21절, 갈라디아서 5장 23절, 6장 1절, 골로새서 3장 12절, 에베소서 4장 2절, 디모데전서 6장 11절, 디모데후서 2장 25절, 디도서 3장 2절.

## 절제

성령의 열매 중 마지막인 절제는 몇 가지 점에서 독특하다. 첫째, 목록에 제시된 것 가운데 하나님의 성품과 관련하여 성경의 다른 곳에 나타나지 않는 유일한 단어다. 둘째, 동사('절제하다')가 고린도전서 7장 9절에서 성적인 절제와 관련해서 나타나고, 고린도전서 9장 25절에서는 운동 선수의 자기 훈련과 관련해서 나타나지만, 명사는 바울 서신에서 오직 이곳에서만 나타난다.[9] 셋째, 성령의 열매 가운데서 이것은 분명히 개인 신자를 겨냥한 유일한 덕목이다. 절제는 공동체 안에서 행하는 그 무엇이 아니라, 다양한 성격의 '지나침'에 반응하는 일반적인 태도다.

이 목록의 다른 용어들이 관계를 깨뜨리는 것과 관련된 여덟 가지 육체의 일들을 겨냥한 것에 비해서, 절제는 앞부분에 제시된 세 가지 육체의 일들인 성적인 탐닉들(음행, 더러운 것, 호색)이나 목록의 마지막 부분에 나타난 과욕들(술 취함과 방탕함) 가운데 하나(또는 둘 다)를 겨냥하고 있다. 또 이것은 신자의 삶에서 나타나는 성령님의 능력 있는 일하심이기도 하다.

바울 윤리의 관점에서 볼 때, '절제'를 금욕과 같은 것으로 바꿀 수 없다. 바울은 금욕 자체를 그리스도인의 덕목으로 간주하는 태도, 예를 들어 "붙잡지도 말고 맛보지도 말고 만지지도 말라"(골 2:21)와 같은 태도를 공격한다(고전 10:31-33, 롬 14:1-23, 딤전 4:1-5). 우리는 이 성령의 열매 때문에 자유롭게 다른 이들을 위해 무엇이든지 절제할 수 있

---

9. 이 형용사는 디도서 1장 8절에서 감독에게 요청되는 덕목들의 목록에도 나타난다.

다. 그러나 먹는 것이나 마시는 것, 또는 다른 무엇인가를 자유롭게 포기하는 것을 덕목으로 여겨서는 안 된다. 이것들은 단지 바울이 말하는 대로 '사람의 규정'(골 2:22, 새번역)이나 '귀신의 가르침'(딤전 4:1)에 지나지 않는다. 오직 성령님만이 우리를 자유케 하여 자기 절제를 이끌어내시며, 다른 이들을 위해 금욕하면서 절제된 삶을 살게 하신다.

……◆……

바울은 다시 "이같은 것을 금지할 법이 없느니라"는 진술과 함께 성령의 열매에 대한 결론을 내린다. 이것은 "성령님이 함께하심으로 이 덕목들이 우리 가운데 분명하게 나타날 때, 토라는 무의미해진다"는 것을 뜻한다. 토라는 성령에 의해 서로 사랑을 실천하는 사람들에게 "살인하지 말라"고 말하거나, 또는 자비로운 마음으로 다른 이들의 유익을 적극적으로 도모하는 사람들에게 "탐내지 말라"고 말할 필요가 없는 것이다.

이 말은 성령의 열매 목록처럼 우리의 기억을 생생하게 해주는 것까지 무의미하다는 뜻은 아니다. 그러나 성령이 오심으로, 즉 약속된 새 언약을 성취하는 하나님의 방법이 이루어짐으로, 동시에 '범법함 때문에 인간 행위를 죄 아래 가두는'(갈 3:19, 22) 토라가 더 이상 필요하지 않게 되었음을 뜻한다. 하나님의 방법은 토라가 마음에 새겨지는 것이며, 그 결과 하나님의 백성들이 하나님께 순종하는 것이다(렘 31:33, 겔 36:27). 또한 바울은 토라가 없어진다고 해서 그것이 의의 최후를 의미하지는 않는다고 생각했다. 이와 반대로 성령님은 참된 것, 곧 하나님의 의를 드러내시며, 그것을 통해 하나님의 자녀들이 그분의 형상을 반영하게 만드신다.

이와 동일하게 중요한 점은 이것들이 종말적인 성령의 열매라는 사실이다. 우리 안에서, 또 우리의 신앙 공동체 안에서 성령님이 역사하셔서 하나님의 생명을 재생산하신다. 그 결과 우리는 두 시대 사이에서 미래를 향해 현재의 삶을 살 수 있는 것이다. 이것이 바로 빌립보서 1장 27절에서 바울이 제시한 명령에 담긴 의미다. 여기서 바울은 빌립보가 로마의 식민지이며, 따라서 이곳의 자유민들이 로마의 시민이라는 사실과 관련한 언어 유희를 통해서 빌립보 성도들에게 "빌립보에서 그리스도 복음에 합당하게 (하늘에 속한) 시민의 신분에 맞게 살라"고 요청한다. 다시 3장 20절에서 같은 이미지를 취하여 오직 "우리의 시민권은 하늘에 있는지라"고 말한다.

빌립보에 있는 하나님의 백성은 사실상 이 로마 식민지 안에 존재하는 '하늘의 식민지'인 것이다. 바울이 말하고자 하는 요점은 만일 사람들이 하늘이 무엇과 같은지를 보고 싶다면, 지금 하늘에 속한 시민들이 어떻게 더불어 살아가는지를 보아야 한다는 것이다. 오직 살아 계신 하나님의 영만이 그 일을 해내실 수 있다! 이것이 내가 말하고자 하는 전부다.

마지막으로, 우리는 논의를 시작한 원점으로 돌아가야 한다. 바울의 윤리는 우리가 성령님에 의해 인도를 받는 것과 같이, 성령님 안에서 걷는 것(당신이 원한다면, 발 앞에 다른 한 발을 내딛는 것이라고 할 수 있다)과 그분 안에서 행하는 것과 관계가 있다. 에베소서 5장 18절에서 공동체에게 주는 바울의 권면("성령으로 충만함을 받으라")과 디모데후서 1장 6-7절에서 디모데에게 주는 그의 교훈("은사를 다시 불일듯하게 하라")은 모두 우리가 지속적으로 성령님을 소유해야 한다는 의미를 내포하고 있다. 성령의 임재가 핵심이다. 그러나 그 임재 자체가 활기차고 뜨거운 성령의 삶을 자동적으로 보장하지 않는다. 그래서 개인 신자와 교회 전체가 모두 은사를 계속 불일듯하게 하라는 권면을 받는 것이다. 이를 행하는 한 가지 방법은 공동체 삶 속에서, 특히 예배를 통해 서로 격려하고 함께 성장하는 것이다(제13장을 보라).

그러나 그 전에 특별히 성령 안에 있는 삶에서 대조되는 두 가지 분야인 '성령/육신'과 '능력/약함'의 대조들에 주목해야 한다. 대다수 그리스도인들은 이 두 가지가 신자 개개인의 삶에서 드러나는 것으로 간주한다. 그러나 이번 장에서 이미 언급했듯이, 적어도 바울의 관점에서 볼 때 앞의 내용은 사실이 아니다. 이제 이 문제로 관심을 돌려 보자.

# 11
## 계속되는 싸움
육체를 대적하는 성령

> 바울 서신에서 말하는 성령과 육체의 싸움은 신자의 영 안에서 일어나는 내적 싸움이 아니라, 육체가 여전히 그 세력을 드러내는 이 세상에서 미래의 삶을 사는 공동체인 하나님의 백성과 관계가 있다.

최근에 동료 학자 한 사람이 이렇게 썼다. "내가 보기에 요즈음 그리스도인들은 두 부류로 나눌 수 있다. 첫 번째는 죄가 어떤 식으로든지 큰 문제가 안 된다고 생각하는 부류다. 두 번째는 죄가 문제가 된다는 것을 잘 알고 있으면서도 자신들의 나쁜 습관을 버리지 못하는 부류다."[1] 이번 장에서는 두 번째 부류의 사람들이 가지고 있는 관심사를 다뤄 보겠다. 우리가 다룰 주제는 현실 그 자체다! 고통스럽게도 하나님의

---

1. N. T. Wright, *Following Jesus: Biblical Reflections on Discipleship* (London: SPCK, 1994. 『나를 따르라』 살림 역간), 72.

백성 가운데 많은 사람들에게 이번 장의 주제는 그리스도인으로 살아가는 자신들의 이야기, 계속되는 영혼의 내적 싸움에 대한 자신들의 이야기를 대변한다. 그들은 이 내적 싸움에서 바울을 자신들의 동료라고 믿고 그것으로 위안을 얻는다. 위대한 신앙의 사도인 바울이 "내가 원하는 것은 행하지 아니하고 도리어 미워하는 것을 행함이라"(롬 7:15)고 고백했다면, 도대체 우리 같은 사람들에게 무슨 희망이 있겠는가? 그래서 그들은 그저 싸움에 몸을 아무렇게나 내던져버리고 만다.

사람들은 성령과 육체의 싸움에 대해서 말하는 바울의 유일한 본문인 갈라디아서 5장 17절을 로마서 7장 14-25절과 같은 내용을 언급하는 것으로 받아들여 읽음으로써 위로를 얻는다. 로마서 본문에서 바울은 성령 없이 율법 아래 사는 사람에게서 계속되는 싸움을 묘사하고 있으며, 성령을 언급하지도 않는다. 그런데도 로마서 본문을 보이는 액면 그대로 갈라디아서와 동일한 내용을 말하는 것으로 받아들이는 이유는 로마서의 본문이 그들이 너무도 잘 아는 무엇인가를 생생하게 묘사하고 있기 때문이다. 슬픈 일이지만 그런 견해를 받아들이는 수많은 사람들은 내적 싸움에서 대개는 육체에게 승리를 내준다. 따라서 자기가 처한 현실 때문에 바울의 열정, 즉 이 세대를 살아가는 우리의 삶에 있어서 성령님의 존재와 그분의 충족성은 무시되고 만다.

분명 육체와 성령의 싸움은 많은 사람들의 마음에서 격렬하게 일어나고 있다. 그 싸움과 또 그것을 극복하는 삶을 살지 못하는 데서 비롯된 무력감은 직접적으로 서구 문화의 강한 개인주의에서 비롯된 결과다. 세속 심리학과 많은 기독교 가르침은 모두 내적 자아에 초점을 맞춘다. 즉, "내가 온전함에 도달하는 데 필요한 일련의 기준들을 어떻게 따른 것인가?"이다. 이렇게 내적인 싸움에 초점을 맞추다보면 우리는 거의 그리스도를 볼 수 없거나 성령의 길로 확신을 가지고 걸어갈 수 없다. 우리의 삶에서, 그리고 다른 사람의 삶에서 성령님이 일하시는 것에 계속 감사하면서 성령의 열매를 맺어가는 대신에, 개인주의화 돼버린 우리의 신앙은 씁쓸하게도 자기 도취에 빠지고 만다. 이때 우리는 하나님 앞에서 우리가 개인적으로 실패했다는 것을 깨닫고 우리의 불완전함에 좌절하면서도, 도리어 우리가 그토록 열망하던 사랑, 희락, 화평, 온유를 가장한다. 우리 마음에 혼란이 가득한 나머지 성령님을 향해서는 열린 마음을 가질 수 없다. 그런 영적인 혼돈 상태에서는 거의 항상 하나님을 비난하게 된다.

그러나 어떤 사람들에게 이 문제가 실제적인 데 비해, 바울은 갈라디아서 5장 17절에서 성령과 육체를 서로 완전히 적대적인 것으로 말하면서도 이 문제를 언급하지 않는다. 참으로 그는 이런 것을 이해조차 못하는 듯하다. 그가 살아가는 세계는 '서구의 내성적 양심'[2]의 세계가 아니라 시편 19편의 세계다. 연속되는 절에서(12-13절) 시편 기자는 먼저 자신의 '허물'과 '숨은 허물'을 인정하고 다음으로 '고범죄'의 가능성을 인정한다. 전자는 인간이 얼마나 깊이 타락했는지를 인정하는 대목이다. 이 '숨은 허물'에 대해서 그는 용서를 구한다. 그의 관심은(또 이것은 싸움의 형태를 취하지 않는다) '고범죄'다. 그는 이 죄들이 '나를 주장하지 못하게' 해달라고 기도한다.[3] 바울의 견해도 이와 비슷하

---

2. 이 표현은 Krister Stendahl, *Paul Among Jews and Gentiles and Other Essays* (Philadelphia: Fortress, 1976.『유대인과 이방인 사이에 있는 바울』감은사 역간), 78-96에 실린 그의 논문, "The Apostle Paul and the Introspective Conscience of the West"(사도 바울과 서구의 성찰적 양심)에서 가져왔다.
3. 시편 51편을 보라. 여기서 다윗은 '자기 앞에 있는 자기 죄'(3절)와 자신이 '행한 악'(4절)

다. 그는 갈라디아서 5장 17절에서 '숨은 허물'에 대한 싸움이 아니라, '고범죄'의 형태로 하나님께 불순종하는 것을 다룬다.

그러므로 이번 장에서는 성령과 육체 사이의 싸움, 곧 '육체를 따라(kata sarka)' 사는 것과 '성령을 따라(kata pneuma)' 사는 것 사이의 싸움에 대한 바울의 견해를 중점적으로 살펴본다. 바울 서신에서 이 용어들이 나타나는 것은 우리의 현재의 종말적 실존과 관련이 있다. 현재의 종말적인 실존이란 세상에 의해서 규정되고 결정된 과거의 삶과는 대조적으로 '이미 그러나 아직'의 상태로 성취된 하나님의 약속에 의해서 규정된 것으로, 신자가 '백성으로서 함께' 사는 것을 뜻한다. 요점은 바울은 어디에서도 기독교 삶, 성령 안에서 사는 삶을 육체와 지속적으로 투쟁하는 삶으로 묘사하지 않는다는 것이다.[4] 그는 그 문제를 언급하지 않는다. 도리어 바울이 말하려는 요점은 마지막 시대를 사는 하나님의 백성에게는 성령님 한 분으로 족하다는 것이다.

바울의 견해 밑바탕에 깔려 있는 사실은 그리스도를 따르는 자들에게 토라 준수와 더불어 육체의 시대가 끝이 났다는 점이다. 로마서 7장 4-6절에 따르면 새 언약과 함께 그리스도와 성령님이 오심으로 그리스도 이전에, 또 그리스도 밖에 있는 우리를 지배하던 율법과 육체의 시대가 끝났다. 그러므로 계속해서 율법과 육체에 따라 사는 것은 '성령을 따르는'(롬 8:5-8) 우리의 삶에 있을 수 없는 일이다. 그러나

---

을 말한다. 그러나 그는 또한 5-6절에서 언급하고 있는 대로, 그 죄의 원천, 곧 악한 마음을 알고 있다.
4. *God's Empowering Presence*에서 갈라디아서 5장 13-15절, 16-17절, 19-23절, 24-26절, 6장 7-10절, 로마서 7장 4-6절, 8장 4절, 5-8절, 13장 11-14절, 빌립보서 3장 3절을 논의한 부분을 보라.

바울의 견해는 마치 성령으로 사는 사람들이 결코 육체 안에서 사는 옛 삶에 유혹을 받지 않는다거나, 또는 그들이 결코 그것에 굴복하지 않는다는 승리주의를 말하지 않는다. 그들은 유혹을 받아왔고, 또 유혹을 받고 굴복한다. 그러나 그것에는 용서가 따르고 은혜로운 회복이 있다.

이것이 바울의 관점이라는 사실은 중요한 본문들인 갈라디아서 5장 17절과 로마서 7장 14-25절을 주의 깊게 분석할 때 잘 입증된다. 그러나 우리가 이 분석을 통해서 도움을 얻으려면 먼저 바울이 '육체'라는 용어를 어떻게 사용했는지 주목해야 한다.[5]

## 바울이 사용한 '육체'의 의미

바울이 사용한 단어 '육체(flesh)'의 기원이 구약성경에 있기 때문에, 이런 연구를 시작하는 자리는 당연히 구약성경이어야 한다. 히브리어 단어 바사르(bāsār)는 우선적으로 몸의 살을 지칭한다. 또 파생된 의미로는 때때로 몸 자체를 가리키기도 한다. 몇몇 경우에 이 용어의 의미가 확장되어 대개 창조주인 하나님과 대비되는 인간의 연약성과 피조성을 드러내기도 한다. 따라서 모든 살아 있는 존재들, 특히 인간을 나타내는 일반적인 표현은 '모든 육체'며, 이것은 '모든 피조물'을 의미

---

5. 이 문제에 관한 최근 학자들의 연구, 특히 J. D. G. Dunn의 입장에 대해서 더 알고 싶으면 (다음에 말하는 것의 일부는 Dunn에 대한 대답이다), 나의 책, *God's Empowering Presence*, 816-822을 보라.

하기도 한다. 시편 기자가 하나님에 대한 신뢰를 드러내면서 "육체(개역개정 성경은 '혈육을 가진 사람'으로 번역함—역자 주)가 내게 어찌하리이까?"라고 질문할 때(시편 56:4), 그의 의도는 그의 보호자이신 하나님과 관련해서 단지 인간이 그분께 무엇을 할 수 있겠느냐는 것이다(참조. 렘 17:5). 욥은 탄식하면서 하나님께 질문한다. "주께도 육신의 눈이 있나이까 주께서 사람처럼 보시나이까"(욥 10:4) 여기서 '육신'은 모호한 의미가 아니며, 또 부정적인 도덕적 판단을 담고 있지도 않다. 도리어 그것은 피조된 인간의 약함을 나타낸다. 히브리인들의 사고에는 죄의 기원이 인간의 마음에 있기 때문에 죄가 육신 안에 있다는 것은 생각할 수 없었을 것이다.

바울은 헬라어 단어 사륵스(sarx)를 신체로서의 몸을 지칭하는 기본 의미로는 거의 사용하지 않으나, 이러저러한 방식으로 인간을 지칭하는 확장된 의미로 정규적으로 사용한다. 따라서 그는 '육신을 따라 난 이스라엘'(고전 10:18), '육신으로' 우리 조상 된 아브라함(롬 4:1), 또는 '육신으로는' 다윗의 혈통에서 나신 예수(롬 1:3)라고 말한다. 각 경우에 이것은 우리가 통상적으로 이해하고 있는 '인간의 혈통을 따라'를 의미한다. 같은 방식으로 바울은 현재 인간의 삶을 여전히 '육체 가운데' 있는 것(예. 갈 2:20, 고후 10:3)으로, 즉 연약함으로 특징지어지는 현재의 인간의 몸으로 살아가는 것으로 인식한다.

그러나 바울은 또한 사륵스를 더 예외적인 의미로 사용하기도 한다. 즉, 부분적으로는 신구약 중간 시대의 유대주의에서 파생된 의미로, 그러나 기본적으로는 이 세상의 삶에 대한 바울의 종말적 시각으로 특징지어진 의미로 사용한다. 그에게 '육체'란 단순히 하나님과 대비되는 피조성을 지닌 인간이 아니라, 상상할 수 있는 모든 방식으로 하나님께 적대적인 타락한 피조성을 지닌 인간을 뜻한다. 바로 이런 의미에서 바울은 '육체를 따르는' 삶을 '성령을 따르는' 삶과 대조한다. 전자는 인간의 타락이라는 관점에서 현재의 악한 삶을 묘사하며, 여기서 인간은 본성적으로 자기 자신의 길로 돌아선다. 후자는 이 책의 제5장에서 묘사된 대로 그리스도와 성령의 오심과 더불어 시작된 종말적 시대를 묘사한다.

그렇다고 해서 사륵스가 번역하기 쉬운 용어가 되는 것은 아니다. 영어성경 NIV는 종종 '죄악된 본성'이라는 표현을 사용한다.[6] 이 번역은 바울이 율법 아래 살았던 자신의 과거 삶을 묘사하고 있는 로마서 7장에서 의미가 잘 통한다. 여기서 '육체'란 하나님의 율법을 패퇴시켜서 그것을 무력하게 만드는 '자신의 지체 속에 있는 다른 법'을 가리킨다. 그 '다른 법'이란 그 자신의 '죄악된 본성'이다. 그러나 이 번역은 바울이 사륵스를 타락한 세상의 특징을 묘사하는 데 사용하는 경우에는 의미가 잘 통하지 않는다.

바울이 이 단어를 두 가지 의미('인간의 약함'과 '인간의 타락')로 사용하는 가장 분명한 경우는 고린도후서 10장 2-4절이다. 도덕적으로 부정적인 의미에서 '육체를 따라' 행동한다는 비난을 받았을 때, 바울은 자신의 논증을 펴기 위해 그가 실제로 '육체 안에서' 살고 있다는 것

---

6. 그러나 NIV는 일관되게 그렇게 하지 않는다. 이 영어성경은 '육체'가 윤리적으로 부정적인 의미를 가질 때 '죄악 된 본성(sinful nature)'이라는 표현을 사용한다(예를 들면 고린도전서 5장 5절, 갈라디아서 5장 13절, 16절, 17절[두 번], 19절, 24절, 6장 8절, 로마서 7장 5절-8장 13절, 골로새서 2장 11절, 13절, 에베소서 2장 3절을 보라). 그러나 같은 단어를 번역하면서 고린도후서 5장 16절(1장 12절, 17절, 10장 2절을 참조하라)에서는 '세상의 관점'을, 빌립보서 3장 3-4절에서는 '육체'라는 표현을 사용한다!

을 인정한다. 이때 육체란 '유한한 존재인 인간의 약함과 한계'를 의미한다. 그러나 그는 계속해서 자신이 '육체를 따라,' 즉 십자가와 부활 때문에 사라져 가고 있는 이 세대를 특징짓는 타락한 상태에서 싸우지 않는다고 말한다. 만일 '육체'가 두 경우에 도덕적으로 부정적인 의미를 지닌 것이라면 이 논증은 전혀 효과가 없다.

여기서 나는 바로 후자의 의미, 즉 인간의 타락에 관심을 갖는다. 이 경우에 사륵스는 육체와 관련된 의미를 완전하게 잃어버리고, 오로지 종말적이며 도덕적으로 부정적인 의미를 지니게 된다. 다시 말해, 그리스도를 알지 못한 채 하나님의 원수로 사는 자들의 실존을 묘사한다. 그것은 그리스도 안에 있기 전에, 또 성령님에 의해 살기 이전의 신자들을 묘사한다. 이 문제에서 어떤 싸움은 그리스도를 믿기 이전의 관점과 가치에 따라 계속해서 행동하는 그리스도 안에 있는 신자, 곧 성령의 사람들과 관계가 있다. 바울의 핵심은 항상 '멈추라'는 것이다. 바울은 "옛사람을 벗어버리고 새사람을 입으라"고 말한다(엡 4:22, 24). 따라서 나의 요점은 '육체'가 성령과 대비되는 방식으로 나타날 때는 언제나 이런 종말적인 의미를 지니고 있다는 것이다.

### 바울 서신에 나타난 성령과 육체의 대조

바울이 토라 준수에 대한 시각과 같은 방식으로 육체를 신자에게는 과거에 속한 것으로 보았다는 사실은 특히 로마서 7장 5-6절에 진술되어 있다. "우리가 육신에 있을 때에는 율법으로 말미암는 죄의 정욕이 우리 지체 중에 역사하여…이제는 우리가 얽매였던 것에 대하여 죽었으므로 율법에서 벗어났으니 이러므로 우리가 영의 새로운 것으로 섬길 것이요." 바울이 이것을 어떻게 이해하고 있는지는 고린도후서 5장 14-17절에서 생생하게 진술된다.

> 그리스도의 사랑이 우리를 강권하시는도다 우리가 생각하건대 한 사람이 모든 사람을 대신하여 죽었은즉 모든 사람이 죽은 것이라 그가 모든 사람을 대신하여 죽으심은 살아 있는 자들로 하여금 다시는 그들 자신을 위하여 살지 않고 오직 그들을 대신하여 죽었다가 다시 살아나신 이를 위하여 살게 하려 함이라 그러므로 우리가 이제부터는 어떤 사람도 육신을 따라 알지 아니하노라 비록 우리가 그리스도도 육신을 따라 알았으나 이제부터는 그같이 알지 아니하노라 그런즉 누구든지 그리스도 안에 있으면 새로운 피조물이라 이전 것은 지나갔으니 보라 새 것이 되었도다.

그리스도의 죽음과 부활과 성령의 오심이 모든 것을 변화시켰다. 이전의 질서는 육체의 관점, 즉 기본적으로 자기 중심적이고 세상 지향적인 관점으로 묘사된다. 이런 관점에서 고린도 성도들은, 바울이 과거에 그리스도를 생각했던 것과 같은 시각으로, 바울을 약하며 따라서 하나님께 속하지 않은 것으로 간주했다. 육체에 속한 자들은 모든 가치와 중요성이 능력, 영향력, 부, 지혜에 있다고 보는 옛 시대의 관점에서 사물을 인식한다(참조. 고전 1:26-31).

확실히 그런 세계관은 여전히 남아 있다. 그러나 그리스도 안에 있는 자들에게 모든 것은 지나갔고 새것이 왔다. 성령의 시대에는 무엇이 가치 있고 중요한가에 대한 정의가 완전히 달라졌다. 그 새로운 본

보기가 십자가다. 즉 능력은 외적인 것에 있는 것이 아니라 신자 안에 내주하고 은혜로 '속 사람'을 새롭게 하며(고후 4:16) 신자를 하나님의 형상(궁극적으로 십자가를 통해서 그리스도 안에 표현된)으로 변화시키는 성령님 안에 있다.

성령과 육체를 대조하는 이러한 종말적 견해는 다른 본문들에서도 찾을 수 있다.

1. 바울은 고린도 성도들에게 이렇게 말한다. "내가 신령한 자들을 대함과 같이 너희에게 말할 수 없어서 육신에 속한 자 곧 그리스도 안에서 어린 아이들을 대함과 같이 하노라"(고전 3:1). 이 문장이 지닌 아이러니는 스스로를 성령의 사람들로 생각하는 고린도 성도들이 자신들이 그리스도를 만나기 이전처럼 행동했다고 생각한다는 것이다. 즉 자신들이 그리스도를 십자가에 못박았던 이 세상의 없어질 관원들(2:6-8)과 같다고 생각한다는 사실이다. 바울이 전한 고난과 십자가의 메시지에 대한 고린도 교회 성도들의 태도는 모든 것을 육체의 관점에서 바라보는 사람들, 즉 그리스도를 죽였던 사람들과 사실상 다를 것이 없었다.

성령과 육체의 대조는 명백하게 종말적인 표현이다. 게다가 그것은 신자 안에서 일어나는 이 두 가지 실존 사이의 내적 싸움을 반영하지 않는다. 반대로 그것은 우리에게 있는 '이미 그러나 아직'이라는 실존 안에서, 해소되지 않은 채 적대적인 관계로 남아 있는 두 시대의 본질적인 특성을 묘사한다. 그 가운데 하나인 육체는 이미 정죄 받았고 지나가는중에 있다. 고린도 성도들이 바로 이런 상태에 있다. 따라서 바울은 그들이 진정한 성령의 삶을 살도록 설득하고 있는 것이다.

2. 이와 유사하게 바울은 빌립보서 3장 3절에서 할례를 주장하는

자들에 대해서 경고한다. 그는 신자들이 '하나님의 성령으로' 섬기며 '육체'를 신뢰하지 않는 자들이라고 묘사한다. 여기서 '육체'란 할례를 통해 입증된 하나님과의 특권적인 관계에 근거한 자기 신뢰를 가리킨다. 그러나 이 책의 제9장에서 언급한 대로 성령님은 어떤 형태로든 율법 준수와 반대의 위치에 계시며, 그것은 그분이 율법을 이루시는 분이기 때문이다. 따라서 이것들 역시 기본적으로 종말적인 실체들이다. 할례로 되돌아가는 것, 즉 '육체를 신뢰하는 것'은 그리스도의 죽음과 부활과 성령의 오심으로 끝이 난 과거의 방식으로 되돌아가는 것이다.

3. 마찬가지로 로마서 8장 5-8절에 나타난 강한 대조들 역시 내적인 싸움을 다루지 않는다. 여기서 바울은 또다시 두 종류의 실존을 묘사하고 있고, 그것들이 결코 양립할 수 없다는 지적을 한다. 육체를 따라 행하는 자들은(이 사람들이 신자들이 아니라 아직 그리스도 밖에 있는 자들이라는 것은 문맥을 볼 때 분명하다) '육신의 일을 생각한다'(5절). 그런 마음 자세는 하나님께 적대적이며 하나님의 법에 복종하지도 않고(실제로 그렇게 할 수도 없다), 또 하나님을 기쁘게 할 수 없으며(어떻게 세상에서 그렇게 할 수 있는가?) 결국 죽음으로 끝이 나고 만다. 바울 서신과 다른 어디에서도 그리스도인의 삶은 이렇게 묘사되지 않는다.

성령을 따라 행하는 하나님의 백성은 육체를 따라 행하는 자들과 완전히 대조된 삶을 산다. 그들의 마음은 성령의 일을 생각한다(그들의 마음은 결국 성령님에 의해서 새롭게 되었다). 하나님을 적대하는 대신에 그들은 평화롭게 살고 죽음 대신에 생명을 누린다.

이것이 바울이 묘사하고 있는 싸움이라는 것은 로마서 8장 9절에서 확실해진다. 여기서 그는 그리스도인 독자들에게 이렇게 말한다.

"그러나 참으로 너희 속에 하나님의 성령이 거하시므로 너희가 육신에 있지 아니하고(7-8절에서 육체를 따라 사는 자들이 그런 상태에 있다는 의미에서), 성령 안에(전적으로 새로운 존재 방식) 있다."

그러나 또한 바울은 성령 안에서 사는 삶이 그저 공원에서 한가롭게 산책하는 것이 아님을 잘 알고 있다. 그래서 로마서 8장 12-13절에서 그는 로마 교회의 성도들에게 성령님을 힘입어 계속해서 육체를 죽여야 한다는 점을 상기시킴으로써 1-11절에서 말한 모든 내용을 그들의 삶에 적용한다. 그들은 이미 육체에 대해서 죽은(이미 그러나 아직) 자들이다. 그들은 과거에 육체에 의해 지배를 받았고, 따라서 육체에게 빚진 자들이었다. 그러나 이제 그들은 성령님에게 빚진 자들이 되었으므로, 성령님의 방식으로 행하고 성령님에 의해 인도를 받아야 한다(14절).

성령 안에서 사는 삶은 수동적인 삶이 아니며 순종이 자동적으로 이루어지지도 않는다. 우리는 계속해서 현실 세계에서 살고 있다. 우리는 결국 '이미 그러나 아직'의 상태에 있다. 그러므로 '이미'를 위한 명령형은 '성령 안에서/성령으로' 행하라는 것이다. 이것은 우리가 육체의 지배를 받는 세상에서 살고 있음을 전제한다. 그러나 또한 이것은 우리가 지금 이 세상에서 계속해서 육체의 일들을 하기보다는, 성령의 인도를 받고 성령의 능력을 받아 의의 열매를 맺는 다른 종류의 사람들로 살고 있다는 것을 전제한다.

이제 마지막으로 갈라디아서 5장 17절과 로마서 7장 13-25절을 다루고자 한다. 두 번째 본문은 성령과 육체의 대조와 아무런 관계가 없다. 따라서 이 본문과 함께 논증을 시작하는 것이 좋다. 그리고 나서 갈라디아서 본문을 살펴본 뒤에 결론을 내리겠다(제10장을 보라).

## 로마서에 나타난 싸움

로마서 7장 13-25절에서 자신이 겪은 내적 싸움을 강렬하고도 깊이 있게 감정적으로 풀어놓는 바울의 고백은 어떠한가? 이 본문은 바울 자신이 성령의 사람이더라도 그의 속 사람은 육체의 세력과 계속해서 싸움을 벌이고 있었음을 알려주지 않는가? 이 본문을 처음 읽거나 또는 본문을 문맥에서 떼어내서 읽으면 그렇게 생각할 수도 있다. 그러나 본문 주변의 문맥과 바울이 실제로 말하는 것과 그가 말하지 않는 것, 이 세 가지 사실을 살펴보면 본문의 내용이 겉보기와 다르다는 것을 알 수 있다.

문맥 전체는 그리스도인의 삶에서 토라가 차지하는 위치와 관계가 있다. 1-6절에서 바울은 신자가 토라와 아무 관계가 없다고 반복해서 설명한다. 신자는 그리스도의 죽으심으로 율법에 대해 죽었다(4절). 그뿐 아니라 바울은 신자가 육체에 대해서도 죽었다고 덧붙여 말한다(5-6절의 과거시제를 주목하라. "우리가 육신에 있을 때에는"). 그러나 그는 자신이 이 지점까지 논증을 펴오면서 율법에 대해 대단히 가혹한 태도를 취했다는 것을 알고 있다. 그런 태도는 유대 그리스도인들인 그의 독자들에게는 그리 탐탁스럽지 않았을 것이다. 그렇지만 그는 실제로 율법을 나쁜 것으로 간주하지 않는다. 사실은 그것과 정반대다. 율법과 관련해서 바울이 제기한 문제는 다만 율법의 부적절함, 즉 그것이 요구하는 바를 수행할 수 있는 능력을 부여하지 못하는 율법 자체의 무력함이다.

그래서 바울은 7-25절에서 율법이 우리의 죽음에 연루되어 있기 때문에 율법 자체가 나쁜 것이라는 주장에 반대해서, 율법이 그렇지 않다는 것을 입증하기 시작한다. 이 점을 강조하기 위해서 그는 두 가지 방식으로 주장한다. 첫째, 7-12절에서 '나를'(이 단락에서 '나'는 그 자신뿐 아니라 다른 모든 유대인들을 가리킨다) 죽인 것은 율법이 아니라 율법이 깨닫게 해준 선천적인 죄성이라고 주장한다. 확실히 율법은 인간의 '죽음'에 직접적인 원인이 아니라 교사자로서 연루되어 있다.

이것 역시 율법을 나쁜 것으로 보게 만들 수 있으므로 바울은 다시 한번 모든 것을 반복한다(13절). 이번에 그는 율법이 전혀 비난을 받아서는 안 된다고 주장한다. 율법의 문제는 그것이 우리로 하여금 죄의 완전한 '죄악됨'을 생생하게 깨닫게 하여 우리 안에 죄를 불러일으키지만, 그 죄에 대해서는 아무것도 할 수 없는 무력함에 있다. 이것은 매우 강하게, 또 율법에 근거해서 하나님을 기쁘게 하려고 노력하는 모든 자들이 공감할 수 있는 방식으로 진술된다. 결국 이것은 전적으로 무익한 싸움이다. 성령을 체험하지 못한 채 율법 아래 있는 사람에게 죄와 육체는 대항할 수 없는 강력한 세력일 뿐이다.

이제 7장 24절의 탄식에 대한 하나님의 응답으로 제시된 그리스도와 성령에 대해서 살펴보자(롬 8장). 그리스도 안에는 정죄함이 없을 뿐 아니라(즉 우리 모두가 마땅히 받아야 할 심판은 그리스도의 죽음을 통해서 우리의 과거가 되었다), 우리는 지금 새로운 '법,' 생명의 성령의 법에 의해서 산다(8:2). 율법이 할 수 없었던 것을 그리스도가 우리를 위해서 행하셨고(명제적으로), 우리가 '성령 안에서 행할' 때 성령님이 그것을 우리 안에서 '성취'하신다(경험적으로, 3-4절). 따라서 결론적으로 세 가지 요점을 제시할 수 있다.

1. 바울은 로마서 7장 13-25절 전체에서 율법 아래 사는 삶의 모습이 어떠한지를 묘사하고 있다. 또 바울은 자신을 결코 율법 아래 있

다고 생각하지 않는다. 이 본문에서 바울이 묘사하고 있는 것은 그의 기독교적 관점으로 바라본, 그리스도와 성령 이전에 율법 아래 사는 삶이다. 이 단락에서 바울이 주어 '나'와 현재시제 동사를 사용한 것은 단지 죄라는 실제적인 문제에 대해서 아무것도 할 수 없는 율법의 전적인 무력함에 대한 자신의 감정을 좀더 강하게 표현하기 위한 것일 뿐이다.

2. 이 본문에서 묘사된 사람은 결코 승리를 거두지 못한다. 더 강력한 육체와 죄에 직면한 채 무력한 상태로 율법 아래 있는 것은 죄 아래 노예로 팔리는 것과 같다. 따라서 율법이 요구하는 선을 행할 수 없다. 이런 묘사는 성령님에 의해 능력을 부여받아, 그리스도 안에 있게 된 삶에 대한 바울의 견해와 결코 양립할 수 없다.

3. 전체 본문 안에 성령님에 대한 언급이 없다(7-25절). 성령님은 6절에서 마지막으로 언급되는데, 거기서 그분은 율법과 육체에 대한 우리의 관계를 끝장내신 그리스도 안에 있는 새로운 삶의 열쇠다. 8장 1-2절에서는, 우리 죄의 죄악됨을 지적하지만 그것에 대해서 아무것도 할 수 없는 무력한 율법을 가지고서, 죄와 싸우는 자들이 내뱉은 탄식에 대한 하나님의 응답으로 그리스도와 성령이 다시 언급된다.

따라서 이 전체 본문에서 바울이 제기하는 유일한 문제는 토라와 관계가 있다. 토라는 좋은 것인가 나쁜 것인가? 또 일단 토라가 좋은 것으로 확증되면 이 좋은 것이 어떻게 여전히 우리의 죽음과 결부되어 있는가? 삶은 오직 토라 아래 있을 때에만 면밀한 검사를 받을 수 있다.

## 문맥으로 살펴본 갈라디아서 5장 17절

그러면 바울이 (문자적으로) "육체의 소욕은 성령을 거스르고 성령은 육체를 거스르나니 이 둘이 서로 대적함으로 너희가 원하는 것(= 하고 싶은 것)을 하지 못하게 하려 함이니라"고 말하는 갈라디아서 5장 17절은 어떠한가? 이것은 육체를 거스리는 성령의 내적 싸움이 있음을 뜻하지 않는가? 그러나 문맥에서 볼 때 그렇지 않다. 사실 이 본문은 앞에서, 성령과 육체를 대비시킨 본문들과 정확하게 일치한다.

17절은 바울이 긴급하게 다루는 논증의 핵심에 자리 잡고 있다. 여기서의 문제는 토라 준수가 그리스도와 성령의 도래하심으로 과거의 것이 되었다면, 이제 율법 외의 무엇이 의를 보장하는 수단인가 하는 것이다. 즉, 여기서 바울은 (아마도 예상되는) 유대 그리스도인들의 반대에 맞서서 논증하고 있다. 유대 그리스도인들은 바울이 토라 준수를 무시한 결과로 방종과 불경건이 일어날 것이라고 생각했을 것이다. 실제로 로마서 3장 7-8절에서 분명하게 드러나고 로마서 6장 1절에서 추측할 수 있듯이, 바울은 바로 이것 때문에 비난을 받았다.

바울은 이 문제를 하나님과 일대일 관계를 맺고 있는 신자 개개인을 향해 던지지 않는다. 오히려 갈라디아 성도들이 다시금 육체의 지배를 받던 이전처럼 살고 있는 바로 그곳에서 출발한다. 그러므로 바울은 갈라디아 성도들에게 그리스도 안에서 얻은 그들의 새로운 자유를 육체의 기회로 삼지 말라고 경고한다(5:13). 이것은 그들이 신앙 공동체 안에서 싸움을 계속하고 있음을 의미한다(15절). 그러나 이제 그들은 사랑 안에서 '서로 종 노릇 해야' 한다(13절). 이와 같은 사랑이 '율법을 성취하기' 때문이다(14절).

13절과 15절에 대한 바울의 반응은 16-26절에 나타난다. 그는 기본적인 명령과 약속으로 16절을 시작한다. 그는 갈라디아 성도들에게 이렇게 요청한다. "너희는 성령을 따라 행하라 그리하면 육체의 욕심을 이루지 아니하리라." 이것은 15절에 대한 응답이므로 여기서 바울은 신자들의 내적인 삶에 대해서 말하는 것이 아니라 공동체 내의 불경건한 행위를 지적하고 있는 것이다. 결국 이 구절 이후에 제시되는 육체의 일들은 모두 행위와 관계가 있다. 여기서 언급된 15가지 항목 가운데 8가지가 신앙 공동체 안에서 일어나는 불협화음들이다.

17절은 16절을 부연 설명하는 기능을 한다. 이 설명을 통해서 바울은 이전에 다른 곳에서 언급한 사실을 다시 말한다. 즉 성령 안에서 행하는 것은 육체를 따르는 삶과 완전한 적대 관계이므로 이 둘은 서로 조화를 이룰 수 없다는 것이다. 또 이것들은 결코 양립할 수 없기 때문에 성령 안에서 사는 자들은 자신들이 기뻐하는 것을 하지 않는다. 다시 말해서 그들은 그리스도 안에서 새로운 자유를 얻었으나 서로 물고 먹으면서 과거에 하던 대로 계속해서 살아서는 안 된다는 것이다.

따라서 육체와 성령의 대비는 그리스도와 성령에 의해 가능해진 새로운 방식으로 사는 자들과 관계가 있다. 바울은 그들에게 성령의 능력을 따라 이런 방식으로 살라고 요청한다. 그의 요점은 성령님은 다른 방식으로 사는 것을 허락하지 않으시며 또 성령을 따라 살 수 있도록 온전한 능력을 주실 수 있다는 것이다. 이것은 바울이 내적인 삶에 관심이 없음을 뜻하지 않는다. 오히려 정반대다. 그러나 여기서 바울은 특히 하나님의 백성의 삶이 그들의 주변 세상과는 완전히 다른 방식이라는 점에 관심을 갖는다. 성령님에 의해 새로운 삶의 방식을 따라 행하는 자들은 계속적인 다툼과 싸움 같은 것으로 기독교 공동체를 파괴하지 않을 것이다.

바울은 성령님을 육체와 적대적인 것으로 제시하는 모든 본문에서 그리스도의 죽음과 성령의 오심으로 인해 육체가 치명적인 상처를 입고(그의 표현에 의하면) 죽었다고 주장한다. 그러므로 바울의 관점에서 볼 때 성령의 사람이 되었다가 다시금 죄의 노예로 팔려 죄의 법에 매인 죄수가 되어, 자신이 원하는 선을 행하지 못하고 사는 것은 불가능하다.

신자들은 두 시대 사이에 살고 있다. 이미 치명적으로 상처를 입은 육체는 마침내 그리스도가 오실 때 종말을 맞게 될 것이다. 이미 현재에 나타난 성령은 그리스도가 오실 때 완전하게 드러날 것이다. 옛 시대가 아직 완전히 지나가지 않았다는 점에서 우리는 여전히 성령에 의해서 사는 것, 성령을 따라 행하는 것, 또 성령을 위해 심는 것을 배워야 한다. 성령님이 충분한 능력을 주시기 때문에 우리는 그렇게 할 수 있다. 바울의 견해에 따르면 단지 현재의 천한 몸 안에서 산다는 의미에서, 우리는 이 세대의 실체들에 종속된 육체 안에 살고 있다. 그러나 우리는 육체를 따라 행하지 않는다. 그런 삶의 방식은 과거에 속해 있다. 또 그런 방식으로 사는 자들은 그리스도 밖에 있으며 "(종말의) 하나님의 나라를 유업으로 받지 못할 것"(갈 5:21)이다.

바울은 현실주의자다. 성령님에 의해 그 효력을 얻음으로 토라를 성취한 '새로운 의'는 그 자체로 '이미'이면서 '그러나 아직'이다. 앞장에서 말한 내용을 다시 언급하자면 성령의 오심은 '하나님의 완전'이 아니라 '하나님의 감염'이 시작되었음을 뜻한다. 우리의 현재 삶은 율법을 맨 앞자리에 두실 책임이 있는 성령님에 의해서 인도를 받는다. 그러나 그것은 하나님의 백성이 다시는 '범죄'를 저지르지 않는다는 의미가 아니다(갈 6:1). 두 시대 사이에서 하나님의 의로운 요구를 어겼을 때 이를 해결하는 길은 하나님의 영을 품은 다른 사람들이 범죄한 자를 성령의 온유함으로 회복하는 것이다. 이것은 정기적으로 하나님의 용서와 은혜를 체험해야 한다는 의미다. 그렇다고 해서 그것을 마치 성령님이 우리가 오늘을 살아가는 데 족한 분이 아니라거나, 또는 우리의 삶을 천천히 수축시키는 바람 새는 구멍과 같이, 어쩔 수 없이 계속해서 죄를 짓는 삶이 불가피하다는 뜻으로 받아들여서는 안 된다.

·······◆·······

이 설명이 독자들 가운데 죄와 지속적으로 싸우며 살고 있는 사람들을 만족시키지 못한다면, 그들에게 내가 할 수 있는 말은 복음에서 용기를 얻으라는 것이다. 나는 그 싸움을 가볍게 보지 않는다. 그러나 우리는 하나님께 사랑을 받았고 그 사랑은 '성령으로 말미암아 우리의 마음에 부은 바' 되었다. 어떤 이들에게 성령 안에서 사는 삶의 열쇠는 율법에 따라 살지 못한 것에 초점을 맞추고 스스로 자성하는 것보다는, 하나님께서 행하신 일과 행하고 계신 일, 또 행할 것이라고 약속하신 일에 감사하고 찬양하면서 훨씬 더 많은 경건의 시간을 보내는 것이다.

    그리스도께서 우리를 용서하신 것처럼 다른 이를 용서하기보다는 그들이 우리에게 행한 것을 앙갚음하고 싶을 때마다, 아직도 우리가 두 시대, 즉 감염이 시작된 시대와 완성이 실현될 시대 사이에서 살고 있음을 한번 더 깨닫게 된다(제12장의 맨 처음 두 번째 단락을 보라). 그러나 지금은 성령의 인도를 받기 때문에 과거처럼 아무 생각 없이 우리가 원하는 것을 무엇이든 다 행하지 않는다. 다른 사람들이 우리에게 행한 것 때문에 그들을 공격하지도 않는다. 하나님의 임재(그의 능력을 부여하는 임재)인 성령님이 우리 안에 내주하심으로써 그런 일에 적절하게 반응하도록 우리를 인도하실 것이다.

마지막으로 이 논의를 시작한 원점으로 돌아가면, 우리가 몸인 교회의 지체로서 살아가는 출발점이 바로 여기다. 구원의 궁극적인 목표는 우리가 개인으로서 하나님의 백성에 속하여, 성장하고 기여하며 공동체의 덕을 세우는 지체가 되는 것이다. 그러므로 이 몸 안에서 다른 이들도 동일한 목적을 위해 존재하며, 따라서 동일한 방식으로 서로를 섬겨야 한다. 자기 혼자의 힘으로 의롭게 살면서 외롭게 방황하는 그리스도인이 되려고 하지 말라. 공동체 안에서 우리가 돌아볼 수 있는 사람들을 찾아서 그들도 그리스도의 형상에까지 자라가고자 하는 우리의 열망에 동참하게 하라.

# 12
## 약함 속에 있는 능력
성령, 현재의 약함, 그리고 기도

> :::
> 현재의 종말적 삶은 특별히 기도 가운데 우리를 돕기 위해 오시는 성령님의 능력을 깨달아, '이미 그러나 아직'이라는 중간 지점에서, 우리의 모든 약함을 안고 살아가는 것이다.

실제로 내게 일어났던 두 가지 이야기를 하려고 한다. 첫 번째는 내가 대학생이던 과거에 일어난 이야기다. 당시에 스탄은 이십대 중반의 기혼자로서 지역 교회에서 많은 활동을 하던 신자였다. 그러나 그는 등뼈에 생긴 커다란 종양 때문에 죽어가고 있었다. 나는 두렵고 떨리는 마음으로 그를 방문했다. 그때 나는 채 스무 살이 안 되었고 죽음에 대해서도 아는 것이 없었다. 또 실제로도 너무 어린 나이여서 마음이 그리 편하지 않았다. 그러나 스탄이 나의 친구였고, 또 나는 하나님께서 병을 치유하신다는 것을 믿는 오순절주의자였기 때문에 그를 찾아갔다.

그날 내가 체험한 것을 결코 잊을 수가 없다. 나뿐만 아니라 나와 함께 그를 찾아간 다른 이들도 마찬가지일 것이다. 우리는 무슨 말로 위로를 해야 할지 염려하면서 그의 병실 문을 열고 들어갔다. 그러나 그리스도의 임재에 대한 스탠 자신의 체험과 그가 하나님의 사랑에 대해 배우고 있던 것, 또 주님과 함께 있고자 준비하는 그의 모습에 우리 모두는 깊은 감동을 받고 말았다. 위로하러 갔던 우리가 오히려 하나님 안에서 힘을 얻고 병실을 나왔다. 그는 석 달 뒤에 죽었다. 그 역시 하나님께서 치유를 통해 자비를 보여주실 수 있다는 것을 신뢰했던 오순절주의자였으나, 자신의 영원한 보상을 받을 준비가 되어 있었던 까닭에 전혀 절망하지 않은 채 죽음을 맞이할 수 있었다.

두 번째는 많은 세월이 흐른 뒤 대학에 다니던 큰아들이 방학중에 집으로 돌아왔을 때 일어난 이야기다. 일요일 아침에 아들 녀석은 지하의 거실에 있는 텔레비전 앞에서 '예배를 드리기로' 했다. 그런데 얼마 지나지 않아서 "와" 하는 소리가 들렸다. 그 때문에 아내 모던과 나는 허겁지겁 아래층으로 내려갔다. 텔레비전 화면에는 당시에 유명했던 한 텔레비전 설교자의 부인이 등장해 있었다. 우리가 그곳에 내려갔을 때 그 여자는 손가락으로 텔레비전 시청자들을 가리키면서 날카로운 목소리로 거의 고함을 지르듯이 말했다. "여러분 중 누군가가 암으로 죽어가고 있다면, 그것은 하나님의 잘못이 아닙니다. 바로 여러분의 잘못입니다. 왜냐하면 하나님은 여러분을 치유하기 원하시기 때문입니다."

위의 두 이야기는 그리스도를 따르는 두 종류의 사람들에 대한 것이다. 나는 이 가운데 첫 번째 유형의 사람들을 더 좋아한다.

이번 장에서 다룰 문제는 바울 서신에서 나타나는 하나님의 능력을 부여하는 임재인 '성령'과 '약함'이라는 주제 사이의 관계다. 여기서 특별히 바울 자신이 살았던 '이미 그러나 아직'이라는 중간 지점을 놓치고, 바울이 말하지 않은 어느 한 면이나 다른 한 면만을 강조하는 잘못을 범하기 쉽다. 요점은, 이제는 이것을 읽고 놀라지 않겠지만, 우리의 현재 종말적인 실존(교회의 삶 속에서 '이미 그러나 아직 완성되지 않은' 하나님의 나라에 대해 우리가 교회의 삶 속에서 얻은 체험)이 바울 서신에 나타난 이 마지막 대조를 이해하는 열쇠라는 것이다. 이것이 오늘날의 신자들에게 어떤 긴장을 초래하긴 하겠지만, 또다시 여기서 종말적 성령의 임재가 중요한 역할을 한다.

## 현재의 상황

성령과 현재의 약함이라는 쟁점에 대해서 다소 분명하게 규정된 두 가지 측면이 있다. 한편에는 바울의 생각을 잘 몰라서 쉽게 다수가 지지하는 견해가 있다.[1] 이 견해는 실제보다 더 바울의 주장으로 보이게 만드는 미묘한 점을 지니고 있다. 실제로 이것은 특별히 바울과 조화되기 어려운 패배주의 쪽으로 기우는 경향이 있다.

여기서 문제가 되는 것은 어떤 이들이 '약함'이라는 용어, 즉 육체 안에 있는 삶을 육체를 따르는 삶과 혼동하는 경향을 가지고 있다는 점이다. 예를 들어, 그들은 바울이 "성령도 우리의 연약함을 도우시나

---

1. 이런 오해는 내가 보기에 성령을 하나님의 능력을 부여하는 임재로 진지하게 고려하지 못한 데서 비롯된 것이다.

니"(롬 8:26)라고 말할 때, '약함'을 우리의 죄악을 포함하는 현재의 실존으로 본다. 또 바울이 자랑하는 자신의 '약함'이 그에게 있는 다양한 육체적 약함과 고난뿐 아니라 성령과 육체의 싸움까지도 포함한다고 이해한다.[2]

그러나 바울 서신에 나타난 '약함'이라는 용어에 대한 주의 깊은 연구가 입증하는 것처럼,[3] 바울은 자신의 '약함'을 결코 그런 식으로 의미하지 않는다. 이 용어는 실제로 육체 안에 있는 삶, 즉 현재 여전히 고난과 무능이라는 환경 속에서 살고 있는 인간의 삶에 적용된다. 그러나 앞장에서 언급한 대로 바울 서신에서 육체 안에 있는 삶은, 죄 안에서 사는 것을 뜻하는, 육체를 따라 사는 삶과 동일하지 않다.

바울이 약함 가운데서 능력 있게 된다는 자신의 고백 속에 성령과 육체의 내적인 싸움을 포함시키지 않았다는 것을 가장 잘 보여주는 증거가 있다. 그것은 그가 약함 가운데서 사는 것을 매우 긍정적으로 말하고 있어서, 그것이 그에게 '자랑 또는 영광'의 원인이며 따라서 '기쁨'의 원인이 된다는 사실이다. 바울이 육체를 따라 사는 삶을 기뻐한다는 것은 도무지 상상할 수 없다. 실제로 바울은 그렇게 하지도 않는다.

이런 첫 번째 견해를 주장하는 결과로 종말에 대한 관점에 있어서

---

2. 이 견해를 지지하는 주요 인물은 J. D. G. Dunn이다. 그의 책, *Jesus and the Spirit* (Philadelphia: Westminster, 1975) 326-342을 보라. 그는 자신의 능력과 예리한 통찰들에도 불구하고, 이 점에 대해서는 바울의 견해를 혼동했다.

3. 이것에 대해서는 D. A. Black, *Paul, Apostle of Weakness: Astheneia and Its Cognates in the Pauline Literature* (American University Studies, New York: Peter Lang, 1984)를 보라.

문제가 나타나는데, 즉 '그러나 아직'이라는 측면은 지나치게 강조하고 '이미'라는 측면은 거의 강조하지 않는다는 것이다. 이런 견해를 지지하는 편에서도 성령님에 대해서 많은 것을 말한다. 그러나 성령님에 대해서 입으로만 떠들 뿐 하나님의 능력을 부여하는 성령에 대한 바울의 체험에 대해서는 거의 아무 말도 하지 않은 채, 하나님의 백성을 얼마간이라도 그들 스스로의 힘으로 참호 안에서 버티게 만드는 경향이 있다.

이와 정반대인 다른 한편에는 승리주의를 강하게 주장하는 경향이 있다. 이것은 지나치게, 때로는 전적으로 '이미'라는 측면에 초점을 맞춘다. 이런 극단은 어떤 종류의 고통이든 그것을 악의 형태로 간주해서 거부하고 고통은 어떤 희생을 치르더라도 피하고 보는 20세기 후반의 북미와 같은 문화에서는 특별히 유혹적이다. 여기서 어려움은 내적인 싸움과 인간의 죄된 성향 사이에 있는 것이 아니라, 고난과 고통을 본래 악한 것으로 간주하는 우리의 문화적 시각과 약속되고 체험된 성령의 능력 사이에 있다.

고난과 고통이 악에서 비롯된다는 사실을 의심할 이유가 없다. 그러나 그것들이 우리 자신의 악(또는 어떤 이들이 주장하듯이 믿음의 결핍)에서 직접적으로 비롯된다는 것은 의심해야 할 뿐 아니라, 바울의 생각과는 전혀 다른 것으로서 단호하게 거부해야 한다. 이런 견해의 결과로 '그러나 아직'을 무시하고 '이미'를 강조하는, 과도하게 실현된 종말적 관점과 같은 것이 나타난다. 이런 관점은 현재의 약함을 하나님의 명예를 손상시키는 것으로 보고 무시하며, 성령님을 능력 가운데서만 임재하시는 것으로 보는 비 바울적인 견해로 귀결된다.

여기서 문제가 되는 것은 바울에게는 기쁘게 공존하고 있는 실체들을 억지로 분리시키려는 경향이다.[4] 바울은 하나님의 능력, 곧 그리스도의 부활을 통해서 나타나고 지금 성령의 임재를 통해서 입증된 능력을 말하지 않는 복음에 대해서는 아무것도 알지 못한다. 복음은 회중 안에서 일어난 '능력(miracles)'을 포함한다(갈 3:5). 바울은 그리스도 안에 있는 구원이 토라 준수가 아니라 믿음에 근거한다는 것을 입증하는 증거로서, 사실 그대로의 방식을 통해서 그 능력들에 호소한다("너희에게 성령을 주시고 너희 가운데서 능력을 행하시는 이의 일이 율법의 행위에서냐 혹은 듣고 믿음에서냐"). 그것은 또한 그리스도를 능력 있게 선포하는 것을 포함하는데, 여기에는 선포자 자신의 명백한 약함에도 불구하고(고전 2:1-3, 고후 12:7-10) 회심을 불러일으키는 성령의 분명한 능력이 동반된다(살전 1:5-6, 고전 2:4-5).

많은 사람들에게 특히 고린도 성도들(또 오늘날 고린도 성도들을 추종하는 많은 무리들)에게 후자는 모순처럼 보인다. 어떻게 능력이 나타나는데 자기 자신을 위한 능력은 없는가? 어떻게 부활의 능력과 성령의 생명을 자랑하면서도 그 능력을 자기 자신의 육체적 약함과 고난에는 적용하지 않는가? "의원아, 네 자신을 치료하라"는 것은 단지 그리스도에게만 한 말이 아니다. 그것은 하나님의 능력이 오로지 눈에 보이는 특별한 방식들로만 나타날 수 있다고 보는 사람들에게 항상 최선의 수단이 된다. 이런 사람들은 인간의 몸의 연약함을 통해서 하나님의

---

4. 나는 바울이 고난을 즐겼기 때문이 아니라, 명백하게 고난을 훈련의 관점에서 보았기 때문에 '기쁘게'라고 말한다. 즉 그는 고난을, 영광에 들어가기 전에 고난을 받고 그 고난을 통해서 하나님의 백성을 구속하신 그리스도의 도를 따르는 것으로 보았다. 따라서 바울은 그리스도를 위해서, 그러므로 교회를 위해서 기꺼이 고난을 받을 뿐 아니라 기꺼이 고난 중에도 기뻐한다. 이것이 제자도의 실체라고 확신했기 때문이다.

은혜와 능력이 나타날 때 하나님의 영광이 더욱 크게 드러나며, 그래서 그 은혜와 능력의 원천에 대해 혼동할 수 없다는 것을 결코 고려하지 않는다.

### 성령, 능력, 약함

우리가 여기서 부딪힌 문제의 일부는 또다시 단어 정의에 대한 것이므로 이 부분을 시작하면서 '능력(power)'이라는 단어에 주목할 필요가 있다.

우리는 바울이 능력을 어떤 의미로 사용하는지에 대해 항상 확신할 수는 없다. 종종 그 단어는 성령의 임재가 가시적으로 드러나는 때를 가리킨다(예. 고전 2:4-5, 갈 3:5, 롬 15:19). 데살로니가전서 5장 19-22절, 고린도전서 12-14장, 갈라디아서 3장 2-5절, 로마서 12장 6절의 증거에 따르면, 바울의 교회들이 한 자리에 모였을 때 성령의 임재가 역동적으로 나타났다는 의미에서 그 교회들은 분명히 '은사적(charismatic)'이었다.[5] 어떤 곳에서는 신자들이 그리스도의 사랑을 온전히 이해하고 그 사랑을 실천하며 살아가는 것도 능력을 뜻하는데(엡 3:16-20), 바울은 이런 곳에서조차 성령의 기적적인 사역이 나타난다는 것을 인정한다.

이 경우에 성령의 증거는 새롭게 된 사람들이 서로에게 행동하는

---

5. 이 문제에 대해서는 이 책의 제13장과 제14장을 보라. Dunn , *Jesus*, 160-165을 참조하라.

방식에서 나타난다. 다른 그 무엇보다도 성령으로 사는 삶이 지닌 이런 역동적이고 가시적인 측면이 아마도 후대 교회의 신자들로 하여금 바울 교회의 신자들로부터 괴리감이 들게 할 수 있다. 무엇보다 성령은 바울이 세운 교회들 안에서 생생하게 체험되었다. 그 교회들 안에서 성령은 단순히 신조 속에 나타난 문구의 일부가 아니었다.

그럼에도 또한 바울은 성령의 능력과 현재의 약함이 가장 밀접하게 연결되어 있다는 전제를 하기도 한다. 아주 분명하게 말하지는 않으나 로마서 8장 17-27절과 고린도후서 12장 9절 같은 본문은 성령님이 고난이나 약함 가운데서 능력을 부여하는 원천으로 나타난다고 말한다. 바울이 이해한 내용에 따르면 그리스도를 아는 것은 그리스도의 부활의 능력과 그의 고난에 참여함을 아는 것을 뜻한다(빌 3:9-10). 실제로 후자를 깨닫기 위해서는 전자를 알 필요가 있다. 현시대에서 우리를 향한 하나님의 관심은, 빌립보서 2장 6-11절에서 그리스도의 영광스러운 이야기 안에 예시된 것처럼, 우리가 '그리스도의 죽으심에서 그의 형상을 닮고자' 십자가의 삶을 사는 것이다(빌 3:10). 고난을 받는 것은 주님의 모범을 따르는 것이며, 그러므로 '그리스도의 남은 고난을 내 육체에 채우면서' 주님과 같이 되는 것을 의미한다(골 1:24).

그럼에도 바울은 또한 하나님의 능력이 성령님을 통해 약함 가운데서 더 분명하게 나타나기를 기대한다. 이렇게 하나님의 능력이 약함 가운데서 나타나는 것은 그분의 능력이 십자가에 못 박힌 메시아에 대한 메시지 안에 존재한다는 것을 입증하는 하나님의 증거다. 그러므로 바울은 고린도전서 2장 3-5절에서 그 자신의 연약함에 호소하는 동시에 그의 메시지와 고린도 성도들의 회심에서 나타난 성령의 능력에 호소한다. 또 데살로니가전서 1장 5-6절에서는 새 신자들에게 그들이 성령의 능력에 의해서, 그러나 또한 성령의 기쁨이 동반된 고난 가운데서 신앙을 갖게 되었음을 상기시킨다.

이 모든 것은 그리스도인의 실존을 '이미 그러나 아직'의 시각으로—이것은 후대의 그리스도인들이 잘 이해하지 못하는 긴장이다—보는 바울의 기본적인 종말론적인 이해를 반영한다. 바울에게 그것은 단순히 현재는 전적으로 약하고 (가까운) 미래는 전적으로 영광스럽다는 식의 긴장이 아니다. 성령이 오셔서 입증된 것처럼 실제로 미래가 현재 안으로 침입해서 들어왔다. 성령은 하나님 능력의 임재를 뜻하므로 이미 상당한 정도로 미래는 이 세대 안에 도래한 것이다. 따라서 현재의 고난은 제자도의 표식이며, 그 모델은 십자가에 못 박힌 우리 주님이시다. 그러나 십자가에 못 박힌 그분을 죽은 자들로부터 일으킨 동일한 능력이 이미 우리의 죽을 몸 안에서 활동하고 있다.

바울의 이해에서 나타나는 이런 역설은 현대인들에게 대단히 많은 어려움을 만들어낸다. 우리는 한 가지를 강조하기 위해서 다른 한 가지를 무시하는 경향이 있다. 바울과 신약성경의 나머지 저자들은 성령과 능력에 대한 이러한 표현을 행복한 긴장으로 함께 유지했다. 결국 바울에게 있어서 십자가에 못 박힌 분에 대한 메시지는 이 세상에서 하나님의 능력이 역사하는 중심이다(고전 1:18-25). 또 약한 모습으로 두려워 떨면서 전한 바울의 설교는 고린도인들을 회심시킨 능력이 설교자 자신의 지혜나 웅변에 있는 것이 아니라 성령의 능력에 있음을 입증했다. 따라서 바울은 전통적으로 한 측면이나 다른 측면만을 잘못 강조해온 복음주의자들과 오순절주의자들이 모두 놓쳐버린 철저한 중간 부분을 통과해서 지나갔다.

히브리서의 저자는, 그가 바울의 (이전의) 동료든지 아니든지 간에,

이런 역설을 11장 32-38절에 나타난 몇 가지 믿음(=충성, 인내)의 예들을 통해서 조금 다른 방식으로 표현하고 있는 듯하다. 어떤 이들은 '믿음으로' 살았으며 큰 이적들이 일어나는 것을 보았다. 다른 이들은 '믿음으로' 살았으나 고문을 받고 죽었다. 그러나 저자는 그들 모두가 자신들의 믿음 때문에 칭송을 받았다고 결론을 내린다. 바울이 말하는 성령과 능력에 대해서도 마찬가지다. 성령은 큰 능력, 소망으로 넘치는 능력(롬 15:13), 곧 때로 표적들과 기사들로 입증되며 어떤 때는 큰 환난중의 희락으로 입증되는 능력의 임재를 뜻한다. 그러나 성령님이 마지막의 종결이 아니라 단지 그 마지막의 서막을 여시기 때문에, 능력은 이 세대의 최종 완성을 뜻하지 않는다. 도리어 능력은 그리스도의 성숙으로 이끈다.

따라서 성령으로 사는 오늘 우리의 삶에 대한 바울의 견해가 때때로 역설적으로 보이는 것이 사실이다. 그러나 이 책의 제2장과 제5장에서 언급한 대로, 성령이 하나님의 종말적 약속의 성취이자 동시에 우리의 미래에 대한 확실한 보증이라는 것을 깨닫기만 하면, 현재의 삶에 대한 바울의 견해를 적절한 관점에서 이해할 수 있게 된다. 우리는 '이미 그러나 아직'이라는 상태에 있는 것이다. 성령님은 '이미'의 증거이자 동시에 '아직'의 보증이 되신다.

대단히 기쁘게도 두 시대의 중간 지점에서 살아가는 우리는 홀로 모든 것을 우리의 책임으로 안고서 살아가지 않는다. 성령님은 그저 우리에게 당신의 능력을 보여주고 나서 우리가 미래에 속해 있다는 사실을 상기시켜주는 분으로만 존재하지 않으신다. 도리어 성령님은 우리의 동반자로 늘 함께하시면서, 우리를 인도하시며 우리에게 능력을 부여하신다. 이러한 능력 부여는 그 어떤 경우보다 우리의 기도 생활에서 가장 의미가 깊다.

## 성령님과 기도 [6]

이 책 전체를 통해서 나는, 교회 안에서 종종 공동체로서의 하나님 백성과 개인 사이를 분리하는 것이 바울의 체험과 신학에 비추어볼 때 잘못임을 애써 지적하고자 했다. 공동체라는 측면을 더 강조하는 사람들은 때때로 '영성'을 포함하여 개인의 경건을 겁내거나 불편해한다. 모든 경건주의 운동들(개인의 영성에 강한 관심을 갖는 운동들)은 교회의 지나친 집단주의 때문에 하나님과 개인의 관계가 상실되거나 함몰되는 경향에 대한 반응으로 일어났다. 이것은 기도를 대하는 태도에서 가장 분명하게 나타난다.

바울에 대한 연구를 하면서 알게 되는 매우 놀라운 모순들 가운데 하나는 바울 사상의 모든 면을 연구하는 수천 권의 책이 있지만 그의 기도 생활을 다루는 책은 소수라는 사실이다. 실제로 모든 사람들이 갖고 있는 바울에 대한 그림은 선교사 바울이나 신학자 바울 둘 중의 하나에 국한되어 있다. 그러나 바울 서신을 볼 때 분명한 것은 그

---

6. 이 문제에 대해서는 *Alive to God: Studies in Spirituality Presented to James Houston* (ed. J. I. Packer and L. Wilkinson, Downers Grove, Ill., InterVarsity, 1992) 96-107에 실린 Fee, "Some Reflections on Pauline Spirituality"를 보라. 또한 Stendahl, *Meanings: The Bible as Document and as Guide* (Philadelphia: Fortress, 1984) 151-161에 실린 "Paul at Prayer"을 보라. 더 최근의 것으로는 D. A. Carson, *A Call to Spiritual Reformation: Priorities from Paul and His Prayers* (Grand Rapids: Baker, 1992. 『바울의 기도』 복있는 사람 역간)를 보라.

가 선교사나 사상가이기 이전에 기도하는 사람이었다는 사실이다. 그의 삶은 기도에 바쳐졌고 그와 회심자들의 관계는 우선적으로 감사와 기도에 의해 유지되었다. 바울의 개인 경건에서 기도를 제거하는 것은 기름의 중요성을 인식하지 못한 채 가솔린 연소 엔진의 작동 방식을 조사하는 것과 같을 것이다. 바울은 그저 기도를 믿거나 기도에 대해서 말하지 않았다. 그는 정기적으로 계속해서 기도했고 자신의 교회들에게도 기도하라고 권면했다(살전 5:16-18). 바울이 그리스도를 알기 이전부터 기도를 했다 하더라도, 여기서 주목해야 하는 것은 그의 기도가 성령의 오심으로 철저하게 변화되었다는 사실이다.

바울이 목회한 교회들에서 미리 정해진 형식의 기도를 했는지는 알 수 없다. 어떤 경우에서든 성령님의 이끄심으로 자연스럽게 하는 기도가 표준이다.[7] 내주하시는 성령님이 하나님께 '아바'라고 외칠 때 그리스도인의 삶은 비로소 시작된다(갈 4:6, 롬 8:15). 바울은 다른 곳에서 전도의 능력을 구하는 기도를 포함해서 '모든 경우에 성령 안에서/성령으로 기도하라'고 요청한다(엡 6:18).

특별히 기도에 있어서 성령님은 '이미 그러나 아직'이라는 실존 속에서 살아가는 우리를 도우신다. 현재 약함을 안고 살아가는 우리는 어떻게 그리고 무엇을 위해서 기도해야 할지 모르기 때문에, 성령님이 '말할 수 없는 탄식(아마도 방언을 지칭하는 표현)으로' 우리를 위해 중보

---

7. 기도할 때 성령이 성부와 성자처럼 그 이름이 불리지 않는다는 사실은 때때로 성령의 인격성이나 바울의 삼위일체론에 반하는 것으로 언급되어 왔다. 정확하게 말해서 그런 식으로 끌어낸 결론은 잘못이다. 기도에 있어서 성령의 역할은 다른 것이다. 그분은 우리의 기도가 드려지는 대상이 아니라, 우리의 신적인 '기도자(prayer)', 즉 그분을 통해서 우리가 기도하는 분이다.

기도하신다(롬 8:26-27).

그러므로 기도(와 찬양)는 방언에 대한 바울의 견해를 가장 잘 살펴볼 수 있는 수단이다. 바울은 고린도전서 14장 어디에서도 방언이 사람들에게 하는 말이라고 제안하지 않는다.[8] 오히려 방언이 하나님께 하는 말임을 세 번이나 언급한다(14:2, 14-16, 28). 그는 14-16절에서 방언을 구체적으로 '나의 성령/영으로 기도하는 것'이며, 2절에서는 '하나님께 비밀을 말하는 것'으로 묘사한다.

이 때문에 방언은 말하는 자의 마음은 열매를 맺지 못하며, 또 통역이 없이는 그런 기도를 공동체가 모인 자리에서 하지 말아야 한다고 말한다. 바울 자신은 그런 기도를 매우 자주 했으므로, 이 은사를 소중하게 여겼던 고린도 회중에게 그들 중 누구보다 자신이 방언으로 더 많이 기도했다고 담대하게 말할 수 있었다(고전 14:18). 또 그는 확실히 영으로 기도할 뿐 아니라 '마음으로' 기도하라고 주장한다. 오늘날 대부분의 그리스도인들이 단지 한 가지 형태로만 기도하려 하는 것과는 사뭇 다르다.

게다가 성령 안에서 하는 기도는 '황홀경'에 빠지는 것을 뜻하지 않는다.[9] 이 기도는 성령님이 신자의 마음에 짐을 지우지 않고 신자의 영을 통해서 하나님과 대화하는 것을 뜻한다. 우리는 성령님을 의뢰하여 이런 기도를 할 수 있다. 로마서 8장 26-27절에서 바울이 주장

---

8. *God's Empowering Presence*에 제시된 고린도전서 14장 5절의 주석을 더 보라. 이 주석에서 나는 방언을 통역한다고 해서 그것이 인간을 향한 말이 되는 것이 아니라, 14장 2절에서 언급된 하나님께 이야기된 비밀을 해석하는 것이라고 주장했다.
9. 여기서 이 용어는 어떤 종류의 초월적이고 몸을 벗어난, 하나님에 대한 체험을 가리키는 더 전문적인 의미로 사용된다.

하는 것처럼 바로 그런 기도는 우리의 약함을 도우시려는 성령님의 기도이기 때문이며, 또 하나님은 성령님의 마음을 아시고 성령님은 하나님의 뜻에 맞게 기도하시기 때문이다.

또 '성령 안에서'(이것을 어떻게 이해하든지) 기도하는 것은, 또 다른 연약함을 가지고 있는 하나님의 백성들이, '정사와 권세'와 계속해서 싸움을 벌여나갈 수 있도록 도우시는 하나님의 대책이기도 하다. 바울은 신자들에게 그들이 원수와 싸울 때 복음에 의해 제공된 방어용 갑옷과 함께 두 가지 '성령의 무기,' 곧 (원수의 영토를 침입해서 원수에게 포로로 잡힌 사람들을 구원하는) 복음의 메시지와 '성령 안에서 하는 기도'(엡 6:18-20)를 사용하도록 요청한다.

여기서 특별히 성령님은 우리의 참된 친구시며 조력자시다. 우리는 어떻게 기도해야 할지 잘 모르기 때문에, 영적인 싸움을 더 효과적으로 수행하기 위해서는 성령 안에서/성령으로 기도하는 것에 더 온전하게 의지해야 한다. 그러므로 기도는 단지 우리의 절망의 외침이거나, 또는 하늘에 계신 우리 아바 앞에 내놓은 희망 사항의 목록이 아니다. 기도는 하나님의 영을 통해서 하나님에 의해 감동을 받은 활동이다. 하나님은 자기 백성의 편에 서시며, 하나님의 능력을 부여하는 임재, 곧 그분의 영에 의해서 그분의 뜻과 방식에 합당한 기도를 하게 하신다.

바울의 '영성'이 지닌 이런 측면을 진지하게 받아들이지 않는다면, 그를 신학자로 이해하기란 아마도 불가능할 것이다. 기도가 없는 삶은 사실상 무신론자의 삶이다. 바울은 성령 안에서, 또 성령에 의해 사는 자로서 특별히 기도를, 구체적으로 무엇을 기도할지 모를 때조차, 다른 이들을 위해 감사하고 간구하게 만드는 성령의 특별한 감동으로 이해했다. 성령 안에서 사는 삶이 바울에게 무엇을 의미했건 간에 그것은 희락과 감사가 동반된, 기도에 바쳐진 삶이었다.

결국 기도는 두 시대 사이를 살아가는 우리를 드러내는 제일 가는 표현이다. 기도는 우리가 전적으로 의존적인 위치에 있음을 증거한다. 또한 기도는 우리가 현시대에 계속해서 연약함 가운데 있음을 증거한다. 성령 안에서 드리는 기도는 하나님께 요구하지 않고(우리의 기도가 종종 그러하더라도), 겸손하게 기다리며 하나님께 귀를 기울인다. 또 성령 하나님이 성부 하나님의 뜻과 기뻐하시는 바에 합당하게 우리를 위해 중보하실 것을 기대한다.

이 대목에서 어쩌면 우리는 바울의 영성에서 평가하기 가장 어려운 측면인 환상과 계시를 다루어야 한다. 바울은 자신이나 다른 사람의 사도권을 확증하기 위해서 그런 경험들을 이용하는 것이 전적으로 부당하다는 것을 고린도 교회 성도들에게 납득시키고자 했다(고후 12:1-10).[10] 우리가 주목해야 하는 부분은 바울이 그런 경험을 했을 뿐 아니라 그것들을 자주 경험했다고 분명하게 단언한 점이다. 그럼에도 그는 그것들이 자신의 사역을 확증하는 데 아무 가치가 없다고 보았다.

그러므로 방언과 마찬가지로 우리가 바울이 경험한 그런 영적인 것들에 대해서 알 수 있는 것도 그저 고린도 성도들이 그것들을 지나치게 추구했기 때문이다. 바울에게 이런 종류의 성령 체험들은 모두 하나님과 그의 개인적인 관계에 속한 것임에 분명하다. 따라서 그는 결코 그것들에 대해서 자기가 먼저 말하지 않는다. 바울에게 '황홀경'

---

10. *God's Empowering Presence* 327-330에서 고린도후서 5장 13절을 논의한 부분을 보라.

은 그 자신과 하나님 사이의 문제였다. 다른 사람들 앞에서 그는 오로지 '정신이 온전한 상태'로 있고자 했다(고후 5:13).

이는 후대 교회 역사에서 일어난 일들과 비교하면 많이 다르다. 오늘날 개인이 받은 성령 체험들은 너무 자주 자신의 사역과 영성의 권위를 확증하기 위해서 첫 번째로 제시하는 자격 증명서가 되었다. 그러나 바울은 우리의 연약함을 다루시는 하나님과 관련시켜 성령님의 많은 활동을 지적한다.

따라서 고린도후서 12장 1-6절에서 가장 겸손한 언어로 묘사된 것과 같은 영적 체험들은 성령 안에 있는 바울의 삶, 곧 하나님의 인격적인 임재 안에 있는 그의 삶이 얼마나 부요했는지를 분명하게 강조한다. 그러나 또한 그것들은 너무나 사적인 것이라서 장려하거나 과시할 만한 것들은 아니었다. 바울이 '셋째 하늘에 이끌려 간 사람을 알았다'는 것은 무엇보다 자기 자신을 격려하는 원천이 되었음에 틀림없다. 그러나 그는 그것을 어떻게 덮어두어야 할지도 알았다. 부활의 능력을 통해서 그리스도의 죽음을 본받는 것이 현재 삶의 전부이기 때문이다.

마지막으로 우리가 다시 주목해야 할 것이 있다면, 바울이 성령 안에서 했던 기도조차도 고린도 교회 성도들이 그들의 공동체 내에서 그것을 말하고 있었기 때문에 우리가 알 수 있다는 사실이다. 그것은 바울이 고린도전서 14장에서 말하고 있는 바다. 우리는 바울 사도가 중대한 문제들을 말할 때, 우연의 일치로 그의 개인적인 습관에 대해서 알게 된다. 이것 때문에 우리는 바울 서신에서 성령님에 대한 마지막 문제들, 즉 하나님을 찬양하고 서로 세워주도록 이끄시는 성령님이 임재하시는 장소인, 회집된 교회에 대해서 다루게 된다.

# 13
# 그의 영광을 찬양하기 위하여
성령과 예배

> ::: 
> 성령님은 새로 구성된 하나님의 백성을 모아 예배중에 함께 하나님을 찬양하고 은사를 나누게 함으로써 신앙 공동체를 세우신다.

오순절주의 교회 안에서 성장하는 것은 놀랍고도 매력적인 체험이었다. 우리의 신앙에서 중요한 부분을 차지하는 체험적인 측면이 특히 일반 사회와 주류 교회에서 소외당하곤 했던 많은 사람들에게 매력을 주었기 때문에, 바울이 고린도전서 12장에서 말하는 다양성은 우리에게 보편적인 것이 되었다. 그런 다양성 중에는 이상한 것들도 제법 있었는데, 그것들은 몸을 세우는 데 유익하지는 않았다. 그중 일부는 어떤 사람들에게 큰 두려움이 되기도 했다. 이런 전통에서 자란 나와 같은 세대 사람들이 함께 모이면, 이야기를 나누다가 종종 자지러지게 웃곤 한다. 그러나 그것은 상대방에게 던지는 조롱 섞인 웃음이 아니다. 우리는 몇몇 사랑스러운 하나님의 사람들이 소유했던 특이한 성격들을 추억하면서 즐겁게 웃을 뿐이다.

'아우우우 페리스'라는 귀한 형제가 있었다. 그는 축복을 경험할 때면 '아우우우' 하고 소리를 지르며 자리에서 일어나서는 춤을 추면서 회중석 통로로 나갔다. 또 로렌스라는 형제가 있었는데, 그는 (당시에 내 아버지의) 설교를 듣다가 문득 감동을 받으면 갑자기 큰소리로 "할렐루야"라고 외쳐서 사람들을 놀라게 했다. 또 그때 어떤 형제는 자리에서 일어나서 아주 이상한 예언을 했는데, 그럴 때면 보통 "주께서 이렇게 말씀하셨습니다"라는 말로 시작했다. 우리는 그의 예언을 따져본 다음 그리 타당치 못하다고 생각되면 주님이 그렇게 말씀하시지 않은 것 같다고 점잖게 지적했다. 그러면 그는 다시 벌떡 일어나서 소리쳤다. "주께서 말씀하시기를 '나도 그렇게 생각한다'고 하셨습니다"고 소리쳤다. 어찌됐건 젊은 시절에 우리가 드렸던 오순절과 교회의 예배는 지루하지 않았다!

그러나 이 모든 것 가운데는 다른 실체, 즉 우리 가운데 계신 하나님의 임재라는 훨씬 더 큰 실체가 있었다. 이 점에서 우리는 절대적으로 옳았다. 우리는 그리스도 안에서 누리는 삶이 기쁨의 삶이라는 것을 본능적으로, 성경을 읽음으로, 또 성령 체험을 통해서 알았다. 확실히 후대 은사 운동과는 대조적으로 이때 하나님의 임재에 대한 첫 번째 반응은 종종 울음과 회개로 나타났다. 하나님은 우리 가운데 오셨고 우리는 두려움에 사로잡혔다. 그러나 회개 뒤에는 기쁨이 뒤따랐다. 그것은 터져 나오는 감사와 기쁨에 찬 노래로 하나님께 우리의 사랑을 표현하며 찬양하는 것이 우리가 함께 모이는 주된 이유임을 알았기 때문이다. 또한 하나님께서 성령을 주신 이유는 우리가 찬양할 수 있도록 서로를 도울 뿐 아니라 이 세상에서 하나님의 백성으로 살아가도록 세워주기 위해서임을 알았다. 우리가 행한 모든 것이 성경적인 것은 아니었지만 최소한 그 핵심만큼은 성경적이었다.

이번 장에서는 바울이 성령과 예배에 대해 말한 내용, 특히 성경적인 예배가 무엇을 뜻하는가를 탐구할 것이다. 그전에 먼저 두 가지 문제를 분명히 짚고 넘어가야 한다.

첫째, 이 책의 서론에서 지적했듯이 바울은 열매와 은사 사이, 그리고 윤리와 성령의 감동을 받은 예배 사이를 후대 교회에서처럼 이것 아니면 저것이라는 별개의 것으로 구분하지 않는다. 사실 골로새서 3장 16절과 에베소서 5장 19절에 따르면 공동체가 성령으로 충만해져서 해야 할 일들 가운데 하나는 시와 찬미와 성령의 노래로 그리스도의 메시지에 대해 피차 가르치고 권면하는 것이었다. 이 구절들은 때때로 사람들이 주목하는 것 그 이상으로 윤리와 예배가 밀접한 관계를 지니고 있음을 암시한다. 어쨌든 바울은 윤리에서와 마찬가지로 예배에서도 성령이 주도적인 역할을 하는 것으로 이해한다.

둘째, 바울의 서신들은 저마다 그것이 기록된 상황적 특수성을 지니고 있다. 그렇기 때문에 초대 교회 예배에 대한 체계적인 설명을 포함하고 있지 않다. 서신들을 통해 우리가 배우는 것은 각 교회에서 발생한 문제에 대한 대답이라는 측면이 있기 때문에 단편적이다. 그럼에도 바울이 볼 때 회집한 교회는 무엇보다 예배의 공동체였다. 또 그 예배의 핵심은 성령의 임재였다. 따라서 빌립보서 3장 3절에서 바울은 '육체의 할례파'를 강하게 공격하면서 '하나님의 성령으로 봉사하는/예배하는 우리가 곧 할례파(즉, '하나님의 백성')'라는 주장으로 시작한다. 그들의 예배는 육체에 시행한 종교적인 의식과 관련된 문제지만 우리의 예배는 성령에 관한 문제다.

성령님은 예배에서 큰 역할을 담당하시는 분으로 나타난다(특히 고린도전서 14장 6절, 24절, 26절을 보라). 게다가 신자들이 이런 식으로 모일 때 바울은 자신이 '주 예수의 능력'과 함께 성령(혹은 영)으로(아마도 그들이 자신의 예언적인 음성이 담긴 편지를 읽는중에) 그들 가운데 함께 있는 것으로 이해했다(고전 5:3-5, 골 2:5). 따라서 바울은 주의 만찬 상에 성령님이 임재하신다고 직접적으로 언급하지는 않지만, 만찬 때에 나눈 떡이 그리스도의 몸된 교회를 나타내며 그것은 성령님이 계셔서 가능해진다는 것으로 이해했다고 추정할 수 있다(고전 10:16-17, 11:17-34). 사실 만찬 상에 함께하시는 성령의 임재를 바울이 이해한 방식처럼 실제적인 임재로 보는 것은 큰 잘못이 아닐 것이다. 이렇게 보는 것은 적어도 고린도전서 10장 3-4절에 나타난, 이스라엘이 '신령한 음식'과 '신령한 음료'를 먹고 마셨다는 유비를 통해서도 알 수 있다.

어쨌든 성령님은 그리스도인들이 드리는 예배에서 중요한 역할을 감당하신다는 것만큼은 분명하다. 여기서 바울이 예배에 대해서 분명하게 언급한 내용을 살펴보자.

### 성령의 인도를 받는 예배

찾을 수 있는 증거 가운데 가장 주목할 만한 것은[1] 바울이 목회한 교

---

1. 여기서는 찾을 수 있는 증거들만을 강조한다. 우리가 보게 되는 대부분의 예배 성격은 거의 교정을 목적으로 하고 있기 때문에 우리는 바울 교회가 드렸던 예배의 성격에 대해 상세하고 포괄적으로 진술할 수 있을 정도로 충분히 알지 못한다.

회들에서는 분명 성령님이 주도하실 뿐 아니라 자유롭고 자발적인 예배가 이루어진다는 사실이다. 예배는 다양한 방식으로 드려지며, 모든 자들이 참여한다(고전 14:26). 거기에는 예배 인도자에 대한 언급이 없다. 언급이 없다는 점 때문에 예배 인도자의 존재를 배제해서는 안 되겠지만, 분명 예배 인도자가 있었다는 암시는 없다. 그렇다고 해서 그 점 때문에 예배가 혼란스러워져서는 안 된다. 그들이 예배하는 하나님은 화평의 하나님이시다(33절). 그분의 성품이 그들의 예배 방식과 내용에 반영되어야 한다. 그러므로 무질서는 추방되어야 한다. 비록 모든 이가 예배에 참여할 수 있지만(23절, 24절, 26절, 31절), 예배 때에 몇 가지 지침들은 꼭 지켜져야 한다.

성령의 감동을 입어서 말을 하는 사람들은 한 번에 두 명이나 세 명으로 제한되며 그들의 발언에 이어서 반드시 통역하는 자들과 분별하는 자들이 있어야 한다. 그들은 서로를 존중해야 한다. 발언자는 다른 발언자에게 양보해야 한다. 이는 '예언하는 자들의 성령(혹은 영)이 예언하는 자들에게 제재를 받기' 때문이다(고전 14:32). 따라서 예배가 자발적으로 이루어진다는 얘기는 질서가 결여된 상태를 뜻하지 않는다. 그것은 '화평' '품위를 지킴' '질서'를 뜻하며 이 또한 성령의 역사다.

고린도전서 11장 2-16절의 다소 난해한 지침 부분에서 바울은 남자들과 여자들이 '기도하고 예언하는' 문제에 대해 언급한다. 이 단락에서 '예언하는 것'이 포함된 것은 예배하기 위해 한 자리에 모인 교회라는 상황을 전제한다. 게다가 기도와 예언은 그리스도인의 예배를 대표하는 두 가지의 기본적인 활동을 말하는 것으로 이해되어야 한다.

이 활동들은 신자들이 함께 모여 드리는 예배의 두 가지 주된 초점인 하나님과 신앙 공동체를 대표한다. 즉, 기도(그리고 고린도전서 14장

2절과 15절에 따르면 노래와 방언까지)는 하나님께 드리는 것이다. 예언은 많은 형태의 말, 특히 성령의 감동을 받은 말을 의미하는데, 이것은 하나님의 백성을 세워주기 위해서 그들을 향해 말하는 것이거나(고전 14:3, 16), 또는 회심시키기 위해서 외부인들을 향해 말하는 것이다(14:24-25).

이 책의 제14장에서 다룰 몇 가지 카리스마타(은혜의 은사)도 역시 한 몸으로 함께 모여 드리는 예배라는 상황을 전제한다. 고린도전서 14장에서도 분명하게 나타나듯이, 특히 공동체를 향한 발언을 포함하는 은사들도 마찬가지다. 이 은사들에는 예언, 가르침, 지식, 계시 등이 포함된다(6절). 하지만 마지막으로 이 은사들 가운데 일부는 다른 것들과 관련시켜 정의를 내려야 한다.

참여라는 관점에서 남자들과 여자들은 모두 동등하게 기도와 예언에 동참한다(고전 11:4-5). 그리스도인들이 모인 공동체 안에서 다음과 같은 모세의 외침이 실현되었다. "여호와께서 그의 영을 그의 모든 백성에게 주사 다 선지자가 되게 하시기를 원하노라"(민 11:29). 이것은 바울이 '다 예언을 한다'고 말하는 고린도전서 14장 24절과 일치한다.

그러므로 고린도전서 11장 5-6절에서 말하는 문제는 회중 안에서 여자들이 기도하고 예언하는 것 그 자체가 아니라 여자들이 남자들과 비슷한 차림새를 하고 그렇게 한다는 것이다. 바울은 이것이 부끄러운 일이라고 말한다. 여자들이 성령의 감동을 받아 예언하는 것을 포함해서 바울이 목회한 교회의 예배에 남자들과 동등하게 참여한 사실은 바울의 유대적 배경이 허용하는 한계를 훨씬 넘어서는 것이지만, 신약성경의 다른 증거(매우 적지만)와 일치하는 것으로 보인다. 예배 공동체 내의 사역이라는 관점에서 볼 때 성령님은 분명 여자들과 남자들을 똑같이 감동시키신다. 이는, 하나님의 새로운 종말의 나라에서, 예수 그리스도 안에 있을 때, 그런 차별이 아무런 종교적인 가치도 지니지 못하기 때문이다(갈 3:28).

앞 장에서 기도에 대해서 논의했고 다음 장에서 예언을 살펴볼 예정이므로 이번 장에서는 바울이 목회한 교회 안에서 찬양이 어떤 자리를 차지하고 있는지 살펴보자. 기도와 마찬가지로 찬양도 성령의 전문 분야다(고전 14:14-15, 26, 골 3:16, 엡 5:19). 우선 골로새서와 에베소서에 등장하는 쌍둥이 본문에 관심을 가져보자.

### 성령의 감동을 받은 노래로 가르침

골로새서 3장 16절은 골로새의 신자들이 '그리스도와 함께 다시 살리심을 받은' 자들로 사는 것(1절)이 무엇인지를 알려주는 일련의 권면들 가운데서 결론 부분에 등장한다. 여기서 바울의 강조점을 파악하기 위해 이 본문을 좀더 구조화된 형태로 제시해보겠다. 이렇게 함으로써 본문의 여러 부분들이 서로 어떻게 관련되어 있는지를 알 수 있다.

    그리스도의 말씀이 너희 속에 풍성히 거하게 하라
        피차 가르치고
        권면하라
            모든 지혜로
            시와
            찬송과

> 신령한 노래와 함께
> 하나님을 찬양하라
> 감사하는
> 마음으로.[2]

이것이 바울이 말하고 있는 내용이라는 점은 쌍둥이 본문인 에베소서 5장 18-19절에 의해 명백해진다. 이 본문의 구조는 아주 확실하다.

> 오직 성령으로 충만함을 받으라 시와 찬송과 신령한 노래들로 서로 화답하며 너희의 마음으로 주께 노래하며 찬송하며.

이 구절들에는 바울이 목회한 교회 안에서 드려진 예배에 대한 흥미로운 정보가 가득 들어 있다.

**서두의 권면들**

이 본문 중에서 상당히 중요한 서두의 구절들("그리스도의 말씀이 너희 속에 풍성히 거하게 하라"와 "성령으로 충만함을 받으라")을 살펴보자.

1. 앞뒤 문맥을 살펴보거나 특히 두 문장에 쓰인 용어를 보면 바울이 여기서 기독교 공동체에 대해 숙고하고 있음을 알 수 있다. 이것들은 신자 개개인에게 주는 말씀이 아니라, 상호 관계를 맺고 있는 하나님의 백성인 신자 공동체를 향해 주는 말씀이다. 이 점은 특히 골로새

---

[2] 이 구조를 지지하는 논증은 *God's Empowering Presence*, 648-657을 보라.

서에서 분명하다. 3장 12절부터 시작해서 모든 것은 공동체를 염두에 두고 있다. 이는 모든 것이 '서로'를 위한 것이고 '서로'에 비추어서 제시되고 있기 때문이다. 따라서 본 권면(16절)의 형태를 규정한 바로 앞 권면에서(15절) 골로새 성도들은 그리스도의 평강이 그들의 마음을 주장하게 하라는 요청을 받는다. 이는 그들이 바로 그 평강을 위해서 함께 한 몸으로 부르심을 받았기 때문이다.

골로새서 3장 16절은 이 관계들을 함께 모아 예배드리는 하나님 백성이라는 맥락에서 조망한다. 이 공동체 안에서 그들은 그리스도의 말씀이 '그들 안에' 풍성하게 거하시는 방식을 따라 서로 가르치며 권면해야 한다. 전치사구 '너희 안에/가운데(in/among you)'가 비록 동사 '거하다'를 한정하며 대체로 '너희 속에서(within you)'를 뜻할지라도, 여기서는 '너희들 중에서(in your midst)'를 의미한다. 그러므로 내주하시는 '그리스도의 말씀'은 '서로 가르치며 권면하며' '하나님을 찬양한다'는 두 가지 형태에서 교회의 예배와 관련이 있다.

에베소서에서는 분명하진 않지만, 공동체적인 면이 드러나 있다. 이는 4장 1절에서 6장에 이르는 전체 본문이 공동체 삶을 다루면서 어떻게 그들이 '평안의 매는 줄로 성령이 하나 되게 하신 것을 힘써 지킬 것'(4:3)인지를 말하고 있기 때문이다.

2. 같은 맥락에서 복합 분사들인 '가르치는 것과 권면하는 것'이 바울이 골로새서 1장 28절에서 자신의 사역을 묘사하는 데 사용한 두 분사와 같다는 사실에 주목해야 한다. 그러면 이것은 바울이 사역을 사도들이나 직분자들의 특별 영역으로 생각하지 않았다는 것을 분명하게 증거한다. 자신이 쓴 최초의 서신에서 언급한 것처럼(살전 5:14) 이런 종류의 활동들은 기독교 회중에 속한 모든 이의 책임이다.

이것은 고린도전서 14장 26절에서 나타나는 그림과 부합된다. 여기서 그는 "너희가 모일 때에 각각 찬송시도 있으며 …모든 것을 덕을 세우기 위하여 하라"고 단언적으로 권면한다.

3. 골로새서 본문에서 제시된 권면은 우선적으로 '그리스도의 말씀'에 관심을 둔다. 바울에게 이 표현은 변함없이 '그리스도에게 초점을 맞춘 복음 메시지'를 뜻한다. 결국 이것이 골로새서의 전체 내용이다. 즉 그리스도가 하나님의 성육신이며 스스로 족하신 분이고 창조주요 구속주라는 것이다. 이제 바울은 그가 1장 15-23절에서 이미 부분적으로 언급했던 이 '그리스도의 말씀'이 풍성하게 '그들 중에 거하게 하라'고 권면한다.

그렇게 할 때 그들은 바로 우리가 고린도전서 11장 4-5절에서 예배에 관해 배운 바를 정확하게 반영할 것이다. 그들의 예배 행위 가운데 일부는 서로를 향한 것이 될 것이며('피차 가르치며 권면하고') 일부는 하나님을 향한 것이 될 것이다('너희의 마음으로 하나님을 찬양하며'). 이렇게 해서 복음의 부요가 풍성하게 그들 가운데 함께 있게 된다. 문장 전체의 구조는 모든 종류의 노래들이 그런 부요에서 중요한 역할을 담당한다는 것을 알려준다.

4. 에베소서의 병행 구절이 명백하게 밝혀주는 것은 우리가 어떤 경우에든지 추측할 수 있는 사실, 즉 바울이 이 모든 행위를 성령 충만의 결과로 생각한다는 사실이다. 따라서 우리가 형용사 '신령한(Spiritual)'을 노래에 대한 다양한 표현들과 관련해서 어떻게 이해하든지, 신령한 노래들은 적어도 성령의 임재에 대한 한 가지 표현이다. 성령의 충만은 다양하게 표현되는 모든 예배를 인도하고 영감을 줄 것이다.

### 예배 자체

도입부에서 벗어나 다른 부분을 살펴보면, 성령의 감동을 받은 예배에 대해 바울이 어떻게 이해했는지 더 많이 배울 수 있다.

1. 첫째로 우리는 하나님의 영이 있는 곳에 또한 찬양이 있다는 사실을 주목해야 한다. 초대 교회의 특징은 찬양이었다. 또한 어느 세대에서나 성령에 의해서 갱신이 일어나는 곳에는 새로운 찬송이 쏟아져 나온다. 그런 찬송들 대다수가 지속적인 힘을 지니지 못하지만 어떤 것들은 오래 지속된다. 이 찬송들은 우리가 지속적으로 서로 가르치고 권면하는 것은 물론 지속적으로 성부 하나님과 성자 하나님께 돌아가 성령의 감동으로 찬양을 드릴 수 있도록 도와준다.

2. 그럼에도 불구하고 우리가 찬양을 묘사하는 데 사용된 세 개의 단어들을 제대로 구분할 수 있을지는 의심스럽다. 예를 들어 '시(psalms)'는 기독교 공동체가 예배중에 인용한 구약성경의 시편을 포함할 수 있다. 그러나 이 단어가 단지 구약의 시편을 언급하는 것으로 국한시키기에는 지나친 면이 있다. 이와 똑같은 단어가 고린도전서 14장 26절에 나오는데(분명하게) 자연스럽게 부르는 찬양을 나타내는 데 사용된다. 또한 이 단어의 동사형은 고린도전서 14장 15절에서 성령의 감동으로 부르는 '하나님께 대한 찬양'을 가리키는 데 사용된다. 따라서 신약성경이 '시편'으로 지칭되는 이스라엘의 찬송시들을 사용했다고 하더라도, 굳이 '시'라는 단어를 그 찬송시로만 국한시킬 정당한 이유가 없다. 이 단어가 의미하는 것은 하나님을 찬양하는 노래라는 사실이다.

'찬미(hymn)'라는 단어도 마찬가지다. 헬라 세계에서 이 단어는 전적으로 신들이나 영웅들에게 바쳐진 노래들을 가리키는 데 사용되었다. 따라서 이 단어는 예를 들어 선술집의 음란한 노래를 가리키는 데는 결코 사용되지 않았을 것이다. 그러므로 또한 '찬미'는 '하나님께/하나님에 대해서' 부르는 찬양이거나, 신약성경의 경우에는 특별히 요한계시록의 증거가 분명하게 보여주듯이 '그리스도께/그리스도에 대해서' 부르는 찬양을 가리킨다.[3]

'노래(songs)'라는 단어는 모든 종류의 노래를 포괄한다. 그래서 바울은 여기서 이 단어를 '성령'이라는 말로 한정하고 있다. 바울에게서 형용사 프뉴마티코스(성령의/영적인)는 보통은 직접적으로든지 간접적으로든지 성령을 가리킨다. 특별히 여기서는 대다수의 사람들이 인정하는 것처럼 통상적인 의미가 지배적이다. 즉 성령에 의해 감동을 받은 노래들을 말하는 것이다. 이것은 고린도전서 14장 15-16절과 26절에서 암시된 것과 유사한 은사적인 찬송일 가능성이 매우 높다. 고린도전서 14장 본문에서는 성령의 감동을 받은 자발적인 노래들이 회중 예배 때에 드려지는 것으로 언급된다.

그러므로 형용사 '성령의(신령한)'가 세 개의 명사를 모두 수식할 수 있지만(이 경우에 시와 찬미 역시 '성령의' 노래가 될 것이다), 이 가운데 단지 '노래'만 수식하는 것으로 의도되었을 가능성이 매우 높다. 이 경우에 '노래'는 특히 성령의 감동으로 부르는 노래를 가리킨다. 결국 이 단어는 편지의 수신자들이 예배와 관련해서 사용했을 가능성이 가장 적다.

---

3. 그러나 '찬미'라는 단어 자체는 나타나지 않는다. 이에 대해서는 특별히 요한계시록 4장 11절과 5장 9절을 보라. 전자는 하나님께 드리는 찬양으로 '가로되'라는 말로 시작하고 후자는 동일한 어법을 취하지만 '새 노래를 노래하여 가로되'라는 말로 시작한다. 또한 5장 12-13절도 보라.

그 이유는 다른 둘은 대개 신에게 바쳐지는 노래들인 반면 이것은 대체로 헬라 세계에서 불려지는 모든 종류의 노래를 의미하기 때문이다.

3. 신약성경 곳곳에서 시와 찬미와 신령한 노래들에 대한 언급이 잠깐씩 등장한다. 예를 들어 요한계시록에는 하나님과 어린양께 바쳐진 '새 노래들'이 가득하다. 에베소서 5장 14절과 디모데전서 3장 16절도 거의 그런 노래를 언급한다고 볼 수 있다. 그러나 더 의미심장한 것은 골로새서의 경우다. 신약학자들 대다수가 인정하는 견해는 골로새서 1장 15-18절에도 그리스도에 대한 그런 찬송이 나타난다는 것이다.[4] 만일 이것이 사실이고 이를 의심할 만한 타당한 이유가 없다면, 그것은 바울이 이런 다양한 종류의 찬미와 신령한 노래들을 그들이 '피차 가르치고 권면하는' 수단으로 생각한 이유도 설명해줄 것이다. 그런 노래들은 신앙고백과 같으며 동시에 신학적인 내용으로 가득 차 있다. 또 이것은 초대 교회 그리스도인이 하나님과 그리스도에 대해 무엇을 가장 진실하게 믿었는지를 증거해준다.

4. 찬송을 하나님께 드리는 노래이자 피차 가르치고 권면하는 수단이라는, 이중의 의미로 예배 때에 사용한 예는 구약성경 시편에서 찾을 수 있다. 거기에는 2인칭으로 하나님께 드려진 수십 편의 찬송이 있고, 또 하나님께 노래하는 사람들이 깨달을 수 있게끔 3인칭으로 하나님의 위대함과 신실함을 찬양하는 부분도 있다.[5]

---

4. 더 최근의 것으로는 N. T. Wright, "Poetry and Theology in Colossians 1:15-20," *New Testament Studies* 36 (1990) 444-468을 보라.

5. 이것은 시편 전체에 걸쳐서 나타난다. 예를 들어 30편을 보라. 1-3절에서 2인칭으로 하나님을 찬양한 다음 4-5절에서는 "그의 은총이 평생 지속된다"는 사실에 근거해서 회중에게 찬양을 권하며, 6-9절에서는 2인칭 화법으로 돌아간다. 또 무엇보다도 시편 32편,

신약성경 문서에서 찬송들이 사용되는 경우를 보면 이것들이 초대 교회에서 얼마나 분명하게 이차원적 방식으로 기능하는지를 알 수 있다. 그런 찬송의 대부분은 그리스도에 대한 것이며, 또 그 자체가 그리스도에 대한 예배이자 하나님의 백성을 위한 지속적인 가르침이었다. 고린도전서 14장 15-16절과 26절이 분명하게 암시하는 것은 바울 공동체에서 '성령으로 부르는 노래(Spirit songs)'도 이런 식으로 이해되어야 한다는 점이다. '마음으로 부르는' 노래(성령에 의해 알아들을 수 있는 말로 부르는 노래)는 다른 회중이 아멘으로 화답하는, 하나님께 드려진 찬양으로 생각된다. 또 14장 26절의 '찬송시'는 다른 이들의 '덕을 세우는 데' 목적이 있다. 불행하게도 현대의 많은 그리스도인들은 자신들의 찬양을 이런 관점에서 생각하지 않는다. 따라서 찬양의 중요한 영역 가운데 하나를 놓치고 있는 셈이다.

5. 마지막으로(이번 관찰을 하고 나면 이 책의 내용을 전부 다루고 원점으로 돌아온다) 골로새서 3장 16절도 암묵적이긴 하지만 삼위일체의 내용을 담고 있는 본문이다. 그러나 이 책의 제4장에서 인용한 여러 본문들에서는 성부가 구원을 주도하시고 성자가 그것을 이루시고 성령이 적용하시는 것과 대조적으로, 여기서는 그 순서가 뒤바뀐다. 그리스도는 여전히 중심적 역할을 감당하신다. 그래서 성도들은 '그리스도의 말씀'이 그들 가운데 풍성하게 거하게 해야 한다. 그러나 구원을 적용하시는 동일한 성령님께서 여기서는 그리스도에 관한 메시지를 담고 있는, 성령으로 감동된 노래들을 통해 응답하게 도우신다. 그래서

---

66편, 104편, 116편을 참조하라. 회중에게 하나님의 성품과 기이한 행적들로 인해서 하나님을 찬양하도록 요청하는 많은 찬송시 역시 그렇다.

이 모든 것이 하나님께 드리는 찬양이 된다.

    창조하고 구속하신 하나님은 모든 찬양을 받기에 합당하시다. 창조 사역에 함께하고 구속 사역에서 우리를 살리신 성령님은 이제 우리의 구속주요 창조주를 예배하고 찬양할 수 있도록 우리를 인도하신다. 그러므로 바울 서신서에서 우리의 예배는 우리의 체험이나 신학과 마찬가지로 삼위일체적이다. 이런 삼위일체적 예배는 우리가 그리스도의 이름으로 함께 모일 때 성령님이 우리 가운데 임재하심으로써 명백하게 이루어진다.

# 14
# 논란이 되는 은사
성령님과 카리스마타

> 성령님이 자기 백성과 함께하시기 때문에 바울은 그분의 은사들을 숨을 쉬는 것만큼이나 일상적인 것들로 받아들이며, 또 그 은사들은 완성을 기다리는 하나님의 백성들을 이 세대에서 세우기 위한 목적을 가지고 있다.

20세기의 마지막 수십 년 간 복음주의자들 사이에서 유행했던 것 가운데 하나는 자신의 영적 은사를 발견하는 것이었다. 그런 은사 집회나 세미나를 하지 않는 교회나 청년 모임은 거의 없었다. 신자 개개인이 교회 안에서 담당하는 역할과 서로의 차이를 인정하는 것이 이 운동이 시작된 동기임을 알았지만, 그럼에도 내 속에 있는 신약학자로서의 자부심은 여러 번 움츠러들고 말았다. 바울 사도가 우리 가운데 벌어지고 있는 모습을 보았다면 결코 이해하지 못했을 것이다!

이 유행에 대해서 내가 느낀 문제점은 여러 가지다. 본문을 문맥에서 분리하는 것, 은사를 우리 자신의 편의대로 분류하고 재배열하는 것, 따라서 바울의 다양한 본문들을 도서관의 카드 목록 형태로 균등하게 만들어 버리는 것, 또 고린도 교회 성도들이 체험으로 알았던 은사를 발견하는 데 초점을 맞추는 것 등이다. 그러나 내가 보기에 가장 큰 문제는 고린도전서 12장 8-10절에 제시된 '성령의 나타남'(문맥에서 바울이 사용한 용어)'의 목록을 교회의 예배와 상관 없는 것으로 분리시키는 일반적인 경향이다.

우리는 앞장에서 공동체 예배에 몇 가지 특별한 현상들이 포함되어 있음을 언급했다. 바울은 이것들을 카리스마타(은혜의 은사, 고전 12:4),[1] 프뉴마티카(pneumatika, '신령한 것들', 고전 12:1, 14:1), 또는 '성령의 나타남'(고전 12:7)과 같이 다양하게 부른다. 이런 현상들은 고린도전서 14장에서 매우 분명하게 나타나듯, 특히 함께 모인 교회 공동체 안에서 나타난 성령의 활동이다.

그러나 이 현상들은 학자들 사이에서, 또 교회 안에서도 매우 다양하게 이해되는 영역이다. 이렇게 다양한 이해가 생긴 주된 이유는 대다수 사람들이 기본적으로 카리스마타라는 단어가 나오는 서신의 다양한 구절들에서 바울이 카리스마타의 의미와 그 사용법을 가르친다고 추측하기 때문이다. 그러나 실제로 서신에 그 표현을 사용한 것

---

1. '카리스타마타'는 가장 일반적으로 해석되는 '성령의 은사들'이라는 뜻으로 보아서는 안 된다. 이 단어 자체는 성령님과 아무 관계가 없다. 이것은 '은혜'라는 단어에서 파생된 명사로서 문자적으로 '구체적인 은혜의 표현'을 뜻한다. 이 단어는 로마서 1장 11절에서 '성령의(Spiritual)'라는 형용사가 붙어서 '성령의 은사(Spiritual gift)'가 된다. 고린도전서 12장 4절에 제시된 이 모든 성령의 나타나심을 우리가 '성령의 은사들'이라고 부르는 것은 이 단어가 이 본문에서 성령의 사역들과 관련되어 있다는 사실과 함께 고린도전서의 문맥 때문이다. 그러나 '성령의 은사들'이라는 표현이 이 경우에는 적절하지만 신약성경에 나타나는 대부분의 경우에는 적절치 않다.

은 특정한 교회가 당면했던 특정한 문제들을 바로 잡기 위해서였다. 따라서 그것은 조직적이지도 않고, 포괄적으로 다루지도 않는다. 여기서 우리의 관심사는 찾을 수 있는 증거에 비추어서 할 수 있는 최대한으로 성령의 현상들을 묘사하는 것이다.

그러므로 이번 장에는 은사의 영역 전체를 다루지 않는다. 처음에는 다소 넓게 다루겠지만, 고린도전서 12-14장에서 제시된 목록들에 주로 초점을 맞출 것이다. 성령의 열매 목록과 마찬가지로(제10장을 참조하라) 고린도전서에서 제시된 목록도 우선적으로 고린도전서 12-14장의 문맥 안에서 이해되어야 한다. 그리고 나서 개개의 은사들에 대해서 좀더 일반적인 결론을 제시할 것이다.

### 다양한 은사들

고린도전서 12-14장에 제시된 다양한 목록과 관련해서 몇 가지 사실을 언급해야 한다. 첫째, 이것들은 완전한 목록이 아니다. 여기서 바울은 '성령의 은사'라고 부를 수 있는 모든 것을 제시하지 않는다. 이것은 본문에서 제시된 목록들이 한 가지도 서로 일치하지 않는다는 사실에 의해 부분적으로 입증된다. 따라서 '성령의 아홉 가지 은사'라는 식으로 단정지어 말하는 것은 입증할 수 없는 사항이며 또 바울의 관심사도 전혀 아니다.

둘째, 바울은 12장 8-10절에서 제시한 은사들을 '성령의 나타남'이라고 부른다. 문맥에서 성령의 나타남이란 '공동체가 함께 모일 때 성령이 자신을 나타내는 다양한 방식들'을 뜻한다. 여기서 바울의 요점은 공동체가 다양성을 필요로 한다는 것이다. 이 목록은 특히 고린도 교회가 처한 상황에 맞추어 제시된 것이다. 바울의 문법과 어법을 보면 이 목록이 세 부분으로 제시되어 있음을 알 수 있다. 첫 번째 두 가지는 고린도 성도들이 중요하게 여겼던 단어들('지혜'와 '지식')을 말하고 있는데, 바울은 이 두 단어가 지닌 본래 의미를 성령 및 복음과 연결지어 되돌려놓으려고 시도한 듯 보인다. 그 다음 다섯 가지는 모두 방언 말함과 같은 특별한 현상들이다. 마지막으로 바울은 다양한 은사들을 열거한 후에 고린도 교회에서 문제가 되고 있던 방언과 이것에 필수적으로 동반되는— 적어도 공동체 안에서— 방언 통역을 함께 포함시킨다.

셋째, 서로 다른 목록에서 등장하는 항목들을 하나의 특정 범주에 묶어보려는 시도는 잘 해야 시험적일 수밖에 없다. 로마서 12장 6-8절과 에베소서 4장 11절에서도, 매우 다양한 용어들이 사용되고 있기 때문에, 바울 사도는 그런 시도들을 인정하지 않을 것이며, 기껏해야 회의적인 결과만 있을 뿐이다. 여러 목록에서 폭넓게 언급되는 은사는 고린도전서 12장 4-6절에서 암시된 세 가지 제목들, 즉 봉사, 이적들, 영감을 받은 말로 가장 적절하게 분류할 수 있다. 고린도후서 12장 1-6절에 나타난 환상 체험들은 성령 현상들을 논하는 데 포함하는 것이 타당하겠지만, 바울은 그 체험들을 카리스마타라고 부르지 않는다. 또 그는 사람(예를 들어 사도들, 목사들)을 카리스마타라고 하지도 않는다. 확실히 그들도 에베소서 4장 11절이 보여주는 대로 교회에 주어진 은사들이다. 그러나 바울의 용례에서는 사람들 자신이 아니라 오직 그들의 사역들만이 합법적으로 카리스마타라고 불린다.

**봉사의 형태들**

이 유형의 항목에는 고린도전서 12장 28절에서 언급한 '서로 돕는 것'과 '다스리는 것'이 포함된다. 또한 로마서 12장 7-8절에서 제시된 '섬기는 일' '구제' '위로하는 일'(지도력이라는 의미에서)도 보라. 이것들은 외양적으로는 가장 덜 '카리스마적'이며, 공동체 예배라는 상황에서 본다면 가장 은사적이지 않은 은사들이다. 이것들은 교회 안에서 계속되어야 하는 관계들을 생각하며 바울이 언급한 내용들이다. 따라서 이것들은 공동체 안에 나타난 성령의 현현이라는 의미보다는, 이 책의 제9장과 제10장에서 언급한 넓은 의미에서의 성령의 일하심이라고 할 수 있다. 카리스마타를 논의하는데 이것들을 포함시키면, 성령의 모든 일하심을 카리스마타로 논의하는 것이 합법화되고, 따라서 분류 자체가 무의미해질 것이다.

**이적적인 은사들**

이 유형에는 고린도전서 12장 9-10절에서 언급된 세 가지 항목, 즉 '믿음' '병고치는 은사(들)' '능력(들) 행함'이 포함된다. 여기서 '믿음'은, 이것이 다시 등장하는 13장 2절에서 확실해지듯, '산을 움직일 수 있는 믿음'이라는 초자연적인 은사를 가리킨다. '병고치는 은사(들)'은 육체의 몸을 고치는 능력을 가리킨다(바울 서신에서 마음과 정신의 치유는 회심할 때에 일어난다). '능력(들) 행함'은 치유에 포함되지 않은 다른 모든 현상들을 가리킨다.

마지막 두 가지를 표현할 때 '은사(들)'과 '능력(들)'이라는 복수 표현을 사용한 것은 아마도 이 은사들이 영구적인 것이 아니라, 그것이 일어날 때만 은사로 간주된다는 뜻인 것 같다. 그런 현상들이 사도가 마땅히 해야 하는 사역에서 정규적인 부분이었다는 것은 고린도후서 12장 12절과 로마서 15장 18-19절에서 입증된다. 또 바울의 교회들이 그런 현상들을 정규적으로 기대했다는 것도 갈라디아서 3장 5절에서 알 수 있다. 바울이 볼 때 성령의 임재에는 반드시 그 증거로서 성령의 역사하심이 동반된다. 그는 이 성령의 역사하심을 '능력들'이라고 부르며, 또 우리는 이것을 '이적들'이라는 말로 번역한다. 그러므로 바울은 성령의 임재하심을 이해할 때는 반드시 성령의 역사하심이라는 증거가 있어야 한다고 보았다.

그런 능력들이 실제로 일어났다는 것을 믿느냐 아니냐 하는 여부는 전적으로 자신의 세계관에 달려 있다. 소위 계몽주의가 오랫동안 득세하던 기간이 있었고, 또 현대 과학의 발견이 가져온 현상적인 진보 때문에 현대인들은 한없이 교만해지는 경향이 있다. 그래서 바울과 그의 교회들은—현대인들이 때때로 현실적이지 못하다는 이유로 외면해버린—'원시적' 세계관을 가졌기 때문에 성령의 그런 역사하심을 믿었다고들 한다. 일례로, 루돌프 불트만은 많은 사람을 대변해서 바울과 그의 동시대인들의 '삼층적 세계관'을 풍자적으로 묘사한 적도 있다. 이런 현대적 세계관은 이미 곳곳에 널리 퍼져 있다. 바울이 성령님의 역사에 대해서 확언한 내용들을 제거해버린 불트만의 합리주의에 격분한 많은 복음주의자들은 자신들에게 그런 성령의 현상들이 결여된 것을 설명하기 위해서 자신들 나름의 합리주의를 채택했다. 즉 성경에서 언급하는 그런 종류의 성령의 역사하심을 사도 시대에 국한된 것으로 보는방법이다.

그러나 바울의 주장을 변호하려면 성령의 특별한 나타남을 언급하는 그의 확언들과 관련해서 두 가지 사실을 주목해야 한다. 첫째,

바울의 모든 진술들은 과장된 것이 아니며, 일어난 사실 그대로이고 대체로 즉석에서 말하는 것들이다. 또 바울이 볼 때 조사가 필요했을 사건들은 다른 사람들이 볼 때도 그런 필요성을 느끼게 한다. 그 이유는 무척 단순하고 신학적이다. 바울은 하나님이 존재하신다는 것과 또 그분이 전능하시다는 것을 온전히 믿고 의심하지 않았던 (유대) 전통에서 태어나서 성장했다. 그는 하나님을 우주와 자기 백성의 일들에 적극적인 관심을 가지신 분으로 보았다. 따라서 성육신과 자신의 영으로 자기 백성과 함께하기를 원하시는 하나님이 은혜롭게 그들의 삶 속으로 들어오셔서 역사하지 않으신다는 것은 바울에게는 결코 있을 수 없는 일이었다. 하나님을 우주의 창조주와 유지자로 믿으면서도 과거와 현재에 일어난 기적적인 일들을 인정하기를 주저하는 자들은 자신들을 위해서 성경적 관점과는 아주 다르고 지지하기도 힘든 신학적 입장을 만들어낸 것이다.

둘째, 이적들에 대한 바울의 확언들은 무엇인가를 입증하려는 자의 진술이 아니다. 다시 말해서 바울은 이적들을 자신의 복음이나 사역을 받아들이는 근거로 제시하지 않는다. 반대로 그런 기준을 어떤 종류의 사역을 확증하는 것으로 사용하는 것도 거부한다. 십자가와 부활 그리고 성령의 오심이야말로 바울이 믿음의 근거로 내세우는 전부다. 하나님에 대한 믿음을 활력 있게 만들기 위해서 때때로 이적을 필요로 하는 자들, 또 이적을 자신들의 '복음'을 확증하는 것으로 호도함으로써 그런 '믿음'을 조장하는 자들은 바울의 견해와 전혀 다르다. 그의 견해는 기적들을 기대하고 받아들이지만, 그것을 요구하지는 않는다. 또 이 문제에 대해서 하나님을 시험하는 것도 거부한다.

## 영감을 받은 말

이 유형에는 고린도전서 12장 8절, 10절에서 열거된 '지혜의 말씀' '지식의 말씀' '예언' '성령/영 분별' '방언' '방언 통역'이, 또 14장 6절에서 언급된 '가르침'과 '계시'가 포함된다. 에베소서 5장 19절과 골로새서 3장 16절에 비추어볼 때 아마도 14장 26절의 '찬송'도 포함시켜야 할 것이다. 이 항목들 중 어떤 것을 다른 것과 서로 구별하는 것은, 그것들이 은사적이냐 비은사적이냐(일례로, 가르침과 찬송)를 구별하는 것이 그러하듯이, 별로 쓸데없는 일이다.

'지식'과 '지혜의 말씀'은 고린도 교회가 처한 특수한 상황 때문에 창조된 언어다. 바울에게 '지혜의 말씀'은 무엇보다도 십자가의 설교를 가리킨다(고린도전서 1장 18절-2장 16절을 보라. 이 용어는 다른 곳에서는 나타나지 않는다). 이것이 공동체를 위해 성령의 지혜가 자발적으로 표현된 것을 의미할 수는 있지만, 정확하게 무엇인지는 알 수 없다. '지식'은 고린도전서 13장 2절에서 '비밀'과 밀접하게 관련되어 있다. 다른 곳에서는 '계시'라는 개념과 함께 나타난다(13:8-9, 12, 14:6). 이와 비슷하게 예언은 14장 6절과 특히 14장 25절, 26절, 30절에서 '계시'와 밀접하게 연결되어 있다. 이것들은 구별될 수 있는 서로 다른 은사들로 이해되어야 하는가? 아니면, 같은 예언적 은사를 표현만 달리 해서 강조하고 있는가? 이렇게 볼 수 있는 이유는 그것이 또한 덕을 세우는 것, 위로, 권면(또는 격려)과 같은 더 직설적인 말씀들과 '비밀들을 계시하는 것' 사이를 오가는 것처럼 보이기 때문이다. 어쨌든 바울은 고린도 교회 안에서 신자들이 통역되지 않은 방언을 사용하는 문제 때문에 논증을 펼쳐가고 있다. 또 그는 이런 상황에서 예언을 방언보다 선호되어야 하는, 이해할 수 있는 다른 모든 영감 받은 말들을 대표하는 것으로 사용한다.

바울이 고린도전서 14장에서 예언은(덕을 세우는) 알아들을 수 있는 것이며 방언은(덕을 세우지 않는) 이해할 수 없는 것이라는 대조를 연속해서 사용하고 있기 때문에, 또 이 두 현상에 대한 우리의 본래적 관심 때문에, 나는 이 두 가지 카리스마타에 대해서 몇 가지 내용을 좀더 언급하고자 한다.

**방언을 말함** [2]

이 이 현상을 설명하기 위해 바울이 선택한 용어는 문자적으로 '각종 방언 말함'이다. 고린도전서 12-14장은 바울이 그것을 어떻게 이해했는지를 잘 알 수 있을 만큼 충분한 내용을 전해준다. 우리는 이미 바울의 기도 생활에서 방언의 역할을 주목했다(제12장의 마지막 부분에서). 여기서는 바울이 방언에 대해서 말한 내용을 특히 공동체 안에서 방언이 지닌 역할에 초점을 맞추어 요약하고자 한다.

1. 무엇보다도 방언은 성령으로 감동된 말이다. 이것은 고린도전서 12장 7절과 11절 그리고 14장 2절에서 분명해진다. 현대 교회 안에서 '방언을 제자리에 두려고'(대개 이것은 방언을 완전히 제거하는 것을 뜻한다) 애를 쓰는 사람들은 좀더 신중해야 할 필요가 있다. 어떤 이들이 주장하는 것처럼 바울은 결코 방언을 칭송하는 척하면서 비난하지 않는다. 또 고린도 성도들이 명백하게 그렇게 했고, 현대의 방언 지지자들이 그렇게 하는 것처럼 바울은 방언에 대해서 경이감을 갖지도 않는

---

2. 참고 문헌을 위해서는 *God's Empowering Presence*, 172 각주 336을 보라.

다. 성령님에 의해서 능력을 부여받은 모든 행위에 대해서 그러하듯이 바울은 방언이 적절한 자리에 있을 때 그것을 존중한다.

2. 고린도전서 14장 27-28절에 제시된, 공동체 안에서 방언 사용과 관련된 규정들은 방언을 말하는 사람이 황홀경이나 자신을 통제하지 못하는 상태에 빠지지 않는다는 것을 분명히 한다. 방언을 말할 때 사정은 이와 정반대다. 방언을 말하는 자들은 순서대로 말해야 한다. 만일 통역하는 자가 없으면 침묵해야 한다. 그러므로 방언을 말할 때 마음이 분리되지 않는다. 그러나 마음은 휴면 상태에 있어서 '열매를 맺지 못한다'(14:14).

3. 방언은 본질적으로 방언을 말하는 자(14:14)나 방언을 듣는 자들(14:16) 모두가 알아들을 수 없는 말이다. 이런 이유 때문에 방언은 회중이 함께 모인 자리에서는 통역되어야 한다.

4. 방언은 기본적으로 하나님께 하는 말이다(14:2, 14-15, 28). 그러므로 통역되는 것은 다른 사람을 향해 한 말이 아니라, 하나님께 말한 '비밀들'이라고 생각할 수 있다.

5. 이 책의 제12장에서 언급한 대로, 바울은 방언을 개인 기도를 위한 은사로서 매우 중요하게 생각한다(14:4, 5, 15, 17-18, 참조. 롬 8:26-27, 엡 6:18).

또 그가 방언을 실제적인 지상의 언어로 이해했는지는 논의할 여지가 있긴 하지만, 전체적으로 볼 때 그렇지 않은 듯 하다. 바울은 통역 없이도 방언을 이해할 수 있는 경우는 전혀 생각하지 않는다. 14장 10-12절에서 제시된 '세상 소리'에 대한 비유는 방언이 지상 언어가 아님을 암시한다.

바울의 방언 이해에 접근하는 가장 좋은 길은 아마도 고린도전서

13장 1절에서 그 현상을 '천사의 말'이라고 묘사한 것을 통해서일 것이다. 문맥은 이 표현이 글로소랄리아(glossolalia), 또는 '방언 말함'을 가리키고 있음을 분명하게 보여준다. 더 어려운 문제는 이 본문에서 이것이 '사람의 방언'과 밀접하게 관련된 점이다. 아마도 이것은 두 종류의 글로소랄리아, 즉 성령으로 감동되었으나 말하는 자나 듣는 자들이 이해하지 못하는 사람의 말과 성령으로 감동을 받아 천상의 언어로 말한 천사의 말로 보는 것이 가장 좋을 것이다. 일반적인 역사적 상황은 고린도 성도들이 후자를 글로소랄리아로 이해했음을 알려준다. 그러므로 그들은 글로소랄리아를 자신들이 미래에 천국에 있으면서 누릴 어떤 것들을 이미 소유하고 있음을 보여주는 한 가지 증거로 간주했다.

바울은 이 은사에 대해 상당한 정도로 양면성을 보여준다. 공적인 모임에서의 방언 사용과 관련해서 그는 방언을 정죄하지 않으나 그렇다고 그것을 좋아하지도 않는다. 어쨌든 통역이 없으면 방언을 해서는 안 된다. 한편, 개인적으로 기도하거나 말할 때 사용하는 은사로서의 방언에 대해서는 아주 호의적인 입장을 취한다. 분명 이 주제는 바울에게는 매우 개인적이고 내밀한 것이다. 그가 보기에 개인적이고 내밀한 것을 공적인 모임 안으로 끌어들였기 때문에 심각한 문제가 일어날 수밖에 없다. 그것은 다른 이들을 세워줄 만한 수단이 못 되기 때문이다. 여기서 다시 공동체 삶에 맞추어진 바울의 중심 초점이 부각된다.

오늘날 오순절주의 은사 공동체 안에서 허용되는 '방언'이 바울이 교회들 안에서 문제로 삼은 것과 같은 종류인지 아닌지는 논란의 여지가 있다. 또 이 문제는 여기서 논의하기에 적절하지도 않은 것 같다.

이것을 알 수 있는 방법은 없다. 체험된 현상이라는 점에서 보면 그것은 바울의 교회의 '방언'과 유사하다. 이는 오순절 교회 안에서의 방언이 많은 경우에 동일한 방식으로 기능하는 성령의 초자연적 활동으로 이해된다는 것을 뜻한다. 또 방언을 말하는 자들에게 이것은 바울이 묘사한 것과 비슷한 가치를 지닌다.

### 예언

모든 카리스마타 가운데 예언은 바울 서신에서 가장 자주 언급된다. 이것은 특히 데살로니가전서 5장 20절, 고린도전서 11장 4-5절, 12장 10-14절, 로마서 12장 6절, 에베소서 2장 20절, 3장 5절, 4장 11절, 디모데전서 1장 18절, 4장 14절에서 언급된다. 또 이것은 아마도 데살로니가후서 2장 2절의 '성령을 통해서'(개역개정 성경은 '영으로'라고 번역함—역자 주)와 갈라디아서 2장 2절의 '계시를 따라'라는 표현에도 함축된 듯하다. 이는 예언이 바울의 교회들 안에서 매우 폭넓게 나타났음을 암시한다. 예언이 헬라 세계에 널리 퍼져 있었으나 바울은 자신의 유대교 배경에 의해서 예언을 이해했다. 선지자는 성령의 감동을 받아서 하나님의 백성에게 말했다. 바울에게 그런 예언은 사람들을 세워주거나 격려하기 위해 의도된 것으로, 회집한 모임에서 말로 전달되고 즉각적이며 이해할 수 있는 메시지로 구성된다. 대부분의 경우에 이 예언은 전체 공동체를 위해 주어진다. 비록 디모데전서 1장 18절과 4장 14절(과 아마도 갈라디아서 2장 2절)은 개인을 위해 제시된 말들을 가리키지만, 이것도 여전히 공동체라는 상황 안에서 제시된 것이다.

예언이 즉흥적으로 예기치 않게 이루어진다는 사실은 고린도전서 14장 29-32절의 증거를 볼 때 확실하다. 한 사람이 '예언을 하고 있는'

동안 다른 사람에게 계시가 임하기 때문이다. 예언하는 사람들은 분명히 자신의 마음을 '통제하고 있는' 것으로 이해된다(14:29-33을 보라). 비록 어떤 사람들은 '선지자들'이라 불렸지만, 고린도전서 14장 24-25절과 30-31절은 예언의 은사가 모든 이들에게(적어도 잠정적으로) 가능하다는 것을 암시한다.

그러나 예언의 은사가 그 자체로 절대적 권위를 지니고 있지 않다는 것도 분명하다. 데살로니가전서 5장 21-22절과 고린도전서 12장 10절, 그리고 14장 29절에서 제시된 증거들은 모든 예언이 성령으로 충만한 공동체에 의해서 '분별되어야' 한다고 말한다. 이것이 고린도전서 12장 10절에서 '성령/영 분별' 은사를 언급한 첫 번째 의도라는 것은 거의 확실하다. 방언에 통역이 필요한 것처럼, '분별'이라는 명사의 동사 형태가 14장 29절에서 예언이 나타날 때 꼭 필요한 대응으로 주어지기 때문이다.

바울이 목회한 교회들에서 예언이 실제로 어떤 기능을 했는지 명확하게 정의하기는 더 어렵다. 만일 갈라디아서 2장 2절, 디모데전서 1장 18절과 4장 14절에 대한 우리의 견해가 옳다면, 한편으로 성령님은 이 특별한 방식으로 그의 종들의 삶을 이끄신다고 말할 수 있다. 때로 그들은 성령님이 능력을 부여하시는 사역을 위해서 선택된다(딤전 1:18, 4:14). 또 때로는 예루살렘에서 어려운 사명을 수행하도록 인도받는다(갈 2:2). 다른 한편, 성령님은 마지막 때에 악이 득세하리라는 예수님의 말씀(딤전 4:1)이 확인되고 있음을 교회에 반복해서 상기시키기도 한다. 아마도 주의 날이 이미 왔다(살후 2:2)는 잘못된 예언이 데살로니가에서 고민거리를 불러 일으켰을 것이다.

"공동체가 정규적으로 예언의 영을 어떻게 경험하는가"에 대한 다른 그림이 고린도전서 14장에 나타난다. 신자와 관련해서 성령님은 예언을 통해 격려와 덕을 세우고 권면하여 안위하신다고 말한다. 또 불신자들에게는 그 마음의 숨은 일이 드러나게 만들어 회개로 이끄신다. 이 모든 본문의 증거는 예언이 보편적으로 체험된 현상이며, 하나님의 백성들을 그리스도 안에서 세워 성숙하게 하는 것이 예언의 목표임을 알려준다(엡 4:11-16).[3]

이 논쟁을 다룬 최근의 문헌들은 예언의 배경과 권위라는 문제에 관심을 갖는다. 이 문제는 구약성경의 예언자들이 영감을 받았으며 성경적 권위를 가지고 있는 것처럼, 신약성경의 예언도 같은 방식으로 이해해야 하는가에 관심이 맞춰져 있다. 바울은 예언을 하나님의 종말적 약속의 성취에 대한 증거로 보았으므로, 아무 의심 없이 신약성경의 예언자들이 구약성경의 합법적인 예언자들을 계승하는 것으로 보았다. 이것은 부분적으로 구약성경의 예언이 그러했듯이 신약 시대의 모든 예언도 분별되어야 하는 이유를 설명해준다. 그러나 교회의 종말적인 현재 특성상 새 예언은 구약 시대와는 다른 종류로 이해되기도 했다. 두 시대 사이에 존재하는 교회에 격려의 말씀을 전하는 신약의 예언자는 고대 이스라엘에게 주로 선포되었던 심판의 말씀과는 다른 내용을 말한다.

---

3. 바울이 자신을 사도이며 선지자로 이해할 가능성에 대해서는 *God's Empowering Presence*에서 고린도전서 14장 37절과 에베소서 3장 5절을 다룬 부분을 보라. 고린도전서 5장 3-4절과 골로새서 2장 5절에 따르면 바울은, 아마도 자신의 서신이 읽혀질 때, 자신이 성령에 의해서 회중과 함께하는 것으로 이해한다. 그러므로 그는 교회 안에서 그의 서신이 읽혀질 때, 그것이 예언과 같은 기능을 했을 것으로 받아들였을 것이다.

### 예언을 분별함

데살로니가전서 5장 19-22절에서 바울은 다음과 같이 권면한다. "성령을 소멸하지 말며 예언을 멸시하지 말고 범사에 헤아려 좋은 것을 취하고 악은 어떤 모양이라도 버리라." 만일 현대 교회 일부에서 예언을 부정하고 성령을 소멸함으로써 이 명령을 어기는 경향이 있다면, '오순절/은사 운동' 진영은 이 명령의 요점인 나머지 부분을 무시하는 경향이 있다!

오순절주의자들은 하나님이 종종 예기치 않게 권위 있는 음성으로 말씀하시는 것에 상당한 경외감을 가지고 있기 때문에, 전통적으로 그들 사이에 주님의 이름으로 일어나는 어떤 것이라도 기꺼이 허용하곤 했다. 예언을 분별한다는 것은 대개 나쁜 것을 가려내는 것을 뜻한다. 바울의 관심은 양쪽 모두에 있다. 그래서 그들 모두가 주님이 말씀하시는 것을 분별하여 나쁜 것은 제거하고 좋은 것을 굳게 붙들기 원한다.

'오순절/은사 운동'의 일부 진영에서 이 명령에 불순종하는 것은 아마도 예언을 분별해야 하는지에 대한 확신이 없고, 또 어떻게 분별이 이루어져야 하는가에 대한 명확한 기준이 없기 때문일 것이다. 바울이 제시한 기준은 두 개의 본문들, 곧 데살로니가후서 2장 2절에 비추어 본 2장 15절과 고린도전서 14장 3절에서 나타난다. 두 번째 본문에 나타난 기준은 인식하기가 더 쉽다. 즉 예언하는 사람들은 회집한 하나님 백성의 '격려(또는 권면), 위로, 교화'를 위해서 예언해야 한다. 데

살로니가후서 본문에 대해서는 좀더 자세히 언급하겠다.[4]

데살로니가전서의 권면은 아마도 데살로니가후서 2장에서 언급된 문제를 미리 예견하고 주어진 듯하다. 이 공동체에 속한 어떤 사람이 바울의 이름으로 "주의 날이 이미 왔다"고 조급하게 예언했다. 바울은 이 예언이 무엇을 근거로 나온 것인지 확신하지 못한다(아마도 과거에 자신이 가르침이나 편지를 통해서 준 예언의 말씀이었을 것이다). 이에 대한 바울의 대응은 데살로니가후서 2장 3-14절에 기록되어 있다. 여기서 바울은 그런 발언이 그가 그들과 함께 있을 때 준 자신의 실제 가르침과 얼마나 모순이 되는지를 상기시킨다. 15절에서 자신의 권면을 요약하면서 바울은 그들 가운데 있을 때 직접 준 것이든, 또는 서신을 통해 준 것이든 이전의 가르침들을 굳게 붙들라고 요청한다. 이 구절에서 누락된 중요한 것은 2절에서 언급된 '성령'이다. 바울의 요점은 분명해 보인다. 신자들은 어떤 이의 급작스런 예언을 바울의 사도적 가르침에 비추어서 평가해야 한다는 것이다. 나는 이와 같은 기준이 모든 세대 모든 신자들에게 적용된다고 생각한다.

### 바울이 목회한 교회 안에서 은사는 얼마나 일반적이었는가?

바울이 고린도전서 12장 7-11절에서 성령의 은사들을 아주 일상적인

---

4. 이 본문들에 대한 더 자세한 분석을 보려면 *God's Empowering Presence*, 71-75을 보라. 또는 *To Tell the Mystery: Essays on New Testament Eschatology in Honor of Robert H. Gundry* (ed. T. E. Schmidt and M. Silva, Journal for the Study of the New Testament, Supplement Series 100, Sheffield: JSOT Press, 1994) 196-215에 수록된 나의 논문 "Pneuma and Eschatology in 2 Thessalonians 2.1-2: A Proposal about 'Testing the Prophets' and the Purpose of 2 Thessalonians"에서 충분하게 논의한 것을 보라.

어투로 제시할 수 있다는 것은 초대 교회의 예배가 그 이후 대부분의 시대보다 훨씬 더 은사적이었다는 점을 알려준다. 실제로 어떤 사람들은 은사가 결여된 상황을 미덕으로 생각하게끔 애를 써왔다. 그러면서 그들은 아주 특별한 현상들은 상대적으로 초대 교회에 국한되었다고 주장한다. 그런 은사들은 고린도 교회 성도들과 같이 더 '미숙한' 신자들에게 속한 것이며, 우리와 같이 좀더 '성숙한' 회중에게는 필요하지 않다는 것이다. 그러나 이런 주장은 고린도전서 13장 10-12절에 나타난 '어린 아이와 어른'의 이미지를 오해한 것일 뿐 아니라, 바울 서신의 성격에 비추어 볼 때에도 전적으로 잘못된 논증이다. 이런 식으로 말한다면, 단지 고린도전서 11장(10:16-17, 11:17-34)에만 주의 만찬에 대한 언급이 나온다는 이유로 바울이 알고 있던 다른 교회들에서는 주의 만찬을 행하지 않았다고 주장할 수 있는 것이다. 방언이 고린도전서 12-14장에서만 언급되는데, 그것은 단지 고린도 교회에서 함부로 방언하는 폐단을 바로 잡기 위해서였지, 유독 고린도에만 방언이 존재했다는 얘기는 아니다.

성령 안에서 살아갈 때 분명한 은사들을 체험한 사실이 바울의 교회에서 일반적이었다는 증거는 상당히 많다. 바울이 이것을 직접적으로 말한 경우가 매우 적다는 것(특히 살전 5:19-22, 고전 12-14장)은 우연일 뿐이다. 그는 이것들을 남용하는 문제가 일어났을 경우에만 언급했다. 데살로니가 교회에서 불거져나왔던 문제가 정확히 무엇인지는 확실하지 않다. 함께 모인 자리에서 어떤 이들이 예언의 영을 무시했을 수도 있고, 또는 바울이 어떤 문제가 일어날 것을 예상하고 사전에 '모든 것을 시험하는' 법칙으로 그 문제의 해결책을 못박아두려고 했을 가능성도 있다. 아마도 후자가 더 타당할 것이다. 그렇다면 이것은 고린도 교회가 겪었던 문제와 유사하다. 어쨌든 바울의 대응은 그런 현상들, 즉 성령의 나타나심을 제거하는 것이 아니라, 적절한 은사 사용을 역설함으로써 은사에 대한 잘못된 태도를 바로잡는 것이다.

바울은 다른 곳에서도 이 현상들에 대해 즉각적이고도 일반적인 방식으로 언급하고 있다. 일례로 데살로니가후서 2장 2절에서 그는 누군가가 데살로니가 성도들에게 '주의 날'에 대해 잘못된 정보를 주었다는 것을 알았다. 그가 알지 못하는 것은 이런 잘못된 정보가 어디서 왔느냐는 것이다. 한 가지 가능한 출처는 '영을 통해서'다(여기서는 분별되지 않은 예언을 가리킨다). 머리에 수건을 쓰는 문제를 다룬 고린도전서 11장 2-6절에서와 유사하게 바울은 예배에 있어서도 집회 가운데 하나님과 회중에게 말하는 두 가지 주된 방식으로 '기도와 예언'을 언급한다. 갈라디아서 3장 4절에서 그는 갈라디아 성도들이 '체험한 많은 것들'에 호소하는데, 특별히 그들이 그리스도를 믿을 때 체험했던 내용들을 가리킨다. 또 5절에서는 그들이 계속해서 체험하고 있는 '능력들'에 초점을 맞춰 논증한다. 마지막으로 디모데의 사역의 경우에 (딤전 1:18, 4:14) 디모데의 은사는 공동체 안에서 행하는 예언과 관련이 있다. 이런 경우 어디에서도 바울은 은사들에 대해서 주장을 펴지 않는다. 도리어 그들이 일상적으로 누리는 성령 안에서의 삶이 보여주는 분명한 은사적 표현이, 그가 또다른 주장을 펴는 전제가 된다.

그러므로 모든 증거들이 한 가지 사실을 가리킨다고 결론을 내릴 수 있다. 즉 바울과 그의 교회들에게 있어서 그리스도인의 삶을 이해하는 열쇠는 처음부터 마지막까지 성령이라는 것이다. 그리고 성령을 체험할 때도 본질적으로 강력하면서도 눈에 보이는 방식으로 체험했다. 어떤 경우에 이 성령 체험들이 이원적인 형태(성령이 지상에 존재하지 않는다는)의 승리주의로 이어지기도 했지만, 바울에게 이 체험들은 전체의 일부일 뿐이다. 바울은 어떤 이들이 주장하는 것처럼 성령님을 윤리화하지 않는다.[5] 그에게 성령에 의한 윤리적 삶은 성령님을 하나님의 종말론적 약속의 성취로 보는 그의 이해의 본질적인 부분이다. 즉 성령의 윤리적 삶은 그 종말적 약속에 속한 것이며, 바울이 체험하기 전에도 그러한 것으로 체험되었다. 바울의 관심은 잘못된 것을 교정하여, 그의 교회들이 그가 처음부터 가르쳤던 길을 따라가도록 못박아두는 것이다.

그러나 바울의 삶에서도 볼 수 있듯이, 승리주의(모든 삶의 영역에서 확실하게 성공하고 지속적으로 승리하리라는 신념)는 역동적이며 강력하고 가시적으로 체험되었던 성령의 삶이 가져다주는 필연적인 결과가 아니었다. 바울은 승리주의와 역동적인 성령의 체험을 함께 누릴 수 있었다. 그는 특별한 종류의 은사와 능력 가운데서 자주, 또 정규적으로 나타나는 성령님을 체험할 수 있었다. 그러나 동시에 그는 온갖 종류의 고난과 연약함 속에서도 언제나 성령의 기쁨으로 충만함을 누렸다.

### 두 시대 사이에서의 성령의 은사

마지막으로 우리는 바울 시대보다는 우리 시대에서 제기되는 질문에

---

5. 특히 H. Gunkel, *The Influence of the Holy Spirit*, Ger. original 1888 (ET, Philadelphia: Fortress, 1979). R. B. Hoyle, *The Holy Spirit in St. Paul* (London: Hodder and Stoughton, 1928) 34이 제안하는 것처럼, Gunkel은 '그리스도인의 모든 종교적이고 윤리적인 삶의 근거를 성령님의 더 은밀하고 지속적이며 내적인 사역에 두지' 않는다. 바울은 그러한 잘못된 구분을 인정하지 않을 것이다.

주목해야 한다. 카리스마타 중 많은 것들, 특별히 좀더 특별한 은사들 (예언, 치유, 이적, 방언)은 사도 시대 직후에는 사용되지 않았고, 단지 많은 사람들이 분파들이라고 부르는 몇몇 집단에서만 간헐적으로 나타났다. 이런 이유로 우리 시대에 어떤 사람들은 특별한 은사는 복음을 심고 확증하기 위한 수단으로서 사도 시대에 국한된 것이며, 신약성경의 모든 문서들의 기록이 마무리된 1세기의 기독교 이후에는 필요없게 되었다고 주장했다.

흥미롭게도 바울은 고린도전서 13장 8-10절에서 이 문제를 언급하는데, 우리 시대에 제기되어온 것과 다른 방식으로 말한다. 이 문제에 대한 바울의 답변이 다시금 그의 종말적 체계와 전제들과 관련되어 있다는 것은 놀랍지 않다. 이 경우에 그의 해결책은 고린도 교회에서 문제가 되었던 카리스마타, 특히 방언에 대한 오해를 직접적으로 다루는 것이다.

여기서 바울은 마지막 시대에 대해서 지나치게 영적으로 받아들이는 고린도 교회 성도들을 향해 반박하고 있다. 그들은 '이미'라는 측면을 지나치게 강조한 나머지 '그러나 아직'이라는 측면을 철저하게 무시했던 것으로 보인다. 그들은 이미 부요하고 배부르며 왕 노릇 하기 시작했다(고전 4:8). 그들은 방언을 이미 자신들에게 미래가 도래했음을 보여주는 '표시'로 받아들인 것 같다(참조. 14:20-22). 그들에게 천사의 말(13:1)을 하는 것은 자신들이 이미 완전한 영적 존재가 되었음을 의미했다. 따라서 그들은 미래에 있을 육체의 부활을 부인했다(15:12).

방언에 대한 이런 잘못된 강조를 지적하면서, 바울은 은사들이 (최종적인) 미래에 속한 것이 아니라 현재에만 속한 것이라고 주장한다. 고린도 성도들은 이 문제에 대해서 오해하고 있었다. 여기서 아이러니는 참된 미래가 올 때 그들이 미래 존재의 증거라고 보았던 은사들이 지나갈 것(13:8)이라는 점이다. 카리스마타는 '부분적'이고(9절), 또 장성한 사람과 비교하면 어린 아이와 같은 것이다(11절). 그것들은 얼굴과 얼굴을 맞대고 보는 것과 비교하면 거울로 보는 것과 같다(12절). 그러나 이는 은사의 가치를 평가절하하는 것이 아니다. 오히려 그것들을 적절한(이미 그러나 아직이라는) 종말론적 관점에서 바라보는 것이다.

우리는 아직 현재 시대에 속해 있다. 그래서 고린도전서 14장에서 바울은 은사의 남용을 바로 잡을 뿐 아니라, 그것을 적절하게 사용하도록 요청한다. 현시대에 우리는 사랑을 구해야 한다(14:1). 오직 사랑만이 현재와 영원한 미래까지 남을 것이기 때문이다(13:13). 그러나 또한 우리는 '이미'의 시대에서 성령님이 공동체를 세우는 데 필요한 은사를 주심으로써 자신을 우리 가운데 나타내시기를 간절히 열망해야 한다. 장차 마지막 영광(완전한 것)이 나타날 것이다.

바울이 자신의 생전이나 그 직후에 카리스마타가 끝나리라고 기대했는지 여부는 이 구절에서 추론해 낼 수 없다. 이 쟁점에 대한 답변은 오늘날 성경을 읽는 데 근거해서가 아니라, 카리스마타가 오늘날에도 적절한가에 대한 더 큰 관심사로부터 주어진다. 그러나 이것은 곧바로 세계관의 문제와 연결된다. 바울은 이런 문제가 제기되는 것을 이해할 수 없었을 것이다. 그의 대답은 분명하다. "물론 우리가 마지막 완성을 기다리는 동안 그것들은 계속될 것이다." 이러한 사도의 견해를 따르지 않는 그 어떤 대답도 그에게 지지를 얻어낼 수 없다.[6]

---

6. 이러한 다양한 시도들 가운데 가장 교과서적으로 인식되는 것은 R. Gaffin, *Perspectives on Pentecost* (Philadelphia: Presbyterian and Reformed, 1979. 『성령은사론』 CLC 역

바울이 빌립보서 3장 17절에서 빌립보 교회 성도들에게 한 말은 오늘날 우리가 듣고 주의를 기울일 만한 가치가 있다. "형제들아 너희는 함께 나를 본받으라 그리고 너희가 우리를 본받은 것처럼 그와 같이 행하는 자들을 눈여겨 보라." 여기서 말하는 본은 빌립보서 문맥에 따르면 '그리스도와 그 부활의 권능과 그 고난에 참여'하는 것(10절) 모두를 포함한다. 이 책 제10장에서 언급한 대로 성령의 능력과 성령의 지시를 받는 바울의 삶의 본은 그 범위가 특별히 넓으며, 이번 장에서 언급된 공동체 현상과 함께 개인 영성을 포함한다. 우리는 '이미 그러나 아직'의 시대에 속해 있으며, 또 우리가 그렇게 살 수 있는 유일한 길은 성령님의 능력을 힘입는 것이다. 회중 안에서 은사가 필요한 이유는 이 세대에서 미래의 삶을 살아가는 우리 자신을 세우기 위해서다. 하나님의 새로워진 임재인 성령님은 바로 이 목적을 위해서 우리가 모일 때 우리와 함께 거하신다. 따라서 우리의 마지막 말은 처음과 같다. 바울에게 성령님은 체험된 마지막 실체로서, 미래가 이미 가까이 와 있다는 증거이며 그 마지막 완성을 보증하는 역할을 하신다.

---

간)에서 제시된 내용이다. 이 책은 기본적으로 바울이 전혀 말하지 않은 문제들을 제기하고 그것들에 답하면서, 자신의 견해를 뒷받침하기 위해서 바울의 주장을 인용한다. 나의 책, *Gospel and Spirit: Issues in New Testament Hermeneutics* (Peabody, Mass.: Hendrickson, 1991) 75-77에 실린 Gaffin에 대한 나의 비판과 비교하라.

# 15

# 이곳에서 어디로?

오늘과 내일을 위한 성령

:::
비록 지금 살고 있는 포스트모던 세계에서 우리가 매우 중요한 존재로 부각된다고 하더라도, 성령님은 변함없이 교회의 핵심이어야 한다.

앞에서 언급한 내용에 비추어볼 때, 우리보다 바울과 그의 교회들에게 있어서 성령 체험이 삶의 중심을 이루고 있었음을 솔직하게 인정해야 한다. 게다가 그들은 성령님을 더 순전하게 체험했다. 이 사실을 깨달으면 이 마지막 장의 제목과 같은 질문을 하게 된다. 그러나 겸손한 자세를 가진 사람이라면 이 질문에 대해 "나는 모른다"고 고백할 것이다.

그러므로 나는 질문의 답을 제시하려고 애를 쓰기보다는 먼저, 성령에 대한 바울의 이해가 보여주는 주요 특징들을 살펴보고, 두 번째, 이 문제들과 관련해서 바울과 우리 사이에 자주 발생하는 간격을 지적하며 마지막으로, 이 간격을 메꾸기 위한 몇 가지 제안을 함으로써 이번 장을 끝내고자 한다. 내가 여기서 말하는 내용은 교회는 "개혁되어야 하고 항상 개혁되어야 한다"는 종교개혁 원리의 진실성을 전제로 한다. 역사적으로 참된 개혁과 갱신의 가장 중요한 요소는 교회가 생각과 행동에서 더 의식적으로 성경적이 되어야 한다는 것이다.

## 성령에 대한 바울의 이해: 요약

다음 내용은 성령에 대한 바울의 이해의 핵심으로 내가 받아들인 내용이다. 이것들은 앞의 장들에서와는 조금 다른 순서로 제시된다.

1. **그리스도인의 체험의 핵심.** 이 책에서 여러 가지 방식으로 반복된 가장 분명한 요점은 그리스도인으로서 바울이 겪은 체험에서, 또 복음에 대한 그의 이해에서 성령이 담당하는 중요한 역할이다. 즉 바울 신학—적어도 그의 신학의 기초에서—에서 성령은 주된 역할을 맡는다. 확실히 성령은 바울 신학의 중심은 아니다. 그리스도가 항상 중심이시다. 그러나 성령님은 그 중심 가까이에 계시면서, 그리스도를 알려주고 모든 진정한 그리스도인의 삶과 체험에 능력을 부여하신다. 그러므로 바울 신학을 대할 때 우리는 지금 보다 훨씬 더 성령을 비중 있게 다뤄야 한다.

2. **우리의 삶으로 침입하시는 하나님.** 바울의 관점에서 동일하게 중심적인 것은 개인 신자의 삶과 신앙 공동체의 삶 속으로 성령님이 역동적이며 체험적인 방식으로 들어오신다는 점이다. 이 실체는 바울이 말하는 모든 내용 배후에 깔려 있다. 이것은 바울이 전제하는 요점이며, 따라서 그는 이 전제를 위해서가 아니라 이 전제로부터 주장을 편다. 고린도 교회에서 성령의 은사들을 남용하여 바울이 공동체에서

의 성령의 삶을 바로잡을 때도 체험된 실체인 성령님이 그 배후에 있었다(고전 12-14장). 바울이 데살로니가 성도들에게 그들의 회심에 대해서 상기시키는 장면에서도 근거를 이룬다(살전 1:4-6). 성령 체험은 그리스도 안에 있는 삶이 믿음에 바탕을 두고 있으며 율법과 무관하다는 것을 입증하는 우선적인 증거이기도 하다(갈 3:1-5, 4:5-6). 또 그것은 데살로니가전서 5장 19-22절의 명령 뒤에 있는 전제이며(참조, 살후 2:2), 바울이 사도로서 자신의 사역을 확증하는 증거로 제시하기도 한다(고전 2:4-5, 고후 12:12, 롬 15:18-19). 그뿐 아니라 그것은 바울이 성령 안에 있는 삶의 충족성을 주장할 수 있는 기본 진리이며(갈 5:13-6:10), 에베소에 있는 디모데에게 바울이 "사역에 필요한 능력과 격려를 받기 위해서 성령의 삶을 불일듯하게 하라"고 조언하는 근거가 되기도 한다(딤전 1:18, 4:14, 딤후 1:6-7). 성령의 사역에 대한 바울의 직접적이고도 즉각적인 언급들은 모두 교회와 개인 신자의 삶에 능력을 주시는, 체험된 실체로서의 성령님을 전제한다.

**3. 마지막 때의 증거이자 영광의 보증.** 성령님의 중심적 역할 중에서도 중심축이 되는 것은 바울이 성령님을 체험하고 이해했던 철저하게 종말론적인 체계다. 마지막 때에 대한 바울의—또 다른 이들의— 기대 속에서 성령님이 주된 역할을 하셨다. 그러므로 그리스도의 부활과 함께 부어진 성령은 바울의 종말론적인 관점을 철저하게 변화시켰다. 한편으로 성령의 오심은 구약성경의 약속들을 성취했고 그 미래가 이미 시작되었음을 보여주는 확실한 증거였다. 다른 한편, 하나님 나라의 마지막 완성이 아직 이루어지지 않았으므로 성령은 마지막 영광에 대한 확실한 보증이다. 바울의 사고를 지배하는 이러한 종말론적 관점을 제쳐두고는 성령을 체험하는 삶을 바울이 그렇게 강

조하는 이유를 결코 이해할 수 없다.

**4. 우리 안에, 그리고 우리 가운데 거하시는 하나님.** 바울 서신에서 약속된 성령을 체험한다고 말할 때 그것은 자기 백성 안에, 그리고 그들 가운데 거하기 위해 돌아오신 하나님의 인격적인 임재를 뜻한다. 이것을 입증하는 몇 가지 사실들이 결정적인 종말론적 체계와 관련되어 있다. 성령은 하나님의 백성을 개인적으로, 또 공동체로 자신의 성전, 즉 지상에서 하나님이 인격적으로 거주하시는 장소로 구별짓는다. 여기서 이 모든 것을 성취라는 관점에서 종합하면 다음과 같다. 첫째, 구약성경의 성막과 성전으로 표현된 하나님의 임재, 둘째, 주님의 영으로 더 잘 이해된 임재(사 63:9-14, 시 106:33), 셋째, 예레미야와 에스겔로부터 약속된 성령의 새 언약. 이 새 언약에서 성령님은 하나님의 백성 안에 거하여 그들을 살게 하고 하나님의 방식들을 따르게 하실 것이다.

바울은 이 주제들이 성령의 오심으로 성취되었다고 볼 뿐 아니라, 성령을 하나님의 인격적 임재로 이해한다. 이러한 이해가 있었기에 바울이 비인격적인 이미지를 사용해 성령을 지칭하는 것을 꺼린 것이다. 그와 반대로 바울은 다른 곳에서는 하나님과 그리스도의 인격적 행동을 표현하는 동사들을 가지고 정규적으로 성령의 활동을 나타낸다. 따라서 성령님은 '하나님의 성령'이며 '그리스도의 영', 곧 하나님께서 현재 자기 백성과 함께, 그들 가운데 임재하시는 방식이다.

**5. '하나님, 바로 그 하나님.'** 여기서 삼위일체(이것이 바울이 직접적으로 사용한 언어가 아니며, 그의 주된 관심사도 아니지만)에 대한 바울의 전제들이 그의 신학에서 얼마나 근본적인지를 주목하는 것도 중요하다. 바울이 삼위일체 자체에 대해서 논의를 꺼낸 적도 없지만, 그에게서

삼위일체를 근본적인 것으로 만든 것은 다음 네 가지 사실들이다. 첫째, 하나님은 한 분이시며 인격적인 분이시다. 둘째, 성령님은 하나님의 영이시며 따라서 인격적이시다. 셋째, 성령님과 그리스도는 완전한 하나님이시다. 넷째, 그리스도와 성부 하나님이 서로에게 구별된 존재시듯이, 성령님도 그분들과 구별된 존재시다. 한 분 하나님을 삼위일체의 개념으로 이해함에 따라 부분적으로 바울은 구원을 역동적이고 효과적인 것으로 인식하게 되었다.

6. **효력 있게 된 구원.** 따라서 성령의 역할을 포함하여, 하나님을 삼위일체로 보는 바울의 이해는 그의 삶에서 가장 중요한 진리인 그리스도 안에 있는 구원에 있어서도 근본적인 변화를 가져왔다. 구원은 처음부터 마지막까지 하나님의 행위다. 성부 하나님께서 시작하셨으며, 하나님의 영원한 목적에 속해 있다(고전 2:6-9). 구원은 하나님 안에 그 기원을 갖고 있으며, 하나님이 구원의 궁극적인 목표다(고전 8:6). 또 구원은 하나님이 성자와 성령을 보내심으로 시작되었다(갈 4:4-7). 성자 그리스도는 자신의 죽음과 부활을 통해서 하나님의 백성을 위해 구원을 성취하셨다. 이것이 바울 신학의 중심적인 특징이다. 성자에 의해서 제공된 하나님의 사랑을 신자의 삶에 효력 있게 적용한 것이 성령만의 독특한 사역이다.

성령의 사역이 명백하기 때문에 바울은 신자들의 회심 체험이나 그리스도 안에서 그들의 현재적 지위를 일깨워줄 때, 거의 항상 성령님이 행하신다거나 임재하신다는 측면을 부각시킨다. 이런 의미에서 그리스도 안에는 완전히 삼위일체적이지 않은 구원은 존재하지 않는다. 따라서 그리스도 안에는 신자의 삶에서 체험된 성령의 오심에 의해서 유효하게 되지 않은 구원도 존재하지 않는다. 하나님은 그 성령을 "우리의 구원자 예수 그리스도를 통해서 우리에게 풍성하게 부으셨다"(딛 3:6, NIV).

7. **부름 받은 백성.** 하나님의 종말적 구원의 목표는 자기 이름을 위해서 백성을 창조하는 것이다. 이 백성은 하나님의 옛 언약 백성의 진정한 계승자다. 또 백성으로서 그들은 그리스도 안에서 이루어진 하나님의 구원 행위의 대상이다. 그들은 지금 그리스도의 죽음과 부활, 또 종말적 성령의 오심을 통해서 하나님의 백성으로 새롭게 형성된다. 그러나 그들은 그리스도를 믿음으로, 또 성령을 받음으로 개인적으로 그 공동체 안으로 들어간다.

그들은 성령에 의해서 형성된 종말의 백성으로서 이 세대에서 완성을 기다리면서 미래의 삶을 산다. 그들은 하나님의 가족이며, 이것은 성령님이 신자들의 마음에서 아바라고 부르짖는 것으로 입증된다. 그들은 하나님의 성전, 곧 지상에서 하나님이 자신의 성령에 의해서 거하시는 장소다. 또 그들은 함께 한 성령을 풍성하게 체험함으로써 그리스도의 몸을 이룬다.

8. **가능하게 된 의.** 바울의 견해에서 성령님의 주요한 역할은 그분이 처음부터 마지막까지 그리스도인의 삶의 본질적 요소로 자리하신다는 데 있다. 따라서 성령님은 그 삶의 모든 차원에서 개인적으로, 공동체 안에서, 또 세상에 대해서 윤리적 삶을 살 수 있도록 능력을 부여하신다. 무엇보다도 성령의 백성이며 그리스도 안에 있는 신자들은 성령님에 의해 살아가는데 이 사실은 다양하게 표현된다. 즉 그들은 성령 안에서 행하고, 성령에 의해서 인도를 받으며, 성령의 열매를 맺고, 성령을 위하여 심는다. 마찬가지로 바울에게 윤리는 삼위일체 하나님 안에 기초를 둔다. 즉, 하나님의 영은 신자들이 그리스도의 형

상을 닮게 하여 하나님의 영광에 이르게 하신다. 따라서 성령님은 이 세대에 하나님의 생명을 살아내도록 하나님의 백성에게 능력을 부여하는 하나님 임재다.

그러므로 하나님이 자기 백성에게 주신 성령에 의해서 거룩해지지 않은 그리스도인의 삶이란 존재하지 않는다(살전 4:8). 동시에 성령 안에 있는 삶은 마지막 때를 살고 있는 신자와 관련해서 많은 것들을 생각할 수 있게 한다. 즉 이것은 성령에 의해서 풍성한 소망을 가지는 것, 희락 가운데 사는 것, 쉬지 않고 기도하는 것, 자기를 절제하는 것, 견고한 양심을 맛보는 것, 하나님의 뜻과 목적에 대한 통찰을 갖는 것, 또 현재의 모든 어려움과 고난을 견디는 것을 포함한다. 신자가 되는 것은 바로 성령으로 충만해지고, 그 결과 성령 안에서, 그리고 성령에 의해서 사는 것을 의미한다.

9. **기독교 예배의 열쇠.** 마지막으로 성령은 모든 참된 기독교 영성의 열쇠다. 개인이 성령의 삶을 산다는 것은 마음으로 기도하는 것뿐 아니라 '성령으로 기도하는 것'을 포함한다. 성령 안에서 기도할 때 성령님은 연약함 가운데 있는 신자들을 위해 중보 기도함으로써 그들을 도우실 뿐 아니라, 기도할 때에 그들에게 큰 확신을 주신다. 이는 하나님이 성령님의 마음을 아시기 때문이며, 또 성령님은 하나님의 목적에 맞게 신자를 통해서 기도하시기 때문이다.

성령의 은사뿐 아니라 성령의 임재는 하나님을 예배하기 위해 함께 모이는 신앙 공동체를 세우도록 돕는다. 그러므로 바울의 교회들에서 예배는 '은사적'이다. 그 이유는 성령님이 예배중에 일어나는 모든 것들의 열쇠를 쥔 분이기 때문이다. 몸을 세우고 성전을 창조하시는 성령님이 통일성 및 다양성과 더불어 임재하시며, 그 결과 모두가 몸에 참여하며 모두가 세움을 입는다.

## 후대 교회에서의 성령: 대조

바울 시대 이후 오랫동안, 교회는 앞에서 제시한 성령의 삶을 만족스런 수준으로 살지 못했다. 실제로 학자들이 일반적으로 성령을 무시하고 교회가 성령을 종종 자신의 틀 속에 억지로 맞춰버리는 경향이 이 책을 쓰게 된 부분적인 이유였다는 것을 이미 서론에서 언급했다. 예를 들어, 시간이 경과하고 (필연적인 그러나 항상 유익하지는 않은) 교회의 제도화가 이루어지면서, 또 신학 형성기에 헬라 사상의 영향을 받은 결과, 교회는 근본적인 종말론적 관점에서 멀어졌다(앞에서 제시한 요점 3을 보라). 즉 교회가 스스로를 두 시대—마지막 때의 시작과 그리스도 재림 때의 완성—사이에 살고 있는 것으로 보는 종말론적 세계관을 가질 때 성령의 체험이 중심적인 역할을 하지 못했음을 의미한다 (요점 7). 그 결과 신자의 지역 공동체는 세상 안에 있으면서도 세상에 속하지 않은 채, 항상 세상을 문제 삼으며 세상의 가치와 생활 방식에 영향을 받지 않는 균형을 유지하지 못했다.

동시에 성령을 체험하는 역동적인 삶의 모습을 잃어버리고 말았다 (요점 2). 적어도 이렇게 된 이유는 부분적으로는 신약성경이 결코 말하지 않은 문제의 결과였다. 그 문제란 "어떻게 신자의 자녀로 태어난 사람들이 신자가 되었는가?" 하는 것이다. 후대 시대에는 어떤 점에서 대부분의 그리스도인들이 성인이 되어 회심했다기 보다는 그리스도인 가정에 태어남으로써 자동적으로 신자가 되었다. 실제로 후대의 신자들은 이 중대한 요소로 인해 자신들이 체험한 교회 생활과 신약성경에서 읽은 내용 사이에서 많은 괴리감을 느꼈을 것이다.

중요한 점은 바울의 모든 서신들이 첫 세대 신자들을 위해 기록되었다는 사실이다. 그들은 모두—적어도 바울 서신의 수신자들은—성인이 되어 회심한 자들이었고, 그들의 회심에는 곧바로 그들의 삶 속으로 들어오신 성령의 체험이 포함되었다. 적어도 이것이 바울의 서신들에서 나타나는 그림이다. 그러나 그런 회심자들의 가정에서 태어나 자란 자녀들의 경우에 성령 체험과 더불어 이루어지는 이런 회심은 어떻게 되었는가? 다른 이유만큼이나, 그들의 이런 회심 체험의 결여가 아마도 후대에 성령을 체험하는 삶을 잃어버린 사실과 또 후대 교회에서 일반적으로 성령이 무시된 사실을 설명해줄 것이다.

이것이 옳다 그르다라고 판단하려거나 또는 이것이 모든 시대 모든 장소에서 언제나 그렇다라고 말하려는 게 아니지만, 교회 자체에서 이루어진 교회사에 대한 후대 연구를 보면, 그 결과는 믿음의 공동체가 세상에서 그리스도의 생명을 살아낼 때 그 공동체 안에서 나타난 성령의 삶의 역사라기보다는 훨씬 더 자주 교회라는 제도의 역사였다는 점은 매우 흥미롭다.

물론 그런 가운데서도 잃어버리지 않은 것이 있는데, 그것은 성령을 인격적으로 보는 성경적인 시각과(요점 4)와 성령에 대한 교리다. 이 교리에는 하나님으로서의 성령의 위치(요점 5)와 사람이 하나님의 자녀가 되는 과정에서 성령님이 감당하시는 중심적인 역할(요점 6)이 신조에서 더 공식적으로 표현되었다. 이러한 발전에는 다른 두 가지 문제가 결부되어 있다. 하나는 성령 받음을 물세례와 관련시키는 것이고, 다른 하나는 결과적으로 기독교 가정에서 태어난 유아에게 세례를 베푸는 관행이 생겨났다는 것이다. 성령님은 구원의 신학에서 여전히 중심적인 요소인데도, 지금은 더 이상 역동적으로 체험되는 분(요점 2)으로 인식되지 않는다.

그리스도인의 삶을 시작할 때(회심) 성령의 역동적인 체험을 잃어버린 결과 후대 교회 역사 대부분에 걸쳐서 개인 신자들에게 영적 질병과 연약함이 나타났다(요점 8). 물론 이것은 모든 신자들에게 해당되는 것은 아니다. 그러나 그것은 부분적으로 교회 역사에서 일어났던 수도원 운동과 다양한 성령 운동을 설명해준다. '거룩한(holy)'과 이것의 복수 명사 '성자들(the saints)'은 바울의 영성에서는 각각 일상적인 기독교적 삶과 그리스도인들을 지칭하는 것이었으나, 이제는 일상적인 신자들이 아니라 특별한 신자들을 지칭하는 것이 되어버렸다. 영성(Spirituality)에 있어서도 마찬가지다(요점 9). 영성은 많은 사람들에 의한 자연스런 일상이 아니라 소수에 의한 수행으로 축소되고 말았다. 성령으로 드리는 기도는 교회 예배 때 읊조리는 (종종 탁월한) 기도문으로 정형화되었다. 방언은 사실상 중단되었고, 예언의 말씀은 잘 준비된 설교로 그 의미가 국한되었다.

확실히 교회는 다양한 성령 운동의 역사를 지니고 있다. 이것들 중 어떤 것들은 교회 안으로 흡수되었고 다른 것들은 교회 밖으로 추방되어 대개 이단적이고 분파적인 것이 되었다. 그리고 또 다른 것들은 교회 내부의 개혁 운동이 되었다. 이 대부분의 운동들이 추구한 공통분모는 어떤 형태로든지 성령의 삶을 되찾으려는 시도에 있다. 성공하는 경우에 그것들은 갱신과 축복의 원천이 되었다. 그러나 성령 운동들은 제도권 교회들을 긴장하게 만드는 경향이 있었다. 물론 교회는, 긍정적으로든 부정적으로 좋은 동기를 품고서 그렇게 했다고 말할 수 있다. 어쨌든 그 결과는—하나님의 영광을 위해 사는 종말의 백성을 창조하는 역동적으로 체험된 실체인—성령의 삶에 대한 바울의 관점이 교회의 전반적인 삶에서 제대로 인정받지 못했다는 것이다.

## 앞으로 나갈 길

앞에서 제시한 것이 너무 어두운 그림을 그린 것처럼 보이거나, 또는 후대 교회 안에서 일어난 성령의 사역을 축소한 것같이 들린다고 하더라도, 이것이 나의 의도가 아니라는 점을 말하고 싶다. 시계 바늘을 뒤로 돌려놓을 수 있다고 하더라도, 모든 것이 더 좋아지리라고 생각하지는 않는다. 오히려 시계 바늘이 뒤로 돌아갈 수 없음을 인정할 뿐 아니라, 교회 역사 속에서 크게 기뻐할 만한 이유를 찾아보겠다. 우리에게는 신조, 기도문, 신학, 제도화 된 삶이 있으며, 또 그것들은 나 자신을 포함해서 많은 사람들에게 후대 교회의 삶에서 나타난 성령의 사역으로 보인다. 그러므로 이 연구는 '최초의 교회'가 무엇을 의미하고 또 그것이 무엇과 같아 보이든지 참으로 그 교회를 회복할 수 있기나 한 것처럼 행동하는 환원주의자의 의도를 가지고 행한 것이 아니다. 도리어 기독교 삶을 본질적으로 성령의 삶, 즉 역동적으로 체험되고 종말적으로 방향 지어진, 그러나 교회의 삶 안으로 완전하게 통합된, 성령의 삶으로 보는 바울의 관점을 되찾으려는 데 있다.

나의 제한된 관점에서 보면 그러한 되찾기는 세 가지 측면을 가지고 있다. 첫째, 우리의 현재 제도, 신학, 기도문에 생명을 부여하기 위해서 성령님이 필요하다. 이와 대조적으로 지난날 매우 빈번하게 일어난 성령 운동, 특히 회복 운동은 낡은 헛간들을 헐고 새로운 것들을 짓는 형태였다. 성령님은 교회 안에서 일어난 모든 갱신에서 사람들을 감동시켜 새로운 노래들을 작곡하게 하실 뿐 아니라, 기존 찬송 가운데 가장 좋은 것들에게 생명을 주어 활력을 갖게 만드신다. "이 마른 뼈들이 능히 살겠느냐?" 주님께서 에스겔 선지자에게 물으셨다. 에스겔은 "당신이 아십니다"라고 대답했고, 성령님께서 이미 거기 있던 것들에게 생명을 부여하시는 것을 지켜보았다. 우리가 교회의 조직, 기도문, 신학에 의해서 기적적으로 연합될 것이라고 믿기에는 너무 늦은 것 같기도 하다. 그러나 인간이 만들어낸 것들이 제대로 기능하지 않을 때, 성령님은 되풀이하여 하나님의 백성에게 그들이 신앙 고백에 부합하는 선을 넘어섰다는 것을 크게 깨닫도록 만드셨다. 교회는 현재의 모양과 구조를 하고서 우리—실제로 우리가 교회다—와 함께 있다. 그리스도가 다시 오시기 전에 살아 계신 하나님의 영이 이 세상을 살아가는 우리를 위해서 새롭게 부어지기를 소망한다.

둘째, 바울의 관점을 진정으로 되찾는다고 해서 성령의 은사들과 성령의 현상들이 교회 안에서 지나치게 평가되어 성령님을 고립시키고, 그 결과 교회들이 은사적이 되거나 또는 그 반대가 되지는 않을 것이다. 도리어 바울의 관점을 진정으로 되찾는다면 교회로 하여금 그 신학에서 뿐 아니라 그 삶과 영성에서도 실제로 좀더 삼위일체적이 되게 할 것이다. 이것은 성령님을 높이는 일이 아니라 하나님을 높이는 일을 뜻한다. 또 이것은 성령님 자신이 아니라 십자가에 죽으시고 부활하신 성자, 곧 구원자시며 만물의 주님되신 분께 초점을 맞추는 일이다. 윤리적인 삶은 편협해지거나 개인화하지도 않을 것이며 율법적으로 표현되지도 않을 것이다. 도리어 그것은 즐겁고 공동체적이며, 또

이 세상이 신봉하는 삼위일체인 '상대주의와 세속주의 그리고 개인주의'와 함께 그것들이 초래한 철저히 비인간화된 결과들을 단호하게 배격한다. 그리고 그런 윤리가 의도하고 있는 적절한 삼위일체적 목적이 바로 바울의 목적이기도 하다. 즉 기독교 윤리는 성령의 능력을 힘입어 아들의 형상을 닮아감으로써 하나님께 영광을 돌리는 것이다.

성령의 역동적인 삶을 회복하면 또한 은사들의 갱신이 수반되는데, 이것은 단지 은사적이 되는 것을 말하는 게 아니라, 하나님의 백성을 이 세상에서 함께 살아가도록 세운다는 측면에서의 갱신을 의미한다. 그런 갱신에서 일어나서는 안 되는 것은, 과거에도 빈번하게 일어났던 것으로, 특정한 은사들을 지나치게 숭배한 나머지 신자들의 공동체 안에서 그것들을 시험하거나 분별하지도 않고 근거가 타당한지 알아보려 하지도 않는 극단주의다. 모든 형태의 극단주의는 교회 안에서 나타난 성령의 새로워진 삶에 대해서 자주 표현되거나 혹은 감춰진 두려움이다. 이것은 궁극적으로 "성령을 소멸하지 말며 예언을 멸시하지 말라. 그러나 모든 것을 시험하라. 이렇게 해서 좋은 것을 취하고 악은 어떤 모양이라도 버리라"는 바울의 핵심적인 명령(살전 5:19-22)에 주의를 기울이지 못한 결과로 초래된 것이다. 영들을 시험하지 않음으로써 책임과 책무를 저버리게 되었고, 이것 때문에 유명한 지도자들이 실패하고 말았다. 그뿐 아니라 거짓되거나 또는 허황된 예언의 말씀을 받은 자들에 의해서 고통을 당하고 상처를 입는 일이 일어났다.

셋째, 성령의 역동적인 삶을 진정으로 되찾으면 그 결과 길을 잃어버린 채 고립되고 개인주의화 된 세상에서 더 효과적인 전도를 할 수 있게 될 것이다. 현재의 은사주의 전통과 오순절주의자들을 통해서 여러 가지 좋은 방식으로 이미 입증된 것처럼, 성령님의 역동적인 사역—여기서 이런 모습으로는 신조에서 거의 언급되지 않지만 세상에서는 더 분명하게 역사하신다—은 사람들을 그리스도와 그의 교회로 이끄는 데서 자주 나타났다. 우리의 과제는 하나님에 대한 우리의 '좋은 견해'를 나누는 것이 아니라, 하나님의 위대하고 영광스러운 '좋은 소식'을 제공하는 것이다. 이 좋은 소식은 백성의 삶에서, 또 교회의 삶에서 함께하시는 실체인 하나님의 임재를 포함한다.

요약해서 말하면, 나는 바울의 관점이 더 낫다고 생각한다. 또 그 관점이 우리 자신의 것이 될 수 있다고 믿는다. 감히 말하건대 소위 포스트크리스천, 또는 포스트모던 시대에서 어떤 변화를 일으키려면 바울의 관점이 우리의 것이 되어야 한다. 그러나 이것은 성령님에 대해 그저 입에 발린 말만 하는 신학 작업을 중단하고, 바울이 전하는 복음에서 성령님이 맡으신 결정적인 역할을 인정해야 한다는 뜻이다. 또 이것은 교회가 신조 속에 가두어 둔 성령님을 자유롭게 하여, 신자와 신앙 공동체의 경험적인 삶으로 다시 들어가시게 하는 모험을 감행해야 한다는 뜻이다.

········◆········

이렇게 해서 바울 서신에 나타난 성령을 살펴보는 작업의 마지막에 이르렀다. 지금까지의 논의에서 빠진 것이 있다면 아마도 우리와 같은 문화에 속한 대부분의 사람들에게 더 긴박한 질문으로, "그러면 어떻게 할 것인가"이다. 다음의 두 가지는 내가 세미나에서 이 책에 제시된 내용을 말할 때 가장 자주 듣는 질문이다. "교회 안에서 나는 그런 성령의 삶을 어떻게 누릴 수 있는가?" 또 "개인적으로 나는 무엇을 해야 하는가?"

　공동체의 차원에서 이 질문들에 대한 나의 답변은 기본적으로 지도자들에게 주는 것이다. 그 이유는 성령 체험의 필요를 인정하는 지도자들이 없다면 아무 일도 벌어지지 않을 것이기 때문이다. 그래서 나는 지도자들에게 세 가지를 제안한다. 첫째, 지속적인 방식으로 오랫동안 이것들을 가르치라. 성경적으로 성도들을 가르치라. 성경 본문을 열심히 연구하라. 또 성도들에게 거듭 거듭 바울의 서신들을 소개하고, 바울의 세계관에서 성령이 차지하는 결정적인 역할을 지적하라.

　둘째, 이 책 제5장에서 제시한 첫 문단을 다시 언급하겠다. 점점 더 미쳐가는 이 세상에서 성도들이 하나님의 종말의 백성이 된다는 의미를 성경적으로 더 잘 이해할 수 있도록 만들기 위해 무엇보다 애쓸 것이다. 나는 신약성경의 본문들을 사용해 성도들이 이 세상에서 하나님의 백성이 된다는 의미를 깨닫고, 그것에 대해서 사고의 지각변동을 체험할 수 있도록 힘써 그들을 도울 것이다. 이것이 그리스도 안에 있는 하나님의 구원 역사의 목표이므로, 또 성령님이 이 목표를 실현하실 것이므로, 이것을 앞으로 나의 미래 사역의 초점으로 삼을 것이다.

　셋째, 예배를 드리기 위해 함께 모인 공동체라는 관점에서(이 책의 제13장, 제14장을 보라) 볼 때, 지도자들은 사람들이 예배를 실천할 수 있도록 환경과 분위기를 마련해주어야 한다. 이것은 은사를 통해서 하나님의 백성이 세움을 받는 기회를 공동체라는 환경 안에서 만들어내는 위험을 기꺼이 감수해야 한다는 뜻이다. 하나님의 백성은 은사를 통해서 세움을 받고 교회 안의 사역을 위해, 또 세상으로 나가기 위해 성장을 경험한다. 지도자로서 위험을 무릅쓰고 기꺼이 하나님의 사람들 모두가 제사장 역할을 감당하게 하여, 각자가 자신들의 은사를 하나님께, 또 서로에게 드리게 하라. 하나님께서 전통적으로 복 주신 구조들 안에서 새로움, 변화, 더 큰 자발성이 일어나도록 허용하라. 결국 그리스도의 몸을 세우기 위해 "더 좋은 은사를 간절히 구하라"는 것은 명령이지 공손한 초대가 아니다.

개인 차원에서 내가 통상적으로 할 수 있는 답변은 항상 도움이 되지는 않는다. 열린 마음으로 주리고 목말라 하라. 어떤 사람에게 이것은 하나님의 측면보다는 인간적인 측면을 지나치게 많이 강조하는 것처럼 보인다. 나도 이것이 염려스럽다. 그러나 교회 안에서 내가 경험한 바로는 하나님을 향한 우리의 갈망과 하나님에 대한 우리의 체험 사이에 분명한 상관 관계가 있다는 사실이다. 그렇다고 해서 이 표현이 하나님의 주권으로만 가능한 성령의 체험을 무시한다거나, 혹은 주리고 목마른 자는 성령이 충만하지 않다는 것을 암시하지도 않는다. 나는 단지 이것 외에 다른 실제적인 해결책을 모를 뿐이다.

게다가 우리 주님은 '의에 주리고 목마른' 자들에게 그들이 '배부를 것'이라고 약속하시면서 복을 선포하셨다. 이 책의 요점 가운데 일부는 성령의 삶에 주리고 목마른 것이 팔복의 전체 내용이라는 것이다. 그리고 그 팔복은 첫 번째 복, 즉 하나님 앞에서 자신의 "심령(성령/영?)이 가난하다"는 것을 인정하는 사람들이 하나님 나라를 상속할 자들이라는 사실을 전제한다.

하나님의 주권을 강조할 때 나는 '열려 있다'는 표현을 자주 사용한다. 이것은 다음과 같은 의미를 가지고 있다. 즉, 마치 우리가 우리 자신에게 가장 좋은 것이 무엇인지를 알고 있거나 한 것처럼 하나님께 바라는 바를 간구하는 태도를 버리고, 하나님 앞에서 열린 자세를 더 많이 가져야 한다는 것이다. 이렇게 하면 우리는 뜻밖의 경험에서 오는 기쁨 때문에 줄곧 놀라게 된다. '열려 있음'이란 우리 개인의 삶을 위해서 뿐 아니라 그리스도의 지체를 위해서 성령님이 하시고자 하는 것이 무엇이든지 그것을 기꺼이 받아들일 준비를 하고, 진지하게 성령님을 구하는 태도를 말한다. 성경 읽기를 포함한 여러 해 동안의 체험을 통해서 나는 삼위일체시며 거룩한 기쁨과 사랑 가운데 존재하시는 한 분 하나님이 자기 백성을 기쁘게 하기를 즐거워하신다는 것과 그분이 주시는 즐거움이 피조물만큼이나 다양하다는 것을 배웠다.

따라서 아마도 이 연구의 결론을 내리는 적절한 방법은 기도일 것이다. 이 경우에는 성령으로 감동을 받은 기도의 도움을 받는 것이 좋다. 우선 하나님이 자신을 더 많이 그리고 더 잘 아신다는 것을 아는 사람의 갈망을 표현한 시편에서 도움을 받아보자. 그것은 팔복에서 첫 번째와 세 번째 복을 누리는 사람의 자세를 전제로 한다. 그 기도는 자기 내부에 하나님이 형성하신 공간이 있어서 그 공간을 하나님께서 채우시도록 간절히 소망하는 영혼의 열정적인 언어로 표현된다.

> 하나님이여 주는 나의 하나님이시라
> 내가 간절히 주를 찾되
> 물이 없어 마르고 황폐한 땅에서
> 내 영혼이 주를 갈망하며
> 내 육체가 주를 앙모하나이다(63:1).

두 번째는 모세의 기도다. 이 기도는 성령님을 능력을 부여하시는 하나님의 임재로 보는 바울의 이해와 맞닿아 있는 것으로 이미 앞에서 언급한 내용이다. 이 기도에는 절망적인 외침이 있다. 새로운 세기와 새로운 천년이 시작되는 포스트모던 시대에서 이 절망적인 부르짖음은 하나님의 구속을 받고 구원의 백성으로 살고 있는 교회와 신자의 동일한 특징이 되어야 한다.

주께서 친히 가지 아니하시려거든 우리를 이곳에서 올려 보내지 마옵소서 나와 주의 백성이 주의 목전에 은총 입은 줄을 무엇으로 알리이까 주께서 우리와 함께 행하심으로 나와 주의 백성을 천하 만민 중에 구별하심이 아니니이까(출 33:15-16).

마지막으로 앤드류 리드의 찬송시에서 빌어온 내용이다. 이것은 성령 안에서의 삶을 간구하는 우리 기도의 특성을 개인적 차원에서 잘 표현하고 있다.

신령하신 주 성령
나의 맘에 계시사
망령된 일 고치고
홀로 주관합소서(찬송가 176장)

아멘, 아멘.

부록

# 바울 서신에 나타난
# 성령 세례와 물세례

이 부록의 내용은 원래 '들어가기'와 '머물기'에 대한 두 장 사이에 놓을 독립된 하나의 장으로 쓰기 시작했다. 그러나 처음부터 이것과 관련해서 어려움을 겪었다. 부분적으로는 제7장부터 제10장까지의 내용의 흐름을 방해함으로써 이 책에 나타난 우선적인 관심사에서 빗나갈 염려가 있었기 때문이다. 그러다 불현듯 이 책에서는 이 내용이 바울의 서신들로부터 나온 질문을 다루는 게 아니라 후대에 제기된 질문을 가지고 바울에게 접근하는 유일한 장이라는 것을 깨닫고는, 마음이 편해졌다. 그래서 나는 부록에서 이 문제에 대한 바울의 견해를 관찰, 제시하고자 한다.

여러 면에서 이 문제는 어느 누구도 이기지 못하는 상황을 만들어 버린다. 대다수의 그리스도인들은 어떤 견해에도 관심을 갖긴 하지만, 또 자신만의 확신을 가지고 성경 본문들을 다루곤 했기 때문이다. 여기서 특별히 쟁점이 되는 부분은 우리가 다루는 열세 개의 서신들 안에서 바울이 여러 문제, 특히 이 까다로운 문제에 대해서 생각했거나 말한 내용 전부를 찾을 수 없다는 사실 때문에 결과가 모호해진다는 것이다. 그러나 어느 정도의 자료는 있다. 그것을 가지고 살펴보기로 하자.

논란이 되고 있는 것은 제8장에서 제기된 두 가지 문제들이다.[1] 한 가지는 세례 문제다. 물세례와 성령 체험과의 관계가 논란의 대상이다. 어떤 사람들은 이 관계를 밀접한 것으로 보고, 성령을 세례 때에 받는 것으로 이해한다. 그러나 다른 사람들은 물세례와 성령 체험이 우연의 일치로 동시에 일어날 수도 있으나, 그 둘 사이에는 아무 관계가 없다고 본다. 이 문제에 초점을 맞추기 위해서 사도행전의 이야기들을 사용할 수 있다. 성령의 오심이 세례 때에 일어나는 것으로 제시된 사도행전 19장 1-7절의 이야기가 전형적인 것인가? 아니면 먼저 일어난 성령의 오심에 대한 응답으로서 세례를 제시하고 있는 사도행전 10장의 이야기가 전형적인 것인가?

또 하나의 문제는 제8장에서 언급한 것으로, 좀더 역동적인 성령 체험에 대한 증거와 관련되었다. 성령의 체험은 그리스도 안에 있는 구원으로 들어가는 시점에서 일어나는 일에 대한 큰 그림의 일부분이다. 교회 안의 실질적인 전통은 그런 성령의 체험, 당신이 원한다면 '성

---

1. 신약성경 전체를 아우르는, 이 두 가지 질문을 가장 실질적으로 다룬 것을 보려면 J. D. G. Dunn, *Baptism in the Holy Spirit* (London: SCM, 1970)을 참조하라. 던의 주장에 대해서 은사 운동 진영에 속한 H. V. Ervin이 상세하게 대응했다. 그의 책, *Conversion-Initiation and the Baptism of the Holy Spirit* (Peabody, Mass.: Hendrickson, 1984)을 보라. 그러나 Ervin의 주석은 억지스러운 데가 많아서, 그의 책 전체의 가치가 손상을 입었다.

령 세례'라고 표현할 수 있는 것이 회심할 때 성령을 받은 이후에 신자들에게 일어날 수 있다고 믿는다. 그러나 나중에 일어나는 성령 세례의 목적은 다양하게 이해되어 왔다(성화, 능력 받음, 견진). 여기서 사도행전 8장의 기사는 하나의 전형(회심 뒤에 세례가 따르고, 나중에 성령 세례가 따르는 것)으로 기능한다.

이 쟁점들은 너무 방대해서 여기서 다 다룰 수 없다. 이 경우에 신약성경의 중요한 증거들을 모두 언급해야 하기 때문이다. 그러므로 이 책에서 나는 바울과 관련된 증거에만 관심을 제한하고자 한다. 또 바울이 두 번째 문제, 즉 성령 세례에 대해서는 거의 아무것도 말하지 않으므로, 그의 증거가 '물세례의 후속' 결과라는 개념을 지지하는지 보기 위해서 범위를 확대할 것이다.

이것과 관련된 자료는 쉽게 제시할 수 있다. 바울은 한 본문, 고린도전서 12장 13절에서만 성령님을 '세례를 주다'라는 동사와 연결시킨다. 이 본문과 관련해서 많은 글들이 쓰여졌고 이에 대한 학자들간의 견해 차이도 대단히 크다.[2] 모든 진영의 사람들이 자신들의 입장을 지지하기 위해서 이 구절을 사용해왔으므로, 여기서 나는 이 두 가지 문제를 염두에 두고 조금 자세하게 이 구절을 분석하고자 한다.

---

2. 또한 용어에 대해서조차 상당한 부분이 일치하지 않는다. 이것은 많은 사람들이 고린도전서 12장 13절에 근거해서 '성령 세례'라는 용어를 회심 자체를 가리키는 것으로 사용하기 때문이다.

## 성령과 물세례

초대 교회에서 행해진 물세례는 성령에 의해서 이루어진 하나님의 구원 행위에 대한 신자의 즉각적인 응답이었다. 어떤 사람들은 제8장에서 논의된 어떤 본문들이 물세례와 성령 체험 사이의 밀접한 관계를 암시하는 것으로 보고, 실제로 성령님이 세례 사건 그 자체를 통해서 신자에게 오신다고 주장한다. 이것은 예수님이 세례를 받으실 때 비둘기가 임한 것과 매우 비슷한 경우다. 따라서 그들은 이것을 후대 그리스도인이 가져야 하는 물세례에 대한 이해의 모델로 간주한다.[3] 이를 뒷받침하는 중요한 본문들은 고린도전서 6장 11절, 12장 13절, 디도서 3장 5절이다. 어떤 사람들은 이 본문들에 갈라디아서 3장 28절부터 4장 6절까지와, 또 고린도후서 1장 21-22절, 에베소서 1장 13-14절, 4장 30절에 나타난 '인치심'의 이미지를 덧붙인다.[4]

여기서 문제가 되는 것은, 일부는 방법론(어떻게 바울의 견해를 발견할 수 있는가?)에 있고, 일부는 전통적인 전제들(우리에게는 성경 전체의 증거가 아니라 자신의 체험에 근거해서 주장하려는 경향이 있다)에 있다.[5] 기본적으로 이 문제에 접근하는 세 가지 길이 있다. 물론 이것들도 선입견에

---

3. 이것은 흥미롭게도 오순절주의자들이 성령 세례를 성령님에 의해서 새로 태어난 후에 일어난 일을 표현하는 것으로 보았던 유형이다.
4. 뒤에 나오는 내용은 *God's Empowering Presence*에서 이 본문들을 분석한 것에 근거했다.
5. 예를 들어, Hoyle의 글(*Holy Spirit*, 32)에 이런 내용이 있다. "초대 교회에서…성령을 받음은 일반적으로 세례를 받은 후에 따라왔다. 그러나 예외적인 경우에 그것은 세례보다 앞설 수 있었다." 그는 각주에서 사도행전에 나타난 '예외들'을 제시한다. 그 '예외들'이 '관례'보다 훨씬 더 많으므로, 우리는 이 경우에 그 예외들이 관례라고 생각할 수 있다!

서 전적으로 자유롭지 않다. 첫째, 물세례와 성령을 실제로 관련시키는 또는 관련시키는 것처럼 보이는 본문들을 주의 깊게 살펴보는 것, 둘째, 바울이 물세례에 대해서 분명하게 말하는 본문들을 살펴보고, 또 그 본문들이 어떤 식으로 성령님과 연결되어 있는지 살펴보는 것, 셋째, 회심이 분명하게 성령의 관점에서 표현되는 본문들을 살펴보고, 또한 그 본문 속에 세례가 전제되어 있는지 살펴보는 것이다.

### 고린도전서 12장 13절에 나타난 '성령 세례'

바울은 고린도전서 12장 13절에서 '몸이 하나'이며 그 몸에 '많은 지체'가 있다는 이중의 주장을 편 후에, 계속해서 다음과 같은 말로 첫 번째 주장을 뒷받침한다. "우리가 유대인이나 헬라인이나 종이나 자유인이나 다 한 성령으로 세례를 받아 한 몸이 되었고 또 다 한 성령을 마시게 하셨느니라." 어떤 이들은 '한 성령으로 세례를 받았다'는 표현을 바울이 성령의 오심과 물세례를 밀접하게 관련된 것으로 본 증거라고 생각한다. 다른 이들은 두 번째 절인 "다 한 성령을 마시게 하셨느니라"를 물세례 이후에 나타나는 성령의 사역을 증거하는 것으로 본다. 하지만 해당 구절을 문맥 안에서 면밀하게 살펴보면 이 두 가지 견해는 잘못된 것임이 밝혀진다.[6]

이 구절이 포함된 단락은 참된 '영성'에 대해서 바울과 고린도 교회 성도들 간의 견해가 서로 일치하지 않고 있는 상황을 보여준다. 고린도 성도들은 글로소랄리아(방언을 말함)를 명백하게 자신들이 이미

---

6. 이 관점을 더 자세하게 제시한 것으로는 *God's Empowering Presence*, 82-84이나, 또는 나의 고린도전서 주석 서론을 보라.

천상의 언어를 말하기 시작한 증거로 본다(13:1). 그래서 자신들이 이미 이 세상을 초월한 영적 상태에 있다고 생각한다. 성령에 대한 이런 이해가 고린도전서 안에서 언급된 대부분의 문제들 배후에 깔려 있다. 그러나 바울은 영성에 대해서 다른 견해를 가지고 있는데, 그것은 십자가에 못 박히신 분을 따르는 제자도를 포함한다(2장 1-3절, 4장 8-9절 등을 보라).

글로소랄리아에 대한 고린도 성도들의 견해를 바로잡기 위해서 바울은 먼저 12장에서 신학적인 논증을 시작한다. 즉 오직 방언을 말하는 것에만 초점을 맞추는 것은 교회의 본질을 잘못 이해하고, 잘못 전달한 결과라는 것이다. 고린도 교회 성도들은 다른 문제들 때문에 크게 분열되어 있었지만, 성령의 나타남에 대해서만큼은 분명 일치된 입장을 취한다. 바울은 그들 가운데 함께하시는 성령의 임재에 대한 참된 증거로서 통일성 안에서의 다양성을 주장한다. 이것이 고린도전서 12장 전체의 요점이다. 그러나 12절의 첫 번째 주장을 13절에서 발전시키면서 바울은 고린도 성도들이 하나 되었다는 근거, 즉 그들이 공통적으로 성령님을 풍성하게 체험한 사실을 제시한다.

그러므로 이 문장에서 바울의 관심은 어떻게 개인이 신자가 되는지(대다수의 사람들이 이런 질문을 가지고 이 본문을 읽는다)를 묘사하는 데 있는 것이 아니라, 어떻게 그들 모두가 다양한 지체들로서 실제로 한 몸을 이룰 수 있는가를 설명하는 데 있다. 이에 대한 바울의 답변은 바로 그들 모두가 동일하게 성령을 받았다는 것이다.

이 요점을 제시하기 위해서 바울은 아마도 그들이 그리스도인이 되면서 공통적으로 성령님을 받은 사실을 병행절의 형태로 언급한다.

우리가 다 한 성령으로 세례를 받았고,

또

우리가 다 한 성령을 마시게 하셨느니라.

첫 번째 절은 '한 몸이 되기 위해서'라는 (헬라어) 전치사구로 더 수식된다. 또 이 전치사구는 '유대인이나 헬라인이나 종이나 자유자나'라는 삽입어구로 한정된다. 이 분석을 통해 다음과 같은 몇 가지 중요한 관찰을 끌어낼 수 있다.

1. 어떤 사람들은 바울이 사용한 '세례를 받았다'는 동사가 분명히 기독교로의 입회식을 가리킨다고 주장한다. 그러나 확실하지 않다. 처음부터 이 동사가 그런 입회식을 가리키는 전문 용어가 된 것은 사실이다. 그러나 바울이 여기서 그런 전문적인 의미를 의도했다고 간주할 수는 없다. 그는 "우리가 다 세례를 받았다"고 말하지 않는다. 오히려 "우리가 다 성령으로 세례를 받았다"고 분명하게 말한다.

2. 게다가 바울이 펴고 있는 현재의 논증에서 하나 됨의 토대(참조 4-11절)는 세례가 아니라 분명히 한 성령이다. 이 사실이 두 구절에서 반복되고 있다. 이것은 그의 서신 전체에 나타나는 바울의 일관된 관점이기도 하다. 바로 '한 성령님' 때문에 신자들은 그리스도 안에서 한 몸을 이룰 수 있는 것이다.

3. 이 본문은 물세례 때 성령을 받는다는 견해를 지지하지 않는다. 헬라어 전치사 '엔'(en, '안에/함께/의해서')이 사용되었다는 것 때문에 "우리가 다 (물로) 세례를 받았고 그것에 의해서 성령이 주어졌다"는 의미로 확대 해석할 수 없다. 여기서 성령님은 그들이 모두 세례를 받아 그분 안에 속하게 된 대상으로서의 성령님이거나(내가 생각하는 것처럼),

또는 그분에 의해서 그들이 세례를 받고 한 몸이 된 행위자로서의 성령님이다.

4. 이 본문이 물세례 때 성령님을 받는 것을 의미한다는 견해를 받아들이기가 더 어려운 이유는 두 번째 구절인 "또 우리가 다 한 성령을 마시게 하셨느니라"에 있다. 이 표현은 유대 언어에서 자주 나타나는 병행절의 한 예로서, 두 구절은 모두 기본적으로 동일한 요점을 말하고 있다. 수식어 '성령으로'와 함께 첫 번째 구절의 '세례'가 문자적 의미가 아니라 은유적 의미를 지니고 있음을 강하게 주장할 수 있는 이유는 이 병행절 전체가 분명한 은유적 의미를 가지고 있기 때문이다. 다시 말해서 그들의 성령 체험은 세례 받을 때 그들이 물에 잠긴 것과 똑같지 않고 다만 유사하다는 것이다. 그들은 성령 안에 잠겼다.

5. 어떤 이들은—매우 흥미롭게도 모든 진영에서—두 번째 구절이 두 번째의 (명백하고 인식할 수 있는) 성령 체험을 가리킨다고 주장해 왔다. 그러나 이 견해가 역시 잘못되었다. 방금 언급한 이 병행절이 이런 견해와 충돌할 뿐 아니라, 전체 기독교 문헌 어디에서도 그런 용어가 성령의 체험을 지칭하는 데 사용된 경우도 없기 때문이다.

이런 관찰에 비추어볼 때 두 구절이 무엇을 가리킨다고 추정해야 하는가? 그것들은 메타포로서 어떤 기독교 체험을 가리키는가? 어떤 사람들은 그 구절들이 성령 세례, 즉 회심과 분리되고 구별할 수 있는 체험을 가리킨다고 주장한다. 그러나 바울의 사용례(그는 다른 곳에서 이런 용어를 사용하지 않으며, 또는 분명하게 그런 두 번째 체험을 언급하지도 않는다)와 문맥 안에서의 강조점을 보면 이런 견해는 타당해보이지 않는다. 문맥상 바울은 회심 이후에 일어나는 특별한 성령 체험이 아니라 그들이 단지 공통적으로 성령을 받은 사실만을 강조한다.

그러므로 바울이 그들의 공통적인 회심 체험, 즉 가장 결정적인 요소인 성령을 받았다는 관점에서 서신을 기록하고 있다는 견해가 가장 타당해 보인다. 바울이 사용한 의미심장한 메타포들(성령에 잠기는 것과 성령을 충만하게 마시는 것)은 후대 교회 역사에서 많은 사람들이 체험했던 것보다 훨씬 더 대단하고 가시적인 성령 체험을 암시한다. 바울은 신자들로 구성된 몸의 연합을 위한 전제로서 그들의 공통적인 성령 체험에 호소할 수 있었다. 갈라디아서 3장 2-5절에서 성령은 신자들 모두가 역동적으로 체험한 실체였기 때문이다(제8장을 참조하라).

신자들이 공통적으로 한 성령 안에 잠기는 목표는 '한 몸'이 되기 위해서다. 물론 이것이 문맥의 요점이기도 하며, 12절의 관심사를 살리는 것이다. 실제로 이 구절은 무엇보다 이 문장을 기록한 이유를 설명한다. 고린도 교회의 많은 사람들이 그렇게 다양한데 어떻게 모두 한 몸이 될 수 있는가? 그것은 그들이 한 분이신 성령님을 공통적으로 풍성하게 체험했기 때문이다.

많은 사람('우리가 다')이 성령님을 통해서 하나가 되었다는 것을 강조하기 위해서 바울은 '유대인이나 헬라인이나 종이나 자유자나'라는 삽입구를 덧붙인다. 이 용어들은 당시 문화에서 사람들을 구별짓는 두 가지 기본적인 차이점, 즉 인종(유대교에서 이것은 종교와 동의어임)과 사회적 신분을 표현한다. 이러한 낡은 구분들은 그리스도 안에서 철폐되었다. 신자가 더 이상 유대인이나 헬라인이 아니며 종이나 자유자가 아니라는 의미에서가 아니라, 그 구분들이 당시에는 중요한 의미를 지니고 있다는 의미에서 그렇게 되었다. 중요한 의미를 갖는다는 것은 그것들에게 독특한 가치를 부여해준다. 그래서 실제로 고린도 성도들의 공통적인 성령 체험은 낡은 구별들이 지닌 의미를 철폐했고, 그래서 그들은 한 몸이 되었다.

적어도 이것이 바울의 관심사다. 그러므로 메타포의 풍성한 특성 때문에 그들이 물에 잠긴 것에서 의미를 찾아낸다 하더라도, 바울은 성령님을 그 물세례와 연결하고 있는 것 같지 않다. 마찬가지로 그가 이런 용어로나, 또는 '충만하게 마심'이라는 두 번째 메타포를 더함으로써 성령 세례라고 하는 회심 이후의 두 번째 성령 체험을 가리키고 있는 것 같지도 않다.

**물세례와 성령님을 관련시키는 것으로 주장되는 다른 구절들**

고린도전서 12장 13절에서 뿐 아니라 고린도전서 6장 11절과 디도서 3장 5절에서도 앞에서 논의한 동일한 문제가 존재한다. 그러나 이 본문들에서는 세례라는 용어가 전혀 나타나지 않는다. 이 책의 제8장에서 이 본문들을 논의할 때 지적한 것처럼 '씻음'이라는 메타포는 세례 때의 물을 암시한다. 그러나 어떤 경우에도 바울은 세례 때 성령님을 받는다고 암시하지 않는다.

실제로 이것은 아주 다르다. 바울은 고린도전서 6장 11절에서 고린도 성도들이 죄의 더러운 것에서 씻음을 받았을 뿐 아니라, 그들이 그리스도와 성령님이라는 이중적 대리에 의해서 그렇게 씻음을 받았다고 말한다. 그러나 성령님이 죄를 씻어주는 대리자로 언급되었다고 해서 세례 때 성령님을 받는다고 말할 수는 없다. 이것은 디도서 3장 6-7절에서도 마찬가지다. 또한 이 책의 제8장에서 바울이 '인'이라는 이미지를 세례를 가리키는 것으로 이해하지 않았다는 것을 언급했다. 특별히 이것이 사실인 이유는 이 구절 중 한 곳에서 적어도 '인'이 세례가 아니라 성령과 동일시되고 있기 때문이다(고후 1:21-22, "그가 또한 우리에게 인치시고 보증으로 우리 마음에 성령을 주셨느니라").

이 본문들 중 세례와 성령님이 연결된 유일한 구절은 단지 우연의 일치다. 즉, 세례를 설명하기 위한 이미지들과 성령님을 언급한 내용이 한 문장 안에서 우연히 나타나고 있다는 것이다. 이 본문들에는 세례 의식 자체와 성령의 오심이 직접적으로 연결된 경우는 없다. 바울은 세례 때 성령을 받는다고 주장하는 사람들이 전제하는 이 둘 사이의 관계를 그 어디에서도 표현하지 않는다. 성령님을 구속의 인으로 언급하는 본문들과 달리 이 본문 대부분에서 성령님은 성도들을 물에 잠기게 하거나 씻으시는 행위자로 제시된다. 바울이 세례의 물을 통해서 성령님을 받는 것으로 이해했다는 것을 입증하려면 적어도 한 가지 분명한 증거가 필요할 것이다.

**물세례에 대한 분명한 언급들**

다음에 열거하는 물세례에 대한 바울의 분명한 언급들도 물세례가 성령의 오심과 직접적 관계가 없다는 것을 보여준다. 고린도전서 1장 13-17절(참조. 10:2, 15:29), 갈라디아서 3장 27절, 로마서 6장 3-4절, 골로새서 2장 12절, 에베소서 4장 5절. 이 본문들은 두 가지 특징을 지니고 있다. 첫째, 신자와 세례 사이의 관계는 성령님이 아니라 언제나 그리스도에 대한 언급과 관련되어 있다. 다음 두 경우가 특별히 그렇다. 갈라디아서 3장 27절에서 바울은 '그리스도를 입는 것'에 대해 말한다. 이런 표현은 놀랍게도 성령님과 관련해서는 바울 서신 어디에서도 나타나지 않는다. 다시 말해서 세례를 받을 때 우리가 그리스도로 옷 입는 것으로 그려지지만, 성령님과 관련해서는 결코 그렇지 않다. 게다가 에베소서 4장 4-6절에서 바울은 신중하게 신앙고백과 유사한 방식으로 기독교 삶의 다양한 측면들을 성령님 및 그리스도와 연결시킨다. 한 몸과 한 소망은 성령님과 관련되고, 믿음과 세례는 그리스도와 관련된다.

둘째, 고린도전서 1장 13-17절에서 바울은 세례를 복음 선포와 비교해서 이차적인 것으로 조심스럽게 묘사한다. 이것은 그가 세례를 가볍게 간주했다는 뜻이 아니다. 그러나 바울은 세례가 사람들을 믿음으로 이끄는 그리스도에 대한 설교와 동일한 차원의 의의를 지닌다고는 인정하지 않을 것이다. 요점은 이것이다. 즉 이러한 논증에서 바울은 특별히 성령 받는 것을 세례가 아니라 자신의 복음 선포와 관련시킨다는 것이다. 바울의 생각에서 세례는 다른 차원에 속한 것으로서, 말씀을 믿음으로 받아들일 때 성령님을 통해서 은혜를 받은 신자의 응답이다.

만일 고린도 성도들이 세례를 받을 때 성령님이 오신 것으로 바울이 이해했다면, 그가 세례를, 또 그들 가운데 단지 둘(그리고 한 가정도 함께)에게만 세례를 주었다는 사실을 그렇게 가볍게 말했다는 것은 있을 수 없는 일이다. 그러나 고린도전서 2장 1-5절에서 그는 정확하게 그가 사역할 때 자신의 말씀 선포를 통해서 성령님이 그들에게 임했다고 주장한다. 만일 성령님이 세례를 받는 동안에 임했다면 이것은 사실이 될 수 없다. 바울은 그들 가운데 극히 소수에게만 세례를 주었기 때문이다.

이 마지막 본문은 바울이 세례 받을 때가 아니라, 믿음으로 복음을 듣고 회심할 때 성령님을 받은 것으로 이해했다는 점을 결정적으로 보여준다. 이것은 누가가 사도행전 19장 1-7절과 같은 구절에서 설명하는 상황이 바울에게는 일어나지 않았다고 말하는 것이 아니다.

그러나 전체적으로 이런 증거를 살펴볼 때 다음과 같이 정리할 수 있다. 즉 물 세례와 성령님을 밀접하게 연결시킨 것은 바울의 서신을 자세하게 읽은 데서 온 것이 아니라 교회의 나중 경험을 바울의 서신에 집어넣어 읽은 데서 비롯되었다는 것이다.

## 회심과 성령 세례

다음으로, 긴급한 질문은 '성령의 세례'라는 표현이 옳게 적용될 수 있는 은혜의 역사가 회심 이후에 일어나는 것으로 바울이 생각했는가 하는 점이다. 바울의 본문들 가운데 어떤 것들은 이런 방식으로 해석되어 왔다(예. 고전 12:13, 갈 4:4-6).[7] 그러나 문맥 안에서 이 본문들을 놓고 보면 이러한 주장을 의심스럽게 만든다. 바울이 그런 체험을 알고 있었는지의 여부는 논의의 여지가 있다. 그러나 어떤 사람들은 주로 바울의 침묵에 근거해서 그가 그런 체험을 몰랐다고 주장한다. 이와 관련해서 두 가지 요점을 더 제시할 필요가 있다.

첫째, 바울은 성령과 능력 체험을 분명하게 연결시킨다. 이 책 제8장의 논의에서 분명해진 것은 성령이 단지 회심 때만 체험된 것이 아니라, 역동적이고 의심할 것 없이 눈에 보이는 방식으로 체험되었다는

---

7. 예를 들어 Horton, *What the Bible Says about the Holy Spirit*, 215-217을 보고, 173을 참조하라. 또한 다음을 보라. Ervin, *Conversion-Initiation*, 98-102, 86-88, 그리고 H. Hunter, *Spirit-Baptism: A Pente-costal Alternative* (Lanham, Md.: University Press of America, 1983), 39-42, 35-36.

사실이다. 바로 이것 때문에 바울은 갈라디아서 3장 2-4절과 고린도전서 12장 13절 두 곳에서 자신의 주장을 관철하기 위해 풍성한 성령 체험에 호소한다. 이것은 갈라디아서 3장 5절에 의해서 더 확실해진다. 이 본문에서 바울은 갈라디아 성도들이 유대 율법과 아무 관계가 없다는 것을 보여주는 추가적인 증거로, 특별히 기적적인 행위들과 함께 역동적으로 그들 가운데 임재하시는 성령님을 그들이 계속 체험하고 있다는 사실에 호소한다. 우리는 여기서 나타난 두 개의 현재시제를 이와 다른 방식으로 해석할 수 없다("하나님께서 너희에게 성령을 주시고 너희 가운데서 기적들을 행하신다"). 성령 운동은 자신들이 그리스도인으로 살아가면서 겪은 '세례' 체험이 지닌 이러한 차원을 재차 강조함으로써, 그들이 성령님과 기독교 삶에 대한 바울 이해의 핵심적인 체험을 되찾았다고 생각하는 경향이 있다(나는 이것이 옳다고 생각한다). 그러나 또한 그들은 자신들이 기독교 삶의 그런 차원이 일어나는 시점을 결정한 것을 공로로 내세운다(이것은 설득력이 약하다).[8]

둘째, 바울은 성령 안에 있는 삶을 처음 신앙을 가질 때 성령님을 한 번 체험한 결과로 보지 않는다. 그는 매우 많은 후대 그리스도인들이 가지고 있는 것으로 보이는 성령에 대한 정적인 견해, 즉 성령님은 회심할 때 단번에 모두 '주어지고' 그 후에는 신자가 자신만의 수단으로만 그리스도인의 삶을 살아야 한다는 견해를 갖지 않았다. 바울에게 성령님은 모든 기독교 삶의 열쇠다. 또 바울은 성령님의 능력을 지

---

8. 이 문제에 대해서는 G. D. Fee, "Baptism in the Holy Spirit: The Issue of Separability and Subsequence," in *Gospel and Spirit* (Peabody, Mass.: Hendrickson, 1991) 105-119을 보라.

속적으로 받을 수 있는 기회들이 있다고 암시한다.

이 점은 갈라디아서 3장 5절에서 분명하게 나타난다. 또 데살로니가전서 4장 8절과 에베소서 5장 18절에 사용된 현재시제 동사들과 빌립보서 1장 9절에 제시된 기도의 결과에 의해서도 암시된다. 데살로니가전서 4장 8절에서 바울의 첫 번째 언급은 확실히 데살로니가 성도들의 회심을 가리킨다. 그러나 문맥 상에서의 논증과 동사의 현재시제 ('하나님이 너희에게 그의 성령을 주신다')는 회심 때 일어났던 일들이 그들의 이교적 과거에 비추어서 새롭게 될 필요가 있음을 암시한다. 이 모든 것은 어쩌면 단일한 체험들이 지닌 두 가지 측면들에 대해서 너무 많은 논의가 이루어지고 있음을 말하는 것이다.

바울에게 성령 안에서의 삶은 회심 때 시작된다. 동시에 그 경험은 역동적으로 새로워질 수 있다. 물세례는 성령님이 먼저 함께하셔서 역사하신 것에 대한 신자의 응답이다. 세례, 죽음과 부활, 그리고 '그리스도로 옷 입음'에 대해서 바울이 묘사하는 이미지는 물세례가 단지 의식만이 아님을 말해준다. 그것은 회심이라는 전체 과정 가운데 한 부분이다. 물에 잠기는 것이 세례의 일반적인 형태였기 때문에 그것은 바울에게 회심 과정에서 세례가 지닌 역할을 알려주는 풍부한 메타포들을 제공했다. 신자들은 깊은 차원에서 그리스도와의 가장 깊은 수준의 연합을 재연한다. 그들은 그리스도와 함께 '죽었고' '장사지낸 바' 된다. 또 그분 안에서 그들은 '죽음에서 일어나서' 새로운 생명 안에서 걷는다. 따라서 그들은 '그리스도를 옷 입었다.' 그러나 바울에게 있어서 신자에게 생명이 주어지거나 새로운 생명 안에서 걷는 등, 이 모든 것의 열쇠는 성령님이다.

게다가 성령 받음은 정적이거나, 또는 단지 과거의 일회적인 사건이 아니라 현재진행형으로 계속되는 실체로 그려진다. 바울은 양적인 언어 사용을 엄격하게 피한다. 즉 우리는 더 많이 얻지도 않으며 다시 채워지지도 않는다. 그럼에도 성령의 계속적인 임재는 다시금 계속해서 불이 붙을 수 있다. 그러므로 쟁점이 되어야 하는 것은 용어나 신학적인 섬세한 조율이 아니라, 지속적인 갱신이다. 그래서 우리는 현 세계에서 참된 성령의 백성이 되어야 한다.

**Paul, the Spirit, and the People of God**
by Gordon D. Fee
ⓒ 1996 by Gordon D. Fee
Published in English under the title *Paul, the Spirit, and the People of God*
by Baker Academic, A division of Baker Publishing Group
P. O. Box 6287 Grand Rapids, MI 49516, U. S. A.
Previsously published in 1996 by Hendrickson Publishers, Inc.
Portions of this book are adapted from *God's Empowering Presence*,
ⓒ 1994 by Hendrickson Publishers, Inc.
All rights reserved.

This Korean edition is translated and used by permission of Baker Publishing Group
through arrangement of rMaeng2, Seoul, Republic of Korea.

This Korean translation copyright ⓒ 2001 by GoodSeed Publishing, Seoul, Republic of Korea.

바울, 성령, 그리고 하나님의 백성

초판　1쇄　2001년 9월 5일
재조판 1쇄 2022년 2월 25일

지은이　고든 피
옮긴이　길성남
펴낸이　신은철
펴낸곳　좋은씨앗
출판등록 제4-385호(1999. 12. 21)
주소　(06753) 서울시 서초구 바우뫼로 156 (양재동, 엠제이빌딩) 402호
주문전화 (02) 2057-3041 주문팩스 | (02) 2057-3042
페이스북　www.facebook/goodseedbook
이메일　good-seed21@hanmail.net

ISBN 978-89-5874-368-2　03230

이 한국어판의 저작권은 알맹2 에이전시를 통해 Baker Academic과 독점 계약한 좋은씨앗에 있습니다. 신저작권법에 의하여 한국 내에서 보호를 받는 저작물이므로 무단전재 및 복제를 금합니다.